本书受广西高校人文社会科学重点研究基地"广西地方法治与地方治理研究中心"资助出版

李文军　著

社区居家养老服务
绩效评估研究

RESEARCH ON THE PERFORMANCE EVALUATION OF HOME CARE SERVICE

中国政法大学出版社

2017·北京

图书在版编目（ＣＩＰ）数据

社区居家养老服务绩效评估研究/李文军著.—北京：中国政法大学出版社，2017.12

ISBN 978-7-5620-7886-9

Ⅰ.①社… Ⅱ.①李… Ⅲ.①养老—社区服务—研究—中国 Ⅳ.①D669.6

中国版本图书馆CIP数据核字(2017)第280981号

出 版 者　　中国政法大学出版社

地　　址　　北京市海淀区西土城路 25 号

邮寄地址　　北京 100088 信箱 8034 分箱　　邮编 100088

网　　址　　http://www.cuplpress.com (网络实名：中国政法大学出版社)

电　　话　　010-58908524(编辑部) 58908334(邮购部)

承　　印　　北京九州迅驰传媒文化有限公司

开　　本　　880mm×1230mm　1/32

印　　张　　10.5

字　　数　　214 千字

版　　次　　2017 年 12 月第 1 版

印　　次　　2017 年 12 月第 1 次印刷

定　　价　　36.00 元

总　序

陈宗波

　　"地方"本来只是一个地理空间概念，自从出现了国家这一政治组织形式之后，"地方"一词又增添了新的含义，从政治地理学的角度理解，它指的是中央治下的行政区划。既然有了"地方"，就必然有"地方治理"。地方治理既是国家行使权力的重要标志，也是行政治理科学化的重要措施，古今中外，概不例外。

　　法治，已然成为现代国家治理的重要特征和必备工具。有学者指出，现代国家治理必备两个系统，即动力系统和稳定系统。动力系统主要来自于地方及其个体的利益追求，并付诸行动，推动国家的发展变化；稳定系统由规则体系构成，主要载体是宪法、法律和制度，它们为动力系统提供稳定的运行轨道和程序。法治是一个由国家整体法治与地方法治构成的内在联系的严密整体。所谓地方法治，一般认为是地方在国家法制统一的前提下，落实依法治国方略、执行国家法律，并在宪法、法律规定的权限内创制和实施地方性法规和规章的法治建设活动，以及达到的法治状态。地方治理法治化就是在地方治理过程中，将各方主体的地位职能、行动规则、相互关系逐步规范化，并在治理过程中予以严格贯彻实施的动态过程。地方法治建设是国家整体法治建设的重要组成部分，是我国全面落实依法治国基本方略、建设社会主义法治国家的有效路径，是自下而上推进法治建设的重要切入点。

在世界多元化的发展格局中，各国治理模式的选择自有其现实依据和发展需要。当下的中国，不管"地方法治"作为一个学术话语还是一个实践命题，其兴起的根本原因还是对经济社会快速发展的现实回应。从经济社会发展需要看，经济越发达，市场主体之间的竞争越激烈，民事主体的纠纷越频繁，财产保护的愿望越强烈，治理法治化的要求越迫切。当国家平均法治化水平无法达到某一先进地区社会关系所要求的调整水平的时候，这些区域就可能率先在法律的框架内寻求适合自身发展的治理规范。在我国，一个有力的证据就是东部发达省份，如江苏、浙江、上海、广东较早探索地方法治与地方治理路径。它们根据经济社会发展的现状，率先提出了"建成全国法治建设先导区"，意指在其经济与社会"先发"的基础上，在国家法制统一的原则下率先推进区域治理法治化，即"地方法治"。

完善和发展中国特色社会主义制度，推进国家治理体系和治理能力现代化是我国全面深化改革的总目标。应该说，上述这些有益的实践探索契合了我国国家治理的现实需要和理想追求。实践探索往往能够引领理论的创新，时至今日，地方法治早已跨越发达地区的尝试时空而已成为全域性的法治理念。十八届三中全会提出进一步简政放权，深化行政审批制度改革，最大限度减少中央政府对微观事务的管理；直接面向基层、量大面广、由地方管理更方便有效的经济社会事项，一律下放地方和基层管理。加强地方政府公共服务、市场监管、社会管理、环境保护等职责。法治是国家治理体系和治理能力现代化的重要体现和保障。十八届四中全会提出"推进各级政府事权规范化、法律化，完善不同层级政府特别是中央和地方政府事权法律制度，强化中央政府宏观管理、制度设定职责和必要的执法权，强化省级政府统筹推进区域内基本公共服务均等化职责，强化市县政府执行职责"、"明确地方立法权限和范围，依法赋予设区的市地方立法权"。随后《立法法》对此及时作出了回应，在原有相关规定的基础上，地方立法权扩至所有设区的市。这些举措彰显了中国在国家治理体系和治理能力方面的道路自信、理论自信、制度自信。

这意味着地方法治在中国地方社会秩序的建立和维护过程中将发挥越来越重要的作用，并且深刻地影响着国家法的实际运行。我国属于单一制国家，有统一的法律体系，在国家治理结构中，各地方的自治单位或行政单位受中央统一领导。但是我国幅员广大，不同地方区域的现实状况差别较大。正如孟德斯鸠所说的，法律和地质、气候、人种、风俗、习惯、宗教信仰、人口、商业等因素都有关系。因此，法治建设需要因地制宜，体现地方治理的个性要求，政治、经济、文化和社会发展的不同特点。地方在社会经济发展中形成的法律制度，也应针对实际情况、体现地方特色。可见，地方法治建设要体现地方特色也是法治中国的应有内涵。因此，根据目前我国地方法律制度的特点，着力解决法治中国建设在地方法治建设中所遇到的独特问题，对于推进法治中国建设具有重要现实意义。

广西是少数民族地区，边疆地区，"一带一路"重要门户，华南经济圈、西南经济圈与东盟经济圈的结合部，社会关系敏感而复杂，在社会主义法治国家建设实践中有其自身的特点和情况。在这样的背景下，2013年4月，广西师范大学以法学院为主体单位，依托广西重点学科法学理论学科，整合区内外专家学者力量，联合自治区立法、司法和政府法制部门，组建"广西地方法制建设协同创新中心"。2014年7月，根据广西地方法治与地方治理理论和实践需要，在"广西地方法制建设协同创新中心"的基础上，进一步加强力量，组建"广西地方法治与地方治理研究中心"（以下简称"中心"），申报广西高校人文社会科学重点研究基地并被确认。

中心致力于建设地方法治与地方治理高端研究平台，在较短的时间内，加强软硬环境建设，创新管理体制机制，汇聚学者队伍，构筑学术高地，服务地方社会经济，经过三年多的建设，初见成效——

大力汇聚专家学者。中心积极建立健全专家库，在加强校内多学科专家集聚的同时，拓宽人才引进模式，利用灵活、开放的政策，吸引学术影响大的学者和学术潜力强的中青年人才加盟团队。目前中心研究人员近50名，其中主体单位广西师范大学主要学术骨干32人，绝大部分具有高级职称和博士学位，多人具有省级以上人才称号。目前，形成了地方法治基础理论、民族法治与社会治理、地方立法、地方经济法治、地方政府法治、地方生态法治、地方旅游法治等研究团队。

深入开展地方法治与地方治理学术研究。科研成果是衡量科研人员贡献社会大小的重要标志。中心精心策划，合理配置研究资源，开展了一系列科研活动。**一是冲击高端研究课题。**自中心成立以来获科研项目 23 项，研究经费突破 400 万元，其中包括国家社科基金重大项目 1 项、一般项目 7 项。该重大项目"全面推进依法治国与促进西南民族地区治理体系和治理能力现代化研究"准确回应了十八届四中全会的精神，是西部地区法学领域为数不多的国家社科基金重大项目之一。**二是设立研究课题。**中心每年安排 30 万元左右经费，吸收广西内外学人积极开展地方法治与地方治理研究。2015 年资助 12 项课题，2016 年资助 15 项，2017 年上半年资助 10 项。**三是资助出版理论研究成果。**中心已资助《民族法治论》等多部专著出版发行，另有数部专著即将出版。预计到 2018 年，将出版 15 部左右以地方法治与治理为主题的专著。本系列丛书就属于本中心资助出版理论研究成果的一部分。同时中心不限数量资助研究人员发表高水平学术论文。**四是组织申报高级别科研奖。**2014 年来，中心研究人员获得省部级成果奖 12 项，其中广西社科优秀成果奖一等奖 2 项，这在广西同一学科领域中是少见的。

当好"智囊"，服务经济社会实践。中心在培育高端服务平台、提供政策咨询服务、参与地方立法等方面已初见成效。目前已经孵化出省市级法律服务平台多个，如"广西地方立法研究评估与咨询服务基地"、"广西法治政府研究基地"和"广西知识产权教育与培训基地"等，从而为地方经济社会发展发挥出更大的整体效用。中心应要求组织专家参与了《中华人民共和国民法总则（草案）》《中华人民共和国国家安全法（草案）》《中华人民共和国境外非政府组织管理法（草案）》修改意见征求工作，以及《广西壮族自治区环境保护条例（修订草案）》《广西壮族自治区饮用水源保护条例（草案）》等 40 余部国家法律和地方性法规、规章的起草、修改、评估和论证工作。上级有关领导和专家到立法基地视察和调研后，对中心在地方立法工作所作的努力和取得的成绩给予了充分肯定。

可以说，短短三年多时间，广西地方法治与地方治理研究中心的建设取得了可喜的进步。目前，中央和地方高度重视地方法治建设，我们的工作迎来了非常有利的机遇，同时也面临着更高的要求。广西地方法治与地方治理研究中心将坚持围绕地方法治基础理论、广西民族法治与社会治理、广西地方立法、广西地方经济法治、广西地方政府法治、广西地方生态法治等方面的理论与实践重大问题开展深入、系统的研究，推出一批在区域有一定影响的成果，并以此大力推动广西法学及相关学科的发展，培育本土学术人才和实务专家，为区域社会经济发展和地方治理现代化目标的实现发挥更多的积极作用。

目 录

第一章

绪 论

第一节 研究背景与意义

一、研究背景

（一）上海人口老龄化程度不断加剧

按照联合国标准，当一个国家（或地区）60 岁及其以上老年人口占总人口比例达到 10% 时，就说明该国家（或地区）进入老龄化社会。按照这一标准，上海早在 1979 年就进入了老龄化社会。进入 21 世纪以来，上海户籍老年人口持续增长，由 2001 年的 246.6 万增长到 2016 年的 457.79 万，年均增长 13.2 万，年均增长率为 4.2%；与此同时，老年人口占户籍人口的比例也在不断上升，老龄化率由 2001 的 18.5% 增长到 2016 年的 31.6%，上海已经进入深度老龄化社会，老龄化率远远高于 2016 年全国平均水平的 16.7%，上海也由此成为我国人口老龄化程度最高的地区。上海人口老龄化呈现出以下四个特点：

1. 高速化

上海户籍老年人口不断增长，由 2001 年的 246.6 万增长到 2016 年的 457.79 万，年均增长 13.2 万，年均增长率为 4.2%，老龄化率由 2001 年的 18.5% 增长到 2016 年的 31.6%，远远高于同期全国平均水平。根据我国学者李正龙、汪泓（2012）[1] 的预测，未来上海户籍人口还将继续增长，到 2025 年将达到 1882 万，而老年人口为 1081.9 万，其占户籍人口比例也将上升到 57.4%。

2. 高龄化

上海 80 岁及以上老年人口由 2001 年的 32.91 万增长到 2016 年的 79.66 万，其占老年人口比例由 13.3% 增长到 17.4%，年均 6.07% 的增长率也大大高于本地 60 岁及以上老年人口的 4.2% 的年均增长率。因此，上海正在向人口高龄化方向发展。

3. 女性化

从老年人口结构看，上海女性老年人口多于男性，高龄女性人口越来越多。2016 年，60 岁及以上年龄段人口的男女比例为 47.9%:52.1%。但是随着年龄的增长，女性比例不断增长，70 岁以上男女比例为 45.1%:54.9%，而到了 80 岁以后，男女比例为 40.1%:59.9%。因此，随着年龄的增长，女性老年人比例越来越大，高龄女性化特征越来越明显。

4. 空巢化

2014 年上海独居老年人口达到 24.63 万，"纯老家庭"老年

---

〔1〕 李正龙，汪泓. 上海加快发展为老服务体系研究［M］. 上海：上海交通大学出版社，2012：84.

人数达到96.6万。而根据2014年1月上海调查总队发布的《本市老年群体生活质量调查分析报告》，上海空巢老人家庭占比过半，因此空巢老年人比较多。空巢老人属于生活风险较大的弱势群体，其日渐庞大，对于社会的养老、医疗与照料需求必将不断增长。

随着上海进入深度老龄化社会，以及老年人口出现的以上四大特征，上海面临的养老压力空前加大（纪晓岚、刘晓梅，2016）[1]。特别是人口的高龄化与空巢化，不仅对为老服务的特殊性和专业性有了更高的要求，而且也加大了养老成本，据日本厚生劳动省人口动态经济调查显示，老龄者需要的护理人数随年龄增长而增加：65－69岁人群平均67人需要1名护理人员；70－74岁为28人、75－79岁为15人、80－84岁为9人、85岁以上则4人就需要1名护理人员护理，才能维持正常生活（岳颂东，2008）[2]。而黄匡时、陆杰华（2014）[3] 的研究表明，女性老年人平均需要照料的时间为7－8年，远远高于男性老年人的4－5年，从照料内容看，老年人的心理照料时间大于家务照料和身体照料，因此，老年人的照料成本与专业性都不断增长。正因为如此，美国学者 Pifer, A. （1986）[4] 指出："人口老龄化继续发

〔1〕 纪晓岚，刘晓梅. 网络治理视阈下的社会化养老服务研究——基于上海市WF街道的实证分析［J］. 华东理工大学学报（社会科学版），2016（4）：114－123.

〔2〕 岳颂东. 日本老年护理保险制度及对我国的启示［J/OL］. 调查研究报告，2007（252）：1－16. http://www.csia.cn/hknr/200803/t20080325_183140.htm.

〔3〕 黄匡时，陆杰华. 中国老年人平均预期照料时间研究——基于生命表的考察［J］. 中国人口科学，2014（4）：92－101.

〔4〕 Pifer, A., & Bronte, D. L. (1986). Introduction: Squaring the pyramid［J］. Daedalus, 115（1）：1－11.

展下去所产生的冲击不亚于全球化、城市化、工业化等人类历史上任何一次伟大的经济与社会革命。"面对"银发浪潮"的到来，如何让老年人安享晚年，实现"老有所养、老有所学、老有所乐、老有所教、老有所为"的目标，已成为全社会普遍关心的问题。

（二）上海社区居家养老服务蓬勃发展

随着经济社会的不断发展，人们的生活、思想观念不断变化，在生活压力不断加剧的今天，我国传统的家庭养老功能不断弱化（石金群，2013）[1]；与此同时，机构养老由于建设周期长、建造成本与运营成本高（特别是大城市土地与人力成本偏高）、收费高、服务对象范围狭窄、服务质量不到位、无法满足老年人精神慰藉需求等多种因素的制约，也不能成为我国老年人主流的养老方式（仇媛，2015）[2]。因此，必须探索出一个融合家庭养老与社会化养老服务的新模式，这种模式不仅成本较低，而且还能够满足大多数老年人的养老服务需求，社区居家养老模式恰好能够达到以上两点要求。我国学者裴晓梅、房莉杰（2010）[3] 也指出社区居家养老是我国应对老龄化浪潮的必然选择，因此，在老龄化不断加剧的背景下，坚持和发展社区居家养老已成为政府与学界的共识。

何谓社区居家养老？我国学者有不同的观点，我们认为上海

---

〔1〕 石金群. 中国当前家庭养老的困境与出路 ［J］. 中央民族大学学报（哲学社会科学版），2013（4）：62－67.

〔2〕 仇媛. 人口老龄化背景下中国城镇社区居家养老模式探析 ［J］. 河北学刊，2015（1）：214－217.

〔3〕 裴晓梅，房莉杰. 老年长期照护导论 ［M］. 北京：社会科学文献出版社，2010：124.

交通大学章晓懿教授（2007）[1] 的观点具有很好的代表性，她认为社区居家养老"就是特指与我国家庭养老紧密联系的一种新型养老方式。具体做法是：老年人在家中居住，但由社区提供养老服务的一种社会化养老方式，也就是要调动社会各方面的力量，构建一个最符合老年人意愿的、最有利于保持和加强老年人自立能力的、切实可行而又有效的以家庭为核心、以社区养老服务网络为外围、以养老制度为保障的居家养老体系"。社区居家养老既不同于传统的由家庭承担全部责任的养老模式，又不同于"全托式"的养老机构，而是能够结合这两种养老方式的优点且适合我国城市老年人的新型养老方式。

作为中国老龄化程度最高的城市，上海2000年在全国率先开展了社区居家养老服务试点工作，17年来，上海社区居家养老服务蓬勃发展，不管是覆盖人数、资金支持，还是管理机制均日趋完善。上海社区居家养老服务经历了以下四个阶段：

1. 试点阶段（2000年）

2000年6月，上海市民政局选取黄埔、卢湾、静安、长宁、杨浦、嘉定6个区的16个街道，进行社区居家养老服务试点工作。服务重点是高龄老人、社会孤寡老人、生活不能自理老人、独居老人和对社会做出突出贡献的老人等5类对象，为老年人提供以助餐、助洁、助急、助浴、助行、助医的"六助"为主要内容的社区居家养老服务。这一时期，社区居家养老服务没有形成完善的管理制度，服务的内容与形式也较为单一。

---

[1] 章晓懿. 城市居家养老评估指标体系的探索［M］. 上海：上海文艺出版社，2007：35.

2. 推广阶段（2001-2003年）

为了满足广大老年人的养老服务需求，在试点的基础上，2001年4月，上海市民政局发布了《关于全面开展居家养老服务的意见》（沪民事发〔2001〕23号），在全市推广居家养老服务。根据文件要求，各区（县）成立社区居家养老领导小组，各街道成立社区居家养老服务中心，街道（镇）居家养老服务机构按照市场运作机制开展服务，自收自支。为了促进日间服务机构的发展，2002年对老年人日间服务机构设置条件进行了详细说明，并明确提出了休息室、厨房、餐厅、卫生间和浴室的设置标准与要求。2003年上海市民政局出台了《关于进一步规范居家养老服务补贴经费管理和使用的通知》（沪民福发〔2003〕28号），进一步规范居家养老服务补贴经费的管理和使用，并开始探索以服务券的形式，实施政府购买服务，为服务对象提供服务费补贴或优惠。这一阶段主要就社区居家养老服务组织机构运作、服务机构补贴等做了有益的探索。

3. 全面推进阶段（2004-2007年）

经过前几年试点与推广后，2004年上海社区居家养老服务进入了全面推进阶段。《上海市民政局关于进一步推进深化居家养老服务工作的通知》（沪民福发〔2004〕6号）提出：计划用1-2年的时间，建立起覆盖全市各区（县）、街道（乡镇）的较为完善的社区居家养老服务网络，形成良性的运作机制，促进本市老年人福利事业进一步发展。这一文件第一次系统性地阐述了社区居家养老服务的指导思想、推进原则、主要任务、补贴对象、服务内容、运作机制、招聘人员、教育培训、资金来源、费用标准、优惠政策、工作要求等 11 个方面，为上海社区居家养老服务的规范发展奠定了坚实基础。从 2005 年开始，上海进一步完善补贴政策，扩大社区助老补贴范围，从部分困难老年人扩大到 70 周岁以上低收入且生活不能自理的老年人，以及 70 周岁以下为低保且生活不能自理的老年人；与此同时，社区居家养老服务补贴经费纳入政府财政预算。

2006 年上海市民政局组织编制了《上海市居家养老服务需求评估表》和《上海市居家养老服务工作用表》（申请/审批）；2006 年 10 月，上海市民政局等 7 个部门联合发布《关于进一步促进本市养老服务事业发展的意见》，规划上海"十一五"期间要基本形成以社区居家养老服务为主的养老服务格局，享受人数在 2010 年要达到 25 万，占户籍老年人口比例的 7%。为配合新的服务补贴政策，2007 年 1 月 1 日上海开始全面实施《养老服务需求评估标准》，补贴标准由以前按照年龄段补贴方式转变为按老年人身体状况补贴。评估标准由生活自理能力、认知能力、情感行为、视觉能力、社会生活环境和重大疾病诊断六方面组成，对老年人生理状况分为重度、中度、轻度三个等级，并根据等级获得不同补贴，优先满足重度老人的需求。截至 2007 年底，已有 68 413 名老人通过评估得到政府购买的服务补贴。

4. 发展成熟阶段（2008 年至今）

随着 2008 年 2 月全国老龄办颁布了《关于全面推进居家养老服务工作的意见》，上海社区居家养老服务也进入了发展成熟阶段，并颁布了《关于全面落实 2008 年市政府养老服务实事项目，进一步推进本市养老服务工作的意见》（沪民福发〔2008〕

5 号），通过提高养老服务补贴标准、扩大养老服务补贴受益面、调整养老服务专项护理补贴经费渠道、设立社区老年人助餐服务点、扩大社区居家养老服务队伍、做实社区居家养老指导（服务）中心、资助农村薄弱养老机构改造、资助老年人日间服务中心建设和日常运作、推行养老机构意外责任险、提高百岁老人营养补贴标准十条措施，达到了促进社区居家养老服务实体进一步完善、补贴更加合理及服务延伸到部分农村地区的目的。2009年颁布了《社区居家养老服务规范》，对具体的生活护理如助餐、助洁等十项服务制定了服务规范，确立了服务管理和服务质量评价制度，使上海社区居家养老服务运行有了地方标准。2014年颁布了《关于调整本市社区居家养老服务相关政策的实施意见》（沪民老工发〔2014〕9 号），调整养老服务补贴标准、保障老年照护等级评估经费。2015 年《社区居家养老服务规范实施细则（试行）》的出台，进一步完善了各项服务制度。这一阶段，上海社区居家养老服务呈现出了规范化、标准化与制度化的趋势，社区居家养老服务发展趋于成熟。

总之，17 年来，上海社区居家养老服务体系不断完善：一是市、区、街镇三个层面的社区居家养老服务组织机构建立；二是统一社区居家养老经费的补贴标准和金额，规范市与区的出资比例，并纳入预算管理；三是建立了规范的养老服务补贴和评估制度，形成了以"六助"（助餐、助浴、助洁、助行、助急、助医）和精神慰藉等为主要内容的社区居家养老服务体系；四是通过政府购买服务，采取上门服务、日托或邻里互助等形式，为老年人提供养老服务；五是制定并实施了居家养老服务标准，规定了社区居家养老服务的组织、从业人员、服务项目、服务流程及服务改进等要求；六是接受服务人群与享受政府补贴的人群不断扩大。

如表 1-1 所示，2006-2014 年的 9 年中，除了助老服务社（由 233 个略微下降到 224 个）没有增长之外，其他养老服务机构都有一定程度的增长。上海享受社区居家养老服务的老年人由 2006 年的 10.5 万迅速增长到 2014 年的 29.5 万，年均增长 7.6%，其占全市户籍老年人口的比例由 2006 年的 3.8% 上升到 2010 年的最高值 7.6%，2014 年略微下降为 7.1%，达到上海市 7% 的规定目标；享受政府补贴的老年人由 2006 年的 5.96 万人增长到 2014 年的 13 万人，人均补贴金额也由 1521 元增长到 2769 元；助餐点由 2007 年的 118 个增长到 2014 年的 576 个，服务的老年人口不断扩大，2014 年达到 6 万人；老年人日间服务中心由 108 家增长到 381 家，服务的老年人口由 2006 年的 0.36 万人增长到 2014 年的 1.4 万人；随着社区居家养老服务的不断发展，社区居家养老服务工作人员数也由 2006 年的 2.5 万人增长到 2014 年的 3.3 万人，居家养老服务人数与工作人员之比由 2006 年的 4.2:1 增长到 2014 年的 8.9:1，工作人员的服务能力也大大提高。

表 1-1　上海市社区居家养老服务发展状况　单位：万人

年　份	2006	2007	2008	2009	2010	2011	2012	2013	2014
服务老年人数	10.5	13.5	17.7	21.9	25.2	26.2	27.2	28.2	29.5
占老年人比例（%）	3.8	4.7	5.9	7	7.6	7.5	7.4	7.3	7.1

续表

年　份	2006	2007	2008	2009	2010	2011	2012	2013	2014
工作人员数	2.5	2.78	3.2	3.2	3.3	3.3	3.2	3.1	3.3
补贴金额（万元）	9069	12500	18700	25500	30000	33300	29000	36000	36000
获补贴老年人数	5.96	6.84	10.3	12.9	13	13.3	12.6	13.03	13
人均补贴（元）	1521	1827	1815	1976	2307	2503	2301	2762	2769
补贴人数比例（%）	56.7	50.6	58.1	58.9	51.5	50.7	46.3	46.2	44
助餐点数（个）	——	118	216	339	404	450	492	533	576
助餐点服务人口	——	——	1.9	3.4	4	4.8	5.4	6	6
助老服务社（个）	233	234	234	234	233	233	231	230	224
日间服务中心（家）	108	128	229	283	303	326	313	340	381
日间服务中心服务老人数	0.36	0.48	0.64	0.8	0.9	1.1	1.1	1.2	1.4

数据来源：上海市民政局社会福利处；上海统计年鉴（2006－2014年）；2010年上海社会福利年报；2011－2014年上海市老龄事业发展报告书。

（三）社区居家养老服务绩效评估有待完善

近年来，虽然上海社区居家养老服务获得了很大发展，但是，瑕不掩瑜，目前还存在较多制约社区居家养老服务发展的问题，主要表现在：服务资金不足与可持续性差并存；非营利组织自身能力相对不足；服务内容与老人的需求不一致；服务队伍不稳定，待遇偏低；社区居家养老政策调整与衔接不够；评估机制还不完善等（矫海霞，2012）[1]。其中非常突出的一个问题是科学、合理的社区居家养老服务绩效评估体系尚未建立，这直接影响到了上海社区居家养老服务的健康可持续发展，正如美国学者詹姆斯·E. 安德森（2009）[2] 所言："评估可以识别问题与缺陷，正是这些问题与缺陷引起了政策过程的循环，从而延续、更改、加强或终止某一政策。换句话说，政策执行中所显现出的信息将反馈到整个政策过程中。"

第一，从评估实践上看，上海社区居家养老服务的绩效评估，主要是参考 2010 年出台的《社区居家养老服务规范》（以下简称《规范》）。在《规范》中说明了评估主体（机构自我评价、服务对象评价、第三方评价），评估对象（服务对象满意度、家属/监护人满意度、服务时间准确率、服务项目完成率、有效投诉结案率），评估方式（意见征询、实地察看、检查考核）以及服务质量改进四个方面。从上海社区居家养老服务的评

〔1〕 矫海霞. 上海社区居家养老服务的现状、问题与对策 [J]. 社会工作，2012（1）：24 - 26.

〔2〕 ［美］詹姆斯·E. 安德森. 公共政策制定（第五版）[M]. 谢明，等译. 北京：中国人民大学出版社，2009：295 - 296.

估实践来看，在评估主体方面，过分注重机构自我评估和服务对象评估，独立、客观的第三方评估相对不足，不仅评估结果难以保证客观性，也不利于组织公信力的形成（孙发锋，2014）[1]；在评估指标设计上，正如学者吉鹏、李放（2013）[2] 指出的那样：指标设置科学性不够、主观性较强、模糊性较大，因此缺乏可操作性；在评估方式上，虽然集合了意见征询、实地察看、检查考核等方式，但是缺乏专家学者的参与，其评估的结果也会大打折扣。

第二，从评估理论上看，社区居家养老服务的绩效评估是一个复杂系统，我们借用英国学者理查德·威廉姆斯（2002）[3] 的绩效系统影响因素，构建了社区居家养老服务绩效系统影响因素，如图 1-1 所示：

〔1〕 孙发锋. 第三方评估：我国慈善组织公信力建设的必然要求 [J]. 行政论坛, 2014 (4): 81-84.

〔2〕 吉鹏, 李放. 政府购买居家养老服务的绩效评估：实践探索与指标体系构建 [J]. 理论与改革, 2013 (3): 104-107.

〔3〕 [英] 理查德·威廉姆斯. 组织绩效管理 [M]. 蓝天星翻译公司, 译. 北京：清华大学出版社, 2002: 172.

| 2.任务支持
●行为者知道此产出需要什么行动吗?
●资源充分吗? | 3.服务过程
●工作程序和流程合理吗?
●行为者的体力、脑力和情绪能够开展工作吗? | 1.绩效描述
●标准存在吗?
●行为者知道期望产出和绩效标准吗?
●行为者认为标准可行吗? |

过程

投入 产出 结果

绩效

反馈

| 6.技能/知识
●行为者具有必要的技能和知识吗?
●行为者知道为什么期望绩效是重要的吗? | 5.反馈
●行为者接收到有关他们绩效的反馈了吗?
●这些信息是:相关的、准确的、及时的、特殊的、易于理解的。 | 4.结果
●此结果可以用以支持绩效吗?
●及时吗? |

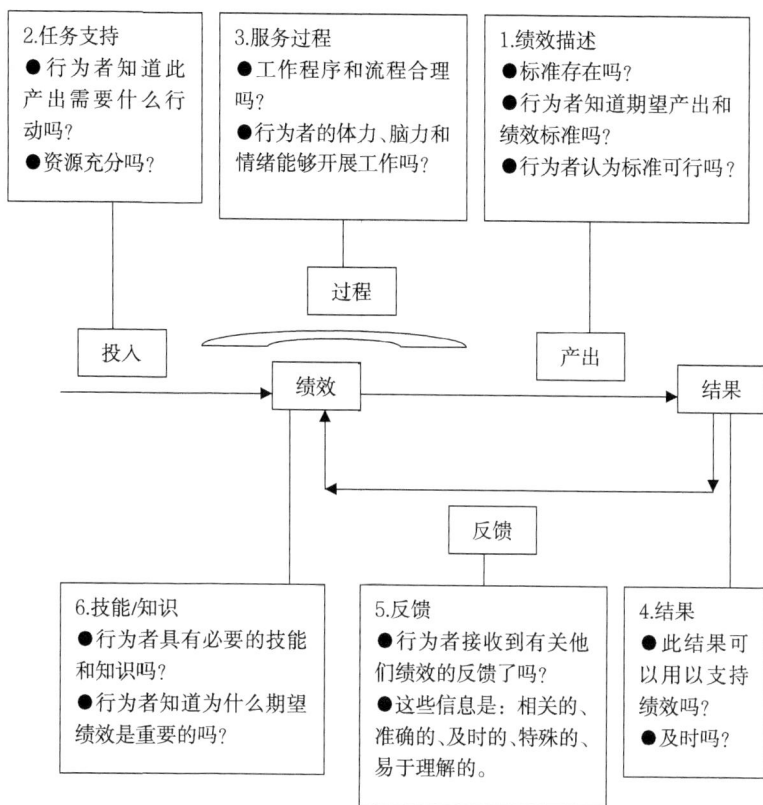

图1-1 社区居家养老服务绩效系统影响因素

社区居家养老服务绩效系统既包括了投入, 也涵盖了过程、产出与结果等因素:

(1) 服务产出。服务产出主要涉及绩效的描述, 包括产出的标准是否存在; 行为者知道期望产出和绩效标准; 以及行为者认为标准可行等三个方面。

（2）服务投入。服务投入主要涉及任务支持，包括行为者知道此产出需要什么行动；资源是否充分；以及此任务与其他任务是否有冲突等方面。

（3）服务过程。服务过程主要涉及工作程序和流程是否合理；行为者的体力、脑力和情绪能够开展工作等方面。

（4）服务结果。服务结果主要涉及此结果是否可以用以支持绩效，以及结果的及时性等方面。

（5）反馈。反馈主要涉及行为者接收到有关他们绩效的反馈与否。这些信息是：相关的、准确的、及时的、特殊的、易于理解的。

（6）技能/知识。技能/知识主要涉及行为者是否具有必要的技能和知识；行为者是否知道为什么期望绩效是重要的这两个方面。

因此，无论是社区居家养老服务绩效评估的实践层面，还是理论层面，上海乃至全国的社区居家养老服务绩效评估均有待进一步完善。

总体来看，国内对于社区居家养老服务的绩效评估处于起步阶段，在社区居家养老服务率先发展的上海，已经积累了一定的绩效评估实践，这为社区居家养老服务绩效评估研究创造了有利条件。正是基于以上背景，本书以我国最早推行社区居家养老服务的上海为例，通过构建一套科学、合理的社区居家养老服务绩效评估体系，对上海社区居家养老服务绩效进行评估，并试图寻找影响社区居家养老服务绩效的因素，以期促进上海社区居家养老服务体系的完善，为上海乃至全国社区居家养老服务的可持续发展和养老事业预期目标的实现，提供坚实可靠的机制和制度保障。

二、研究意义

"十三五"以来，随着《关于全面放开养老服务市场提升养老服务质量的若干意见》《"十三五"国家老龄事业发展和养老体系建设规划》《"十三五"健康老龄化规划》等养老服务政策的出台，说明了我国对养老服务事业的发展更加重视，也更加清醒地认识到人口老龄化给社会带来的挑战。在养老服务事业发展的新形势下，上海社区居家养老服务已经开展了17年，面对社区居家养老服务政策不断出台而社区居家养老服务绩效评估严重滞后的客观现实，必须大力加强对社区居家养老服务的绩效评估工作。由于社区居家养老服务是一项政策性与实践性很强的工作，构建社区居家养老服务绩效评估体系，并将其应用到实践领域，对完善上海乃至全国的社区居家养老服务都具有重要的理论意义和现实意义。

（一）理论意义

绩效评估是公共政策过程的重要环节，没有绩效评估提供的信息和证据支持，公共政策系统就难以有效运转。20世纪70年代以后，绩效评估受到西方发达国家的普遍重视，绩效评估也得到了西方国家的大力推广（C. Hood，1991）[1]，以至于西方学者惊呼传统的"行政国家"正被"评估国家"所取代（周志忍，

---

〔1〕 C. Hood（1991）. A public management for all seasons. Public Administration，69：3 – 19.

2006)[1]。我国绩效评估研究始于 20 世纪 80 年代，虽然取得了一定的成绩，但是与我国的评估实践探索相比，绩效评估研究明显滞后，多数绩效评估研究还停留在绩效评估的必要性、评估价值取向、评估主体选择等方面，与"以结果为导向"和"以公众满意度为导向"为核心理念的绩效导向相距甚远（中国行政管理学会课题组，2013)[2]，而我国学者杨成虎（2010)[3] 甚至指出：我国绩效评估处于"前科学"时期。

虽然目前对于绩效评估的研究还不成熟，但是理论界对绩效评估的研究日益重视，相关的研究成果增长较快。通过中国知网，以"绩效评估"为题，检索到 5431 篇文献[4]，其中大部分是 2005 年以后的文献。此外，随着社区居家养老服务的发展，国内对社区居家养老服务方面的研究成果日渐增加。因此，社区居家养老服务与绩效评估研究成为学术界研究的热点，但是两者的交叉研究比较少，社区居家养老服务绩效评估是我国绩效评估研究领域中的薄弱环节。

本研究将绩效评估理论引入到社区居家养老服务领域，立足于上海社区居家养老服务运行的特定环境，构建社区居家养老服务绩效评估模型，并通过对上海的实践运行，检验评估模型的有

---

〔1〕 周志忍．行政效率〔C〕∥张国庆．行政管理学概论（第二版）．北京：北京大学出版社，2006：369.

〔2〕 中国行政管理学会课题组．政府公共政策绩效评估研究〔J〕．中国行政管理，2013（3）：20－23.

〔3〕 杨成虎．我国政策评估研究中的若干问题初探〔J〕．北京科技大学学报（社会科学版），2010（1）：60－64.

〔4〕 文献检索截止时间为 2017 年 6 月 3 日。

效性，这将进一步拓展我国绩效评估研究领域，丰富我国社区居家养老服务研究的理论体系，为我国开展社区居家养老服务绩效评估实践提供有益的理论指导。

（二）实践意义

科学、有效的社区居家养老服务绩效评估，对于社区居家养老服务的发展具有十分重要的实践意义。

1. 社区居家养老服务绩效评估是检验社区居家养老服务质量的基本途径

社区居家养老服务是老年人享有的一项基本公共服务，其服务的质量在很大程度上影响到老年人的生活质量。社区居家养老服务不仅具有公共服务的公平性、服务性、普惠性的基本特征，而且其服务需求更具有个性化、多样化、全面性和不确定性等特点，因此如何衡量与保障社区居家养老服务质量就显得尤为关键。而通过建立社区居家养老服务绩效评估体系，由外部即第三方对服务质量进行科学评估，不仅能够有效地检验社区居家养老服务质量高低，而且能够排除政策局内人的干扰，"他们往往也不愿意进行评估，尤其是当评估的结果会在机构内部引起分裂的状况下。……组织常常抵制变革，而评估则意味着改革"（詹姆斯·E. 安德森，2009)[1]，从而保证评估的客观性。

2. 社区居家养老服务绩效评估是公共服务型政府建设的内在要求

公共服务型政府建设的逻辑起点是"公共性"，其本质是

---

〔1〕［美］詹姆斯·E. 安德森. 公共政策制定（第五版）［M］. 谢明，等译. 北京：中国人民大学出版社，2009：317.

"服务性"（扶松茂、竺乾威，2011）[1]，也就是说公共服务型政府的建设不但需要提供公共服务，而且需要提供相对公平、均等的公共服务。社区居家养老服务绩效评估，直接影响到政府公共资源分配的公平性、公共资源使用的效率和提供服务的有效性，这就是公共服务型政府建设"公共性"的内在要求，"领导者必须要重视公共福祉。个人的愿望，只有在他表现为是服务于整个共同体的利益的时候，它在政治上才是可以获得承认的……具有合法性的政治活动是与责任密不可分的"。（让－马克·夸克，2002）[2] 建立社区居家养老服务绩效评估体系，可以使社区居家养老服务管理以定量化、具体化、精确化和标准化的方式形成制度、建立规范，因此具有更强的可操作性，同时也有利于居民了解、接受和监督社区居家养老服务。此外，绩效评估可以将城市居家老年人群体所能享受到的各方面服务标准化，有利于政府和社会各界对老年人养老生活的了解、监督和进行相关决策，有利于提高社区居家养老服务质量，进一步完善社区居家养老服务体系的建设，这是公共服务型政府建设"服务性"的表现。

3. 社区居家养老服务绩效评估是优化社区居家养老服务政策的保证

在政策的制定过程中，决策者的规划做得再完善，也难免会有瑕疵或意料之外的结果出现，更何况几乎没有决策者能做到全

---

〔1〕 扶松茂，竺乾威. 公共服务型政府建设若干问题的思考 [J]. 苏州大学学报（哲学社会科学版），2011（5）：57-61.

〔2〕 [法] 让－马克·夸克. 合法性与政治 [M]. 佟心平，王远飞，译. 北京：中央编译出版社，2002：40.

面理性的规划。如果社区居家养老服务政策没有达到预期效果，这就需要政府在政策终结或者政策转变过程中发挥创造性来提高社区居家养老服务政策质量，正如菲利普·J.库珀（2006）[1]所言："真正的目的在于利用评估过程中所获得的信息来修订政策，以使其适应新的环境，从而解决现存的问题。"

第二节 国内外文献回顾与述评

一、国内社区居家养老服务研究

（一）社区居家养老服务需求研究

由于老年人群体庞大，加之家庭、身体状况、经济状况差异等因素，老年人对于社区居家养老服务的需求既有普遍性的一面，也有比较独特的需求，如何确定老年人的养老服务需求，避免服务内容与老年人需求脱节（张良礼，2006）[2]，是学者探讨的重要方面。

1. 对于一般老年人社区居家养老服务需求的研究

范明林（1998）[3] 通过上海老年人口数据，预测 2010 年前后上海老年人需求的六个重点：提供医疗服务、提供家庭体力劳

〔1〕 ［美］菲利普·J.库珀.二十一世纪的公共行政：挑战与改革［M］.王巧玲，李文钊，译.北京：中国人民大学出版社，2006：196.

〔2〕 张良礼.应对人口老龄化：社会化养老服务体系构建及规划［M］.北京：社会科学文献出版社，2006：51.

〔3〕 范明林.老人家庭照料需求和社区服务网络［J］.上海大学学报（社会科学版），1998（1）：106–112.

动服务、提供洗澡服务、提供日常生活起居服务、提供就餐服务、提供独居老人求助服务。胡宏伟等（2011）[1] 研究认为：身体健康状况、年龄、居住方式、教育程度、收入以及参与社会保障情况会影响老年人社区居家养老服务需求。老年人身体状况及自我照顾能力越差，越需要生活照料与医疗服务；独居老人在医疗保健、精神慰藉、文化娱乐方面需求更加明显；城市老年人比农村老年人更加需要社区居家养老服务。陈志科、马少珍（2012）[2] 的研究也证实：老年人居家养老服务需求与其年龄、文化程度、健康状况、家庭经济情况、职业、居住方式和社会保障情况有关。蔡中华等（2013）[3] 通过吉林市的调查发现：老年人对生活照料服务的需求非常旺盛，但是社区提供的服务不齐全；医疗护理服务方面，40%以上的老年人认为社区医疗护理服务非常必要；社区安全保障服务严重不足，不能满足老年人的需求；精神慰藉服务方面，对读报与陪同服务的需求比例最高，社区心理咨询服务需要加大宣传力度；社会参与服务方面，集体游览参观休闲服务是老年人最感兴趣的。杨望、胡玫（2014）[4] 对昆明居家养老服务需求情况进行了研究，认为影响生活照料需求的因素有职业、居住状况等因素，企业职工和独居老人对生活

〔1〕 胡宏伟，李玉娇，张亚蓉. 健康状况、群体差异与居家养老服务保障需求 [J]. 广西经济管理干部学院学报，2011（2）：30－41.

〔2〕 陈志科，马少珍. 老年人居家养老服务需求的影响因素研究——基于湖南省的社会调查 [J]. 中南大学学报（社会科学版），2012（3）：26－30.

〔3〕 蔡中华，安婷，候翱宇. 城市老年人社区养老服务需求特征与对策——基于吉林市的调查 [J]. 社会保障研究，2013（4）：45－49.

〔4〕 杨望，胡玫. 城市社区居民居家养老服务需求情况及其影响因素 [J]. 昆明医科大学学报，2014（4）：46－49.

照料需求非常大；影响医疗保健需求的因素有职业、社会保障情况、收入状况、行为能力，收入高和行为能力较差的老人对医疗保健需求比较大；影响精神文化需求的因素有年龄、文化程度，年龄越低与文化程度越高的老年人精神文化需求较旺盛。王琼（2016）[1] 利用2010年"中国城乡老年人口状况追踪调查"数据研究发现：上门看病的需求最高，其次是法律援助、老年人服务热线、康复治疗和上门护理，而帮助日常购物、陪同看病和聊天解闷的需求则相对较低。

2. 对于特殊老年人社区居家养老服务需求研究

杜鹏、杨慧（2008）[2] 对老年残疾人口狭义康复（包括医疗服务与救助、辅助器具、康复训练与服务）需求进行了研究，研究表明：老年残疾人口对狭义康复需求比例占各项需求的60%以上；狭义康复需求存在性别、年龄和残疾类别的差异，女性老年残疾人的需求比例高于男性，男性低龄残疾老年人的需求强度大于女性，听力残疾老人多需要获得辅助器具，视力残疾老人多需要医疗服务与救助，而肢体残疾老人多需要医疗服务与救助。老年残疾人对狭义康复需求的满足程度偏低，女性的满足程度则更低。许琳、唐丽娜（2013）[3] 通过西部6省的问卷调查，发现年龄、婚姻状况、健康状况、残障类型、居住方式、经济收

〔1〕 王琼. 城市社区居家养老服务需求及其影响因素——基于全国性的城市老年人口调查数据 [J]. 人口研究, 2016 (1)：98 –112.

〔2〕 杜鹏, 杨慧. 中国老年残疾人口状况与康复需求 [J]. 首都医科大学学报, 2008 (3)：262 –265.

〔3〕 许琳, 唐丽娜. 残障老年人居家养老服务需求影响因素的实证分析——基于西部六省区的调查分析 [J]. 甘肃社会科学, 2013 (1)：32 –37.

入、社区服务完善程度、是否领取残疾证等因素是影响残障老年人居家养老服务需求的主要因素。生病治疗、上门服务、精神孤独、医疗护理及康复训练是主要需求项目。

(二) 社区居家养老服务模式研究

关于社区居家养老服务模式的研究主要是:

1. 基于劳动互换的社区居家养老服务模式

刘素华、王龙 (2007)[1] 认为我国老年人口规模巨大、人口高龄化趋势显著、老龄化区域差距较大、女性老人多于男性老人,以及国家经济实力比较薄弱等现实情况,决定了在我国可以建立基于劳动互换的模式。这一模式符合国情、符合趋势、符合市场经济原则,其特点是人们有闲暇的时间、现有的社区机构、工作人员、场地等可以利用且国内外已有的探索为其提供了经验和启示。而实现劳动互换的制度化、政府化、法制化、社区化、群众化是完善这一制度的方向。

2. "时间银行"模式

马贵侠 (2010)[2] 指出:"时间银行"模式就是通过老年人有偿志愿服务为主的方式,提供为老服务,是一种既节约成本,又提高老年人居家养老的生活质量的模式。"时间银行"模式的好处是:为老年人自愿参与互助养老服务提供了一个平台;老年人的空闲时间能够得到合理高效利用;能够培育城市社区的

〔1〕 刘素华,王龙. 建立基于劳动互换的居家养老服务体系的可行性探究 [J]. 河北师范大学学报 (哲学社会科学版),2007 (5):52 – 58.
〔2〕 马贵侠. 论 "时间银行" 模式在居家养老中的应用 [J]. 南京理工大学学报 (社会科学版),2010 (6):116 – 120.

社会资本。这一模式需要发挥政府主导作用，法制化运行，建全网络信息管理平台，开展服务技能培训，推动养老服务时间银行模式的发展（张晨寒、李玲玉，2016）[1]。

3. 公私合作伙伴模式

郁建兴、瞿志远（2011）[2] 通过宁波市两个为老年人提供居家养老服务的案例，探讨了居家养老服务的公私合作伙伴模式。政府与合作伙伴间的目标融合直接影响这种模式的绩效，因此，公私合作伙伴模式重点就是必须构建相应的激励和惩罚机制，来引导代理人按照政府的要求行事。

4. 网络化模式

赛明明（2013）[3] 认为：网络化模式需要同时关注网络设计、运行和监督三方面。网络设计需要构建良好的合同关系，强化政府的引导；网络运行方面，需要加强信息沟通，实施数字化连接；网络监督方面，需要明确各方的责任，强化服务的绩效评估。

5. "多元一体化"模式

冯杰、陈琳（2014）[4] 提出社区居家养老"多元一体化"模式就是政府为引导、社会组织协调运作，以法律与制度为保障，以老年人的居家生活与综合照料为服务内容，并以多元主体

---

〔1〕 张晨寒，李玲玉. 时间银行：居家养老服务模式的新探索 [J]. 河南师范大学学报（哲学社会科学版），2016（5）：80－85.

〔2〕 郁建兴，瞿志远. 公私合作伙伴中的主体间关系——基于两个居家养老服务案例的研究 [J]. 经济社会体制比较，2011（4）：109－117.

〔3〕 赛明明. 网络化治理视角下的居家养老模式之构建 [J]. 西北人口，2013（3）：107－111.

〔4〕 冯杰，陈琳. 城市社区养老服务新模式的探索——社区居家养老 [J]. 大连理工大学学报（社会科学版），2014（1）：76－80.

参与服务网络为支撑的综合性养老服务模式。这种模式必须有"多元化"的参与主体、"一体化"的运作平台、"多元一体化"的支持系统（如基础设施、管理和服务队伍、创新的志愿服务）以及居家养老服务的监督评估机制。

（三）农村社区居家养老服务研究

随着国家统筹城乡发展规划的提出与实施，农村社区居家养老服务也得到了政府与学者的重视，农村老年人对社区居家养老服务需求非常强烈（李加林、龚虹波，2009）[1]，因此"把社区居家养老服务延伸到农村"成为共识。对于农村居家养老服务的研究，主要集中在以下三个方面：

1. 对农村特殊老年人群体社区居家养老服务的探讨

杜云素、钟涨宝（2013）对空巢老人、王海霞（2012）对高龄老人、王晓亚（2014）对留守老人、刘建民（2013）对民族地区老人的社区居家养老服务情况进行了研究。[2]

2. 农村社区居家养老服务存在问题

赵曼、吕国营（2010）[3]指出：农村社区提供的养老服务项目少，供需矛盾突出，现行的农村居家养老服务内容主要侧重

〔1〕 李加林，龚虹波．沿海发达地区农村老龄人口的居家养老特征——以浙江慈溪为例［J］．地理研究，2009（2）：513 - 522.

〔2〕 杜云素，钟涨宝．集中居住背景下农村空巢老人居家养老模式探析［J］．理论导刊，2013（5）：77 - 79. 王海霞．农村高龄老人社区照顾养老模式研究——以江苏省为例［J］．安徽农业科学，2012（6）：3701 - 3703. 王晓亚．农村留守老人的生活照料问题探讨［J］．郑州大学学报（哲学社会科学版），2014（3）：38 - 40. 刘建民．广西民族地区农村居家养老模式探析［J］．桂海论丛，2013（1）：124 - 128.

〔3〕 赵曼，吕国营．城乡养老保障制度模式比较研究［M］．北京：劳动保障出版社，2010：124.

经济供养和生活照料，而精神慰藉严重匮乏，也尚未找到合适的解决途径；许晓晖等（2011）[1] 认为农村居家养老服务建设才开始起步，为老服务专业人员缺乏、养老设施配备不足；于保荣等（2012）[2] 认为农村地区社会照顾资源短缺，老年人依赖正式照顾的资源为主，客观上限制了农村社区居家养老服务的发展；王晓亚等（2014）[3] 指出：如何发展农村社区居家养老服务事业已经成为社会关注的焦点问题，并利用 SWOT 分析方法研究，发现农村社区居家养老服务面临服务内容单一、行政色彩浓厚、专业人才紧缺等问题。

3. 优化农村社区居家养老服务对策

郭竞成（2012）[4] 认为应该根据农村老年人需求确定服务项目。黄丽丽、卢冠超（2012）[5] 认为应该强化政府职能，健全居家养老保障体系；健全服务制度，完善社区服务；整合服务资源，促成健康老龄化；家庭全力支持，构建温馨居家养老。张乃仁（2013）[6] 认为应该搭建农村居家养老机构养老服务交换

〔1〕 许晓晖，曲玉萍，杨奇. 农村居家养老服务体系建设的调查——以吉林省为例〔J〕. 安徽农业科学，2011，39（30）：18895 - 18897.

〔2〕 于保荣，高静，于龙凤. 农村老年人日常生活照顾服务需求与供给研究〔M〕. 济南：山东大学出版社，2012：82.

〔3〕 王晓亚，孙世芳，许月明. 农村居家养老服务的 SWOT 分析及其发展战略选择〔J〕. 河北学刊，2014（2）：94 - 97.

〔4〕 郭竞成. 农村居家养老服务的需求强度与需求弹性〔J〕. 社会保障研究，2012（1）：47 - 57.

〔5〕 黄丽丽，卢冠超. 人口老龄化背景下中国农村居家养老模式的价值与保障对策〔J〕. 经济研究导刊，2012（24）：47 - 48.

〔6〕 张乃仁. 农村居家养老中的双向耦合机制〔J〕. 郑州大学学报（哲学社会科学版），2013（3）：36 - 39.

平台。张国平（2014）[1] 指出：要完善农村社会保障制度，满足农民社区居家养老服务的有效需求。李放等（2014）[2] 认为，需要加强对农村地区社区居家养老政策的宣传力度。李兆友、郑吉友（2016）[3] 认为农村居家养老服务的发展尚处于探索阶段。养老服务政策须着眼短期目标，明确中长期规划，分清轻重缓急，统筹发展战略，以农村老年人居家养老服务需求强度为依据实施精准供给。

（四）社区居家养老服务发展中存在问题

社区居家养老服务在我国虽然得到了很大发展，但是也存在多方面因素的制约，在发展过程中，存在以下六个方面的问题：

1. 老年人及其政府观念问题

首先是老年人观念问题，由于老年人受"养子防老"传统观念束缚，在年老时，老年人在心理上更加青睐子女，这也就降低了老年人对居家养老服务的使用率，不利于社区居家养老服务的推行（丁建定、李薇，2014）[4]。因此，叶军（2005）[5] 认为老年人观念的转变成为推行社区居家养老首先要解决的问题。

〔1〕 张国平. 农村老年人居家养老服务的需求及其影响因素分析——基于江苏省的社会调查［J］. 人口与发展，2014（2）：95－101.

〔2〕 李放，樊禹彤，赵光. 农村老人居家养老服务需求影响因素的实证分析［J］. 河北大学学报（哲学社会科学版），2013（5）：68－72.

〔3〕 李兆友，郑吉友. 农村社区居家养老服务需求强度的实证分析——基于辽宁省 S 镇农村老年人的问卷调查［J］. 社会保障研究，2016（5）：18－26.

〔4〕 丁建定，李薇. 论中国居家养老服务体系建设中的核心问题［J］. 探索，2014（5）：138－143.

〔5〕 叶军. 农村养老社区照顾模式探析［J］. 中国农业大学学报（社会科学版），2005（1）：37－40.

其次，在面对我国人口老龄化的挑战中，郑建娟（2005）[1] 指出部分政府职能部门和基层社区管理与服务部门，对于开展和加强社区居家养老服务的重要性和迫切性认识不足，不利于社区居家养老服务的发展。

2. 社区居家养老服务的扶持政策不健全

郅玉玲（2011）[2] 指出：在宏观政策方面，政府对社区居家养老服务的规划、培育和扶持缺失，导致社区居家养老服务主体和服务市场难以对接；而相关的保障机制方面，如资金保障机制、风险规避机制、护理保险机制等也还没有形成，制约了社区居家养老服务向专业化、规范化方向的发展。张孝廷、张旭升（2012）[3] 也指出各级政府对养老服务业的政策支持由于财政投入或职能分割等原因，优惠政策难以落实。

3. 社区居家养老服务的服务内容、服务对象与服务输送方式存在问题

（1）在服务内容上，过于偏重生活照顾等经济领域，而忽视医疗保健、精神慰藉等服务的需求（罗兴奇，2017）[4]。社区居家养老并不是简单的让老年人在家安享晚年，而是使他们居住在家的同时，除了享受一些吃住方面的服务外，还希望获得更多

─────────────

〔1〕 郑建娟. 我国社区养老的现状和发展思路［J］. 商业研究，2005（12）：159－160.

〔2〕 郅玉玲. 和谐社会语境下的老龄问题研究［M］. 杭州：浙江大学出版社，2011：81.

〔3〕 张孝廷，张旭升. 居家养老服务的结构困境及破解之道［J］. 浙江社会科学，2012（8）：81－86.

〔4〕 罗兴奇. 居家养老服务的结构困境及优化路径——以上海市为例［J］. 城市问题，2017（2）：83－89.

的专业化的养老服务，王思斌（1994）[1] 指出"当人们不满足于填饱肚皮的时候，满足人们的精神上的需要就成为他们追求的重要目标。人有多重需要，满足这些需要才是其生活质量的真正提高。……社区照顾着重解决的不是经济困难的问题，而是满足精神、心理方面的需要。不论在社区内照顾还是由社区来照顾，都是老人获得精神、心理满足的手段。因此，提高照顾对象的生活质量是社区照顾的本质"。

（2）在服务对象上，存在选择性问题，老年人获得社区居家养老服务的机会与待遇并不是均等的。对于生活特别困难的"三无"、五保、低收入且生活不能自理的"弱势老年群体"，他们获得社区居家养老服务政府补贴的机会大大高于"普通老年群体"，而城乡、不同地域之间的老年人在获取社区居家养老服务及其补贴方面差距也非常大；此外，对于特殊老年群体，如残疾人，其获得服务也非常难。[2]

（3）在服务输送上缺乏人性化考虑。在服务的输送上，照顾管理人员发挥着重要的作用[3]，良好的服务输送应该非常人性化，能够根据老年人的不同需求，在服务时间、服务频率等方面随时进行调整。王莉莉（2013）[4] 指出：我国社区居家养老

〔1〕 王思斌. 社区照顾对中国社会的借鉴意义 [J]. 社会工作研究，1994（3）：1–6.

〔2〕 许琳. 老年残疾人居家养老的困境——基于西安市老年残疾人个案访谈 [J]. 西北大学学报（哲学社会科学版），2014（3）：153–161.

〔3〕 张晖. 居家养老服务输送机制研究——基于杭州的经验 [M]. 杭州：浙江大学，2014：65.

〔4〕 王莉莉. 基于"服务链"理论的居家养老服务需求、供给与利用研究 [J]. 人口研究，2013（2）：49–59.

服务的理念是"以计划性的服务供给为导向"，社区居家养老服务的输送都比较刻板，服务的频率、时间大都是固定的，很少根据老年人的需求来改变。

4. 社区居家养老服务资源短缺问题

首先是资金不足问题。祁峰（2011）[1] 指出中国社区居家养老服务资金主要依靠政府资助，经费筹集渠道比较单一、配套不到位，投入的随意性非常强，这种模式已经不能满足社区居家养老服务的可持续发展。张歌（2015）[2] 认为政府资金投入总量偏小，各级政府资金负担构成不合理，社会资金参与不足是造成居家养老服务资金短缺的主要原因。

其次是社会组织与服务队伍的缺乏。张晖、王萍（2013）[3] 指出城市老人知道"居家养老服务"的比例为 25.9%，而享受过服务的比例则更低，造成这种状况的一个原因就是缺乏合适的社会组织来接手政府的资金，进行社区居家养老服务的传递。此外，张明等（2012）[4] 认为社区居家养老服务的人员不足与质量低下也是影响社区居家养老服务发展的重要因素。

5. 社区居家养老服务的责任分担体系不明确

社区居家养老服务责任在政府、家庭、社区与社会组织间如

〔1〕　祁峰. 中国城市居家养老研究 ［M］. 大连：大连海事大学出版社，2011：123－124.

〔2〕　张歌. 居家养老服务资金的政策效果分析——以上海为例 ［J］. 河南大学学报（社会科学版），2015（2）：75－82.

〔3〕　张晖，王萍. "居家养老服务"是服务输送还是补贴发放——杭州的检验审视 ［J］. 浙江学刊，2013（5）：219－224.

〔4〕　张明，朱爱华，徐成华. 城市老年人社会服务体系研究 ［M］. 北京：科学出版社，2012：89.

何分担,在我国还没有完全搞清楚。

首先,政府部门责任没有划分清楚。杨立雄(2013)[1] 指出我国社区居家养老服务的工作机制是政府主导、部门协调、社会参与、民间组织运作,形成了区、街道、社区三级组织框架,分工负责居家养老服务各项工作。从宏观层面看,民政部门承担宏观管理职责,但是社区居家养老服务涉及多个部门,民政部门的协调能力就显得明显不足,各部门难以形成合力。从微观层面看,社区责任与事务不断扩大,但是社区组织建设严重滞后,岗位配置不全,人员素质不高等因素严重影响了社区组织的发展,更满足不了社区工作与居民的需要。

其次,未明确政府、家庭、社区等在社区居家养老服务中的责任分担。高利平、孔丹(2009)[2] 指出,社会上对于社区居家养老存在两方面误解,一是对服务对象的误解,把服务对象缩小化;二是服务资金来源的误解,认为居家养老费用由政府"买单"。这两个误解表现在政府责任方面的消极影响就是过分夸大了政府在居家养老中所担负的经济方面的责任,这直接影响了地方政府居家养老的发展。在居家养老的发展中,并不需要政府包揽一切问题,其责任主要表现在政府对居家养老的推动、组织和协调方面。孙宏伟、孙睿(2013)[3] 认为:政府主要承担养老服务的提供者角色,社区和市场承担养老服务的生产者角色,而

〔1〕 杨立雄. 老年福利制度研究 [M]. 北京:人民出版社,2013:113.

〔2〕 高利平,孔丹. 山东省老年人口居家养老调查研究 [J]. 山东社会科学,2009(2):41-44.

〔3〕 孙宏伟,孙睿. 我国社会养老服务体系建设的政策选择 [J]. 东北大学学报(社会科学版),2013(4):398-402.

个人和家庭承担养老服务的消费者角色。实际上这三类角色可能会有交叉，甚至发生缺位和越位，这就要求政府不仅仅在养老服务的提供上承担责任，也需要发挥协调功能，协调三种角色之间的关系，避免缺位和越位。肖娟、陈国营（2014）[1] 指出责任分摊不合理是我国居家养老服务实践中存在的重要问题，居家养老服务体系改革方向应该是强化个人责任，解决资源整合等方面的问题。而丁建定、李薇（2014）[2] 认为，虽然居家养老是家庭养老的延伸，但是不能过于强调家庭养老的责任。

6. 农村社区居家养老服务发展滞后

鲁可荣、金菁（2015）[3] 认为在农村居家养老服务实践中尚存在诸如运行资金难以可持续保障、缺少专业化和市场化的社会组织参与、服务内容单一、服务范围及服务对象覆盖面有限等问题，从而影响和制约着居家养老服务的可持续性与可复制性。王振振等（2016）[4] 在分析苏州市居家养老服务的时候指出，在国家政策和地方政府的大力支持和鼓励下，苏州市实现了居家养老社区服务全覆盖，社区老年人均可便捷的享受到居家养老社区服务，因此，其地理和时间总体可及性高。由于城乡二元结构和经济发展状况的差异，存在部分农村社区服务建设欠佳，甚至

〔1〕　肖娟，陈国营. 个人责任视角下居家养老服务体系的调整方略［J］. 浙江工业大学学报（社会科学版），2014（1）：35－40.

〔2〕　丁建定，李薇. 论中国居家养老服务体系建设中的核心问题［J］. 探索，2014（5）：138－143.

〔3〕　鲁可荣，金菁. 农村居家养老何以可行及可持续——基于浙江"金东模式"的实证分析［J］. 中国农业大学学报（社会科学版），2015（6）：87－93.

〔4〕　王振振，雍岚，王乐. 居家养老社区服务可及性评价研究——基于苏州市的调研［J］. 人口与发展，2016（3）：90－99.

部分农村地区社区养老还处于未建设阶段或者城市社区服务相对集中，而乡村松散、面积大距离远，导致农村社区的地理和时间可及性相对较低。

（五）完善社区居家养老服务对策研究

针对居家养老服务过程中所存在的问题，优化对策一般集中在以下七个方面：

1. 完善社区居家养老服务相关的法律法规

李正龙（2012）[1]认为，社区居家养老服务的发展需要加强老年福利立法，制定《社区服务业法》，完善老年人法律援助制度；田玲、张思峰（2015）[2]认为，现阶段建立健全针对社区居家养老服务的法律法规尤其重要，只有这样才能将社区居家养老工作纳入规范化、制度化与法律化的途径。

2. 加大对社区居家养老服务的投入，完善政策支持体系，形成多元投资主体

张敏杰（2008）[3]认为财政需要建立社区居家养老服务专项资金，并以每年不低于财政收入增长率来增加政府财政投入；胡宏伟等（2012）[4]指出，社区居家养老服务是一项社会服务，

〔1〕 李正龙，汪泓. 上海加快发展为老服务体系研究 [M]. 上海：上海交通大学，2012：134－135.

〔2〕 田玲，张思峰. 居家养老服务发展的思路框架与制度安排 [J]. 理论与改革，2014（6）：56－59.

〔3〕 张敏杰. 人口老龄化与居家养老服务——以杭州市为例 [J]. 中共杭州市委党校学报，2008（6）：81－85.

〔4〕 胡宏伟，时媛媛，肖伊雪. 公共服务均等化视角下中国养老保障方式与路径选择——居家养老服务保障的优势与发展路径 [J]. 华东经济管理，2012（1）：119－123.

不仅仅需要政府的投入，也需要社会力量的支持，形成多元化的投资主体。政策支持体系上，需要建立服务补贴制度、逐步建立税收优惠等政策、加大服务设施投入力度等（丁建定，2013)[1]。伍德安、杨翠迎（2015)[2] 认为需要树立"财税、社保、福利"大财政，新的全局统筹理念；构造财税支持政策池，而非财税部门单肩独挑。

3. 进一步拓宽社区居家养老服务的覆盖面

政府应该逐步降低服务对象的门槛，把社区居家养老服务对象确定为 60 岁及其以上的老年人，其重点对象为独居老人、孤寡老人、失能老人、生活自理有困难老人、高龄老人等，争取由补缺型服务向普惠型服务转变，逐渐惠及各个老年人群体（孙迎春，2012)[3]。陈永杰、卢施羽（2013)[4] 也指出居家养老服务须拓宽覆盖面及平衡发展。

4. 以老年人的需求为导向，积极开展个性化养老服务

从老年人的实际需求出发，针对不同层次与类型的老年人群，提供不同层次的社区居家养老服务。通过上门服务、社区设施服务、社区支援网络服务等形式，为老年人根据其需求和习惯提供以下多种服务：生活照料类服务、医疗保健类服务、法律维

〔1〕 丁建定. 居家养老服务：认识误区、理性原则及完善对策〔J〕. 中国人民大学学报，2013（2）：20 - 26.

〔2〕 伍德安，杨翠迎. 居家养老服务体系财税政策空间及顶层设计——基于上海市的实证研究〔J〕. 财经论丛，2015（2）：18 - 25.

〔3〕 孙迎春. 我国社区居家养老调查及对策研究——基于南京市栖霞区居家养老调查〔J〕. 特区经济，2012（11）：190 - 192.

〔4〕 陈永杰，卢施羽. 中国养老服务的调整与选择〔M〕. 广州：中山大学出版社，2013：122.

权类服务、文化教育类服务、体育健身类服务、志愿服务类服务（王静，2012)[1]。

5. 大力培养专门人才，为社区居家养老提供人才保障

祁峰（2010)[2] 指出专业化是服务业的护身符，并认为我国在发展居家养老中，应该培养大量的服务专门人才；俞贺楠等（2011)[3] 认为政府应当在社区居家养老事业发展的初期投入专项经费，对居家养老服务的管理人员与服务人员进行资格培训与认证，持证上岗，培训的内容包括生理和心理常识、医学护理常识、家政和药学常识等。只有掌握了专业知识的社工人才，才能满足老年人的多样化、高质量的需求，提高老年人享受服务的满意度。

6. 健全社区居家养老服务的多元化参与机制

社区居家养老服务的发展需要政府、非营利组织和家庭的通力合作，因此，鼓励包括非营利组织在内的多元主体发展社区居家养老服务，不仅可以缓解政府压力，还可以丰富服务供给者格局，有利于老年人的自由选择，提高老年人的生活质量与幸福感（陈竞、文旋，2014)[4]。宋雪飞等（2017)[5] 认为需要鼓励非

〔1〕 王静. 北京社会化居家养老问题与对策研究［J］. 人口与经济，2012（3）：65 – 69.

〔2〕 祁峰. 英国的社区照顾及启示［J］. 西北人口，2010（6）：20 – 25.

〔3〕 俞贺楠，王敏，李振. 我国社区居家养老模式的出路研究［J］. 河南社会科学，2011（1）：202 – 205.

〔4〕 陈竞，文旋. 社会组织在居家养老中的实践［J］. 广西民族大学学报（哲学社会科学版），2014（1）：43 – 47.

〔5〕 宋雪飞，周军，李放. 非营利组织居家养老服务供给：模式、效用及策略——基于南京市的案例分析［J］. 南京大学学报（社会科学版），2017（2）：145 – 156.

营利组织参与居家养老服务供给，一是构建协商对话机制，在政府与非营利组织的合作中促进协同增效；二是基于非营利组织的差异性选择适当的补贴工具，提高政府投入水平；三是通过开放市场空间、资本退出机制来引导社会资源的有序进入；四是通过分类管理促进多样性、个性化居家养老服务的供给；五是加强非营利组织的自身建设，完善人才管理制度。此外，也必须积极发展以家庭成员、亲朋好友、邻居及志愿者为主的非正规照顾，满足老年人的需求（刘益梅，2014）[1]。

7. 平衡国家、社区、家庭之间的养老责任

郭竞成（2010）[2] 认为，鉴于中国老年人口数量规模庞大以及"未富先老"的国情，社区居家养老服务不可能向国人免费提供，需要动员政府、市场、家庭、社会组织等多元力量共同参与，因此，社区居家养老服务是一种由家庭、社区、国家共同付费的准公共产品，或者称为"限价公共服务"。刘迟、韩俊江（2013）[3] 也指出，社区居家养老服务的发展必须协调家庭、社区和市场的作用，构建三大主体相互支持的多元体系，才能真正实现社区居家养老服务事业的可持续发展。

（六）社区居家养老服务绩效评估研究

有关社区居家养老服务绩效评估的成果不多，目前这方面的

---

〔1〕 刘益梅. 社区居家养老服务模式的实现路径探讨［J］. 新疆师范大学学报（哲学社会科学版），2014（2）：117 – 121.

〔2〕 郭竞成. 中国居家养老模式的选择［J］. 宁波大学学报（人文科学版），2010（1）：106 – 111.

〔3〕 刘迟，韩俊江. 社区居家养老服务的多元体系构建［J］. 税务与经济，2013（2）：48 – 51.

研究主要包括以下两方面：

1. 仅仅意识到社区居家养老服务评估的重要性，但是没有进一步分析怎样评估

孙泽宇（2007）[1] 指出社区居家养老服务评估机制存在两个问题，一是评估主体主要是政府部门和服务机构，容易造成角色混乱，也不利于评估结果的客观公正，二是评估员缺乏专业知识；张敏杰（2008）[2] 认为要探索建立居家养老服务效果的评估机制，首先是对老年人进行身体评估，其次是建立养老服务质量评估机制，对居家养老服务的效率、效果进行评估，并在此基础上建立评估效果的约束激励机制；杨春（2010）[3] 认为社区居家养老服务绩效评估不仅评估结果，还要评估过程，做到过程与结果并重；陈伟（2012）[4] 在分析了英国社区照顾的经验后，指出我国如果要将社区居家养老服务向更专业的方向延伸，就需要对评估机制等方面做一些有效分析，其中重要的一条就是需要评估专业人员的介入；施巍巍（2012）[5] 在探讨西方国家医疗资源分割的情况后，指出我国需要建立对被照顾者的评估机制，

〔1〕 孙泽宇. 关于我国城市社区居家养老服务问题与对策的思考 [J]. 中国劳动关系学院学报，2007（1）：98－101.

〔2〕 张敏杰. 人口老龄化与居家养老服务——以杭州市为例 [J]. 中共杭州市委党校学报，2008（6）：81－85.

〔3〕 杨春. 对推进居家养老服务可持续发展的思考——以南京市为例 [J]. 学海，2010（6）：42－47.

〔4〕 陈伟. 英国社区照顾之于我国"居家养老服务"本土化进程及服务模式的构建 [J]. 南京工业大学学报（社会科学版），2012（1）：93－99.

〔5〕 施巍巍. 发达国家医疗照护与长期照护资源分割的原因分析及其启示 [J]. 北京科技大学学报（社会科学版），2012（1）：146－151.

这既是资源分配的手段，也可以提高资源分配的公平性与提供的效率性；张晖（2013）[1] 针对我国社区居家养老服务存在的问题，提出对策之一就是需要完善社区居家养老服务的监督评估，提升服务品质，为此需要加强服务后的反馈评估，以及把第三方评估机构的服务满意度作为考评指标；黄少宽（2013）[2] 指出我国居家养老服务的评估制度不够完善，往往存在服务提供者自己评估自己的情况，导致评估的客观性不强，并强调应该鼓励中介组织与行业协会参与服务质量的评估；冯杰、陈琳（2014）[3] 也提出了建立社区居家养老服务的监督评估机制，为此需要设计科学合理的评估指标、建立健全质量评估机制、建立专业评估与居民评估相结合的"二元评估"机制、强化政府与社会的监督。

以上学者的研究，都或多或少的涉及了社区居家养老服务的绩效评估，但是他们并没有以此为主题进行探讨，只是在文章中的对策或者建议中提及而已。

2. 建立了社区居家养老服务评估指标体系，但是没有进行实证分析，指标科学性也存在疑问

在社区居家养老服务评估方面，我国学者章晓懿教授比较早地注意到了城市居家养老服务评估的重要性，在其 2007 年出版

---

〔1〕 张晖.""居家养老服务"中国本土化的经验审视 [J]. 西北大学学报（哲学社会科学版），2013（5）：140－146.

〔2〕 黄少宽. 国外城市社区居家养老服务的特点 [J]. 城市问题，2013（8）：83－88.

〔3〕 冯杰，陈琳. 城市社区养老服务新模式的探索——社区居家养老 [J]. 大连理工大学学报（社会科学版），2014（1）：76－80.

的《城市居家养老评估指标体系的探索》[1] 一书中，第二部分重点探讨了建立居家养老服务评估指标体系的意义、理论基础，并以上海静安区为例，对居家养老服务指标体系分为服务对象评估、服务提供机构评估与服务提供者评估，最后指出了指标体系需要解决的三个突出问题。[2] 此外，部分学者也对这一问题进行了探讨，如包国宪、刘红芹（2012）[3] 认为居家养老服务绩效评价应该包括政府购买居家养老服务的效率与顾客感知服务质量两个维度，并设计了一套质量评价量表。胡光景（2012）[4] 在介绍了境外国家社区居家养老服务评估的经验以后，指出我国社区居家养老服务质量评估体系需要从评估主体、指标、方法及结果等方面进行。吉鹏、李放（2013）[5] 构建了一套政府购买居家养老服务效率评价指标以及一套服务满意度指标。翁列恩、王振、楼佳宁（2013）[6] 对杭州上城区居家养老服务信息化、集成化与

〔1〕 章晓懿，杨培源. 城市居家养老评估指标体系的探索［M］. 上海：百家出版社，2007：35 - 95.

〔2〕 章晓懿，刘帮成. 社区居家养老服务质量模型研究——以上海市为例［J］. 中国人口科学，2011（3）：83 - 92. 章晓懿，梅强. 社区居家养老服务绩效评估指标体系研究［J］. 统计与决策，2012（24）：73 - 75.

〔3〕 包国宪，刘红芹. 政府购买居家养老服务的绩效评价研究［J］. 广东社会科学，2012（2）：15 - 22.

〔4〕 胡光景. 政府购买社区居家养老服务质量评估体系研究［J］. 山东工商学院学报，2012（5）：93 - 98.

〔5〕 吉鹏，李放. 政府购买居家养老服务的绩效评价：实践探索与指标体系建构［J］. 理论与改革，2013（3）：104 - 107.

〔6〕 翁列恩，王振，楼佳宁. 集成化、信息化与标准化的居家服务创新研究——以杭州市上城区为例［J］. 公共管理学报，2013（3）：1 - 10.

标准化的新模式，采用居民满意度问卷进行了绩效评估，得出实施效果良好的结论。廖楚晖等（2014）[1] 通过建立评价指标体系，采用模糊综合评价法，对我国四个一线城市社区居家养老服务质量进行了研究，得出老年人对收费合理程度满意度最高，情感需求次之，服务机构设施满意度排名第三；而对从业人员满意度最低，得分为 0.54，其次是服务种类和数量，为 0.597。李军（2014）[2] 认为社区居家养老服务第三方评价体系应该包括：设施设备、提供服务人员及资质、机构管理水平、机构服务水平四个维度，并在每个维度下设立若干个子指标。

二、国外社区照顾理论研究

(一) 社区照顾概念

在国外，基本上没有"居家养老"这一概念，取而代之的是"社区照顾"，因此，对国外的研究主要集中在社区照顾上。"社区照顾"概念起源于英国，A. L. Webb and G. Wistow（1987）[3] 指出：社区照顾的发展起源于二战后的一股"反院舍化"动力，主要是希望改变或消除以往院舍对服务对象的负面影响，所以，很多服务形式及策略都是以在社区内为服务对象提供

---

〔1〕 廖楚晖，甘炜，陈娟. 中国一线城市社区居家养老服务质量评价 [J]. 中南财经政法大学学报，2014（2）：46 - 50.

〔2〕 李军. 公共政策视阈下政府购买居家养老服务研究 [J]. 江苏大学学报（社会科学版），2014（5）：16 - 23.

〔3〕 A. L. Webb and G. Wistow（1987）. Social Work, social care and social planning: the personal social services since Seebohm [M]. London: Longman.

适切的服务为目标。P. Abrams（1977）[1] 认为：社区照顾是由非专业的人士在家居或工作的环境中提供协助、支援和照顾。这个定义在概念上等同于外延的专业服务。英国健康与社会保障部认为：社区照顾包括了所有基层健康照顾及一系列的服务，包括医院、日间照料中心、宿舍等，也包括所有地方政府、志愿机构、家人与亲友提供的照顾。[2]

史蒂文斯（1996）[3] 认为社区照顾"这个词概括了那些大型公共机构以外的虚弱的人们的赡养措施。这种照顾可以包括由亲属及邻居非正式提供和由福利部门正式提供的。后者所提供的服务可以很广"。而英国官方 1989 年《照顾人民：下一个 10 年的社区照顾及其展望》（HMSO，1989）指出："社区照顾指的是为那些因年龄、精神疾病、大脑不健全等身体或器官方面的残疾而需要住在家里或住在社区内类似家庭环境的人提供的服务和支持。"[4] 苏珊·特斯特（2002）认为以前对社区照顾概念界定模糊、内涵宽泛，她认为社区照顾"包括室内保健、居住地保健和福利机构服务、家庭外医疗服务、日间照管服务，以及有助于保

---

〔1〕 P. Abrams（1977）. Community Care：Some Research Problems and Priorities [J]. Policy and Politics. Vol. 6，No. 2.

〔2〕 Department of Health and Social Security（1977）. "The Way Forward". London：HMSO.

〔3〕 ［英］史蒂文斯. 社区照顾——概念和理论 ［A］. 夏学銮编. 社区照顾的理论、政策与实践 ［M］. 北京：北京大学出版社，1996：5.

〔4〕 HMSO（1989）. Caring for People：Community Care in the Next Decade and Beyond. Cmnd 849. London：HMSO.

证老人生活质量的社交的、休闲的和教育的设施等等"。[1] 哈特利·迪安（2009）[2] 认为社区照顾是一个充满变化的词语，一方面，它可以指为年轻残疾人或学习障碍者提供的小组家庭，在那里，他们得以照顾自己，而只需要不多的监控；另一方面，它也可以指为在自己家中居住的孤寡老人提供的居家照顾服务。

虽然上述定义为"社区照顾"提供了解释，但是他们只是一些粗略的概念，未进一步剖析其中的含义，正如 D. Clifford（1990）[3] 所言：社区照顾是一个众人的理想，但不同的人却有不同的理解和演绎。

（二）社区照顾模式及其发展趋势

Mueser, K. T. 等（1998）[4] 认为社区照顾的 ATC 与 ICM 模式对于精神疾病患者的改善情况，并指出未来需要更加注意照顾模式精益化的疗效与评估问题；Jan Tøssebro（2006）[5] 比较了挪威和瑞典残疾人的社区照顾模式；John Welshman 及 Jan

〔1〕 ［英］苏珊·特斯特. 老年人社区照顾的跨国比较［M］. 周向红，张小明，译. 北京：中国社会出版社，2002：9.

〔2〕 ［英］哈特利·迪安. 社会政策学十讲［M］. 岳经纶，温卓毅，庄文嘉，译. 上海：上海人民出版社，2009：66 – 67.

〔3〕 D. Clifford（1990）. The Social Costs and Rewards of Caring［M］. England：Gower Publishing Co. , 18.

〔4〕 Mueser, K. T. , Bond, G. R. , Drake, R. E. , & Resnick, S. G.（1998）. Models of Community Care for Severe Mental Illness A Review of Research on Case Management［J］. Schizophrenia Bulletin, 24（1）：37 – 74.

〔5〕 Jan Tøssebro（2006）. The Development of Community Services for People with Learning Disabilities in Norway and Sweden［M］. Palgrave Macmillan, 122 – 134.

Walmsley（2006）[1] 分析了加拿大安大略省与澳大利亚维多利亚州的社区照顾模式；2004 年，Burau Viola 和 Krger Teppo 从政策和政治角度对芬兰和英国的社区照顾作了比较。对于社区照顾的发展趋势，21 世纪初，Marshall Max、Creed Francis（2000）[2] 论述了英国社区照顾发展趋势。还有不少学者对社区照顾模式的成效、优点进行总结，如 Steiner，B. D. 等（2008）[3] 通过论述美国北卡罗来纳州社区照顾中医院、卫生部门与社会服务部门的紧密合作，取得了很好的效果，既提高了质量，也节约了资金，节约资金达到 1.6 亿美元。

（三）人力资源预测和规划

B. Sibbald，J. Shen，A. McBride（2004）[4] 认为：人力资源的整合必须考虑到服务人员的技能组合。促进技能组合成功的因素包括：引入证明疗效的治疗方法，适当的员工教育和培训，删除服务行业之间的边界划分；适当的薪酬、奖励系统和人力资源管理。只有在这样的情况下，人员的预测才能更加准确。

〔1〕 John Welshman, Jan Walmsley（2006）. Community Care in Perspective：Control and Citizenship Care〔M〕. Palgrave Macmillan, 135 – 158.

〔2〕 Creed, M. M. F.（2000）. Assertive community treatment – is it the future of community care in the UK?〔J〕. International Review of Psychiatry, 12（3）：191 – 196.

〔3〕 Steiner, B. D., Denham, A. C., Ashkin, E., Newton, W. P., Wroth, T., & Dobson, L. A.（2008）. Community care of North Carolina：improving care through community health networks〔J〕. The Annals of Family Medicine, 6（4）：361 – 367.

〔4〕 B. Sibbald, J. Shen, A. McBride（2004）. Changing the skill – mix of the health care workforce〔J〕. Journal of health services research, 1（9）：28 – 38.

S. Hussein, J. Manthorpe (2005)[1] 指出：由于发达国家的人口老龄化，以及预期寿命提高和生育率减少，预计将增加对长期护理服务的需求。与此同时，在大多数发达国家长期护理人力资源短缺。长期护理需求的增加，以及护理人员的不足，引起了决策者的关注，作者对不同发达国家的长期护理制度进行了国际评审，特别是探讨了不同的策略，以解决长期护理人员的短缺问题。

K. Hurst (2006)[2] 指出：随着英国社区服务的不断扩大，以及成本的不断上升，需要制定出良好的劳动力规划。以前规划的主要问题是采用分散服务的方法，而现代人力资源规划方法应该是多学科的，因此，对管理者来说需要更多的数据和优良的算法来维护必要数量的护理团队。要基于区域的社会经济特征，来评估和调整团队的多少、社区需求和性能变量。

Thomas Bodenheimer 等 (2009)[3] 指出，2005 年在美国 2.95 亿人口中，其中有 1.33 亿人口至少有一种有慢性病。最好的疾病的预防和管理是由多学科团队进行初级保健和社区照顾。然而，未来社区照顾的劳动力需求不仅仅是将适当的人员组合起来的团队的能力问题，未来还需要一个更大的跨学科的初级保健人力队伍。

---

〔1〕 S. Hussein, J. Manthorpe (2005). An International Review of the Long – Term Care Workforce: policies and shortages 〔J〕. Journal of Aging & Social Policy, 17 (4): 75 – 94.

〔2〕 K. Hurst (2006). Primary and community care workforce planning and development 〔J〕. Journal of Advanced Nursing, 55 (6): 757 – 769.

〔3〕 Thomas Bodenheimer, Ellen Chen and Heather D. Bennett (2009). Confronting the growing burden of chronic disease: can the U. S. health care workforce do the job? 〔J〕. Health Affairs, 28 (1): 64 – 74.

（四）社区照顾跨部门协调与合作问题的研究

20 世纪 70 年代以来，社区照顾提供制度方面存在着一些问题，其主要原因是"社区照顾中的医疗卫生、福利、住房供给和其他服务以及混合福利经济各部门之间的协调不力所造成的"。[1] Knaus，W. A. （1986）[2] 选取 13 个三级保健医院重症监护病房中的 5030 例患者，采用前瞻性研究方法进行研究，研究结果是重症监护的协调程度显著影响其有效性。S. Tester （1994）[3] 指出由于德国属于"保守—合作"福利体制，在医疗卫生服务和护理服务之间存在着深刻的分野，这种分裂制度是与社区照顾服务的高度整合计划相矛盾的；Barnes，D. （2000）[4] 讨论了跨专业教育对社区照顾领域中社会工作、医学等不同专业合作的促进作用；Sharkey，P. （2000）[5] 对如何在针对老年人的社区照顾服务中，就志愿活动与受薪的正式照顾之间划分界线的问题做了研究。苏珊·特斯特（2001）指出：正规组织与非正规组织之间的相互协调非常重要，"正规照顾仅仅

〔1〕 [英] 苏珊·特斯特. 老年人社区照顾的跨国比较 [M]. 周向红，张小明，译. 北京：中国社会出版社，2002：189.

〔2〕 Knaus，W. A.，DRAPER，E. A.，Wagner，D. P.，& Zimmerman，J. E. （1986）. An evaluation of outcome from intensive care in major medical centers [J]. Annals of Internal Medicine，104 （3）：410 – 418.

〔3〕 S. Tester （1994）. Implications of subsidiarity for the care of older people in Germany [J]. Social Policy and Administration，28 （3）：251 – 262.

〔4〕 Barnes，D.，Carpenter，J.，& Dickinson，C. （2000）. Inter – professional education for community mental health：attitudes to community care and professional stereotypes [J]. Social Work Education，19 （6）：565 – 583.

〔5〕 Sharkey，P. （2000）. Community work and community care：links in practice and in education [J]. Social Work Education，19 （1）：7 – 17.

构成了老年人所受照顾的一小部分，如果老人无人照顾，那么这些服务可以替代家庭服务，或者作为个人的非正规照顾的补充或支持。随着政府政策不断地强调对非正规照顾者给予支持，以及强调要个性化地提供照顾服务，正规部门与非正规部门之间协调的重要性日益获得确认"。[1] Davey Barbara 等（2005）[2] 研究了健康服务和社会照顾的整合问题，并分析了服务整合对社区照顾成效的影响。

（五）社区照顾需求量的确定问题

照顾服务需求量的确定主要通过以下四种方法：

1. 直接根据老年人的年龄来推测

由于老年人年纪越大，其对照顾的需求也就越大，如 Alber（1993）[3] 等人的研究表明：在荷兰老人中，65 - 74 岁之间的老人在日常生活方面有一个或更多的严重问题的比例为3%，75岁以上则急剧上升到12%，因此，针对老人的全面服务必须根据高龄人口的数量或者比例进行预测，而老年人中女性比例被认为是意义重大的，因为女性的寿命更长，独自生活并使用医疗卫生与福利服务的需求更大。

---

〔1〕［英］苏珊·特斯特. 老年人社区照顾的跨国比较［M］. 周向红，张小明，译. 北京：中国社会出版社，2002：201.

〔2〕Davey Barbara, Enid Levin, Steve Iliffe, Kalpa Kharicha（2005）. In - tegrating Health and Social Care: Implications for Joint Working and Community Care Outcomes for Older People［J］. Journal of Inter - professional Care, 1: 22 -34.

〔3〕Walker, Alan, Jens Alber, and A. M. Guillemard. （1993）. Older people in Europe: Social and economic policies［J］. Ageing and later life, 1: 269 -279.

2. 将在家中、社区和养老机构各不同地点利用长期照顾的服务量作为照顾需求量

比如在2000年OECD报告中世界经济合作与发展组织成员国中不同生活照顾方式的需求量显示：老年人照顾80%来自家庭，20%来自社会，社会照顾中的2/15为居家照顾。因此，Richards，E.、Wilsdon，T. 及 Lyons，S.（1996）[1] 指出没有考虑来自非正式照顾的服务提供而去预测未来正式照顾的需求是不现实的，非正式照顾供给局限对正式照顾需求有较大的影响。

3. 根据慢性病残疾率[2]、日常生活自理能力[3]的调查数据估计照顾需求量

如 Korbin Liu（2000）利用1982、1989和1994年国家长期照顾调查中慢性病残疾率的报告数据，对社区中因慢性病而残疾的老年人对非正式的家庭照顾和正式的社会照顾的需求量进行了研究，发现正式照顾与非正式照顾需求量都呈现上升趋势。

---

〔1〕 Richards, E. , Wilsdon, T. , & Lyons, S. （1996）. Paying for long – term care [J]. Institute for Public Policy Research. 6.

〔2〕 K. Liu, K. G. Manton, C. Aragon（2000）. Change in home care use by disabled elderly persons：1982 – 1994 [J]. Gerontol：Social Science, 55：245 – 253.

〔3〕 Manton, K. G. , GU, X. , & Lamb, V. L. （2006）. Change in chronic disability from 1982 to 2004/2005 as measured by long – term changes in function and health in the U. S. elderly population. Proceedings of the National Academy of Sciences, 103（48）：18374 – 18379.

4. 通过数据或经济建模，利用时间序列预测未来照顾服务需求量

如 Darius Lakdawalla（2003）[1] 使用 1992－1996 年医疗保险受益人调查资料中个体水平的数据作为研究队列，构建了性别、婚姻和残疾与护理机构居住关系的模型。研究预测未来 10 年内，由于残疾率的增加，照顾率会增加，护理机构的照顾人口将会比现在增加 10%－25%。

（六）社区照顾中的正规组织与非正规组织

以德国学者马克斯·韦伯为代表的传统社会学家认为强调专业知识、技术、等级制的正规组织，与家庭等注重感情、关系、义务的非正规组织在结构上存在冲突，在工业化社会里，二者必选其一。但是也有学者却认为，正规组织与非正规组织是一种相互依赖、相互补充的关系，这就是 Litwak 提出的"平衡理论"。"平衡理论"的假设前提是，正规组织与非正规组织是实现社区目标的两个基本条件，两者相互联系，"正规组织与初级群体在实现社会目标时相互协调的过程，二者协调关系的成功与否取决于系统彼此之间的联系与社会距离"。[2]

"平衡理论"修正了传统社会学理论中关于正规组织与非正规组织存在对立关系、功能不可替代的观点，认为基于规则、专业知识、等级制的正规组织和基于感情、关系的非正规组织在结构

〔1〕 Darius Lakdawalla（2003）. Forecasting the nursing home population ［J］. Medical Care，41：8－20.

〔2〕 Litwak，E & Meyer，H. J.（1966）. A Balance Theory of Coordination between Bureacractic Organizations and Community Primary Groups ［J］. Administrative Science Quarterly，11（June）：31－58.

上虽然不同，但是两者可以实现"角色替代"。Susman（1977）[1] 指出"平衡理论"能够很好地解释老人"护理之家"和家庭在照顾老人的过程中的互动关系，Kirwin，P. M.（1991）利用这一理论解释老人日间照顾的社区计划与家庭、朋友等非正规组织系统之间的联结过程。[2]

Litwak（1985）认为老人照顾过程包括"标准化任务"与"非标准化任务"，前者指正规组织里专业人员依赖特定的技术和知识才能解决的事务，如对病情的诊断等；而后者指在日常生活中依靠经验、感情等可以完成的任务，如家务等，在这种任务的拆分中，Litwak 发展出了"责任分担"理论。"责任分担"理论认为，在老人照顾方面，正规组织（官僚机构）与非正规组织（家庭、社会组织等）在发挥效能方面存在一种角色与功能的互补关系，前者以规范性的考虑为基础，同时注重非人格的经济动机和效率，后者强调感情、义务的动机与起源，二者为实现老人的"人性照顾"的共同目标提供责任分担的运行机制。[3] "责任分担"理论特别突出了老人在获取服务时，既可以得到正规组织提供的照顾，又能得到非正规组织的服务，二者共同承担责

〔1〕 Susman, M.（1977）. Family, Bureaucracy, and the Elderly Individual: An Organizational Linkage Perspective [J]. Family, Bureaucracy, and the Elderly, 2–20.

〔2〕 Kirwin, P. M.（1991）. Intergenerational Continuity and Reciprocity through the Use of Community – based Services: Theory and Practice [J]. Home Health Care Service Quarterly, 12（2）: 17–33.

〔3〕 Litwak, E.（1985）. Helping the Elderly: Complementary Roles of Informal Network and Formal Systems [M]. New York: The Guilford Press.

任。Nelson（1982）[1] 认为政府推行的有关老人照顾政策和服务对家庭角色来讲，起到互补、支出和替代性的作用，而 Myrtle，R. C.（1994）[2] 认为养老服务政策制定者和倡导者必须关注组织之间的动态关系，只有将不同部门的养老服务整合到一个统一的体系中，才能形成有效率的体系结构，来满足老年人群体的不同需求。

对于非正规照顾，威廉姆特（Willmott）采用英国南约克郡的迪宁顿计划（Dinningtonplan）中的分类方法，把非正式照顾分为以下五种形式：①个人照顾，包括洗衣、洗澡、喂食、如厕等；②家务照顾，包括做饭、清洁和洗熨；③辅助性照顾，包括零工和园艺工，这些工作任务不是很繁重，可以由朋友和邻里来完成；④社会支持，包括访问和陪伴；⑤监护，指对弱势的人进行监督和监护。[3] Webb, A. L. 和 Wistow, G.（1982）[4] 指出：从公共支出的角度看，非正规照顾既可以被看作是一种可供选择的资源的来源，（慈善组织的供给和"免费"的亲属组成的劳动力、志愿者和具有利他精神的邻居），也可以被看作是一种更加

〔1〕　Nelson, G. M.（1982）. Support for the Aged: Public and Private Responsibility [J]. Social Work, (27): 137 – 143.

〔2〕　Myrtle, R. C., & Wilber, K. H.（1994）. Designing service delivery systems: Lessons from the development of community – based systems of care for the elderly [J]. Public Administration Review, (54): 245 – 252.

〔3〕　Johnson, N.（1987）. The welfare state in transition: The theory and practice of welfare pluralism [M]. University of Massachusetts Press, 90.

〔4〕　Webb, A. L., & Wistow, G.（1982）. Whither state welfare?: Policy and implementation in the personal social services, 1979 – 80（Vol. 8）. Royal Institute of Public Administration, 57.

具有成本效益的官方资源用户；而 Weekers, S. 和 Pijl, M. A. (1998)[1] 则强调国家对于非正式照顾者的期望和福利国家支持非正式支持关系的程度。

传统的机构照顾在费用、管理和机构环境上对老年人的生理、心理各方面造成负面影响，而过于依赖家庭、亲戚等非正规组织照顾也会产生资源不足、技术落后、照顾质量下降等问题，而且价格更加昂贵，Wimo, A. (2001)[2] 通过2000年瑞典照顾老年人的年度照顾成本测算，对于精神错乱的人来说，非正式照顾成本是正式照顾成本的4—5倍。R. M. Moroney (1980)[3] 指出以社区照顾为主导的政策忽视了照顾者的需要，服务资源往往集中于那些缺乏亲人的人士身上，而不是那些独自照顾家人的家庭成员。A. Walker (1989)[4] 提出由家人照顾未必能获得高质量的服务，但过分强调社区照顾的重要性也可能会对照顾者和受照顾者带来负面影响。此外，非正规照顾对于照顾者也有多方面的负面影响，Do, Y. K., Norton (2013)[5] 通过研究韩国健康和卫生保健领域，测量使用女性/儿媳等非正式照顾对照顾者健

〔1〕 Weekers, S. , & Pijl, M. A. (1998). Home care and care allowances in the European Union. NIZW.

〔2〕 Wimo, A. , & J. nsson, L. (2001). Can the costs of future needs of health and social services for the elderly be calculated? 〔J〕. Lakartidningen, 98 (38): 4042 –4048.

〔3〕 R. M. Moroney (1980) . Families, social service and social policy: The Lssue of Shared Responsibility. Washington Department of Health and Human Service.

〔4〕 A. Walker (1989). "Community Care", in the new politics of welfare: an agenda for 1990s 〔M〕. London: Macmillan.

〔5〕 Do, Y. K. , Norton, E. C. , Stearns, S. C. , & Van Houtven, C. H. (2013). Informal Care and Caregiver's Health. Health Economics 〔J〕. Health Economic, DOI: 10. 1002/hec. 3012.

康状况的影响，得出提供非正式的护理在多个维度上都不利于儿媳和女儿的身心健康的结论。

（七）社区照顾绩效评估研究

对于社区照顾的绩效考察，学者主要通过实地调查，以数据分析的形式来进行研究。

Meehan, T. P. 等（1997）[1] 研究发现：医保患者肺炎住院的护理质量和确定过程的保健性能与降低 30 天死亡率相关，社区照顾的及时性影响老年人健康状况。Yasar A. Ozcan （1997）[2] 等利用 40 个社区精神卫生研究中心数据，用满足社区的需求来衡量各种服务的有效性和利用率来衡量效率，结果表明：客户教育地位、国家设施利用率、少数民族人口、人员费用、管理类型和董事会组成影响需要满足程度。而资源分配的研究结果表明，这些组织从当地、州和联邦政府获得的资金，倾向于基于服务未满足的需求的程度。

Stuck, A. E. 等（1999）[3] 探讨了老年人面临的风险与照顾绩效的关系，一些风险因素（如营养、物理环境）在过去的

〔1〕 Meehan, T. P. , Fine, M. J. , Krumholz, H. M. , Scinto, J. D. , Galusha, D. H. , Mockalis, J. T. , ... & Fine, J. M. （1997）. Quality of care, process, and outcomes in elderly patients with pneumonia ［J］. Jama, 278 （23）: 2080 – 2084.

〔2〕 Yasar A. Ozcan, mesh K. Shukla, Laura H. Tyler （1997）. Organizational Performance in the Community Mental Health Care System: The Need Fulfillment Perspective. Organization Science ［J］. , 8: 176 – 191.

〔3〕 Stuck, A. E. , Walthert, J. M. , Nikolaus, T. , Büla, C. J. , Hohmann, C. , & Beck, J. C. （1999）. Risk factors for functional status decline in community – living elderly people: a systematic literature review ［J］. Social Science & Medicine, 48 （4）: 445 – 469.

研究中被忽略了。Meehan, T. P. 等（2000）[1] 通过1995 – 1996年老年医保患者中1131 例在社区获得服务与528 例在家里获得护理服务的比较发现：在社区获得服务的老年人更年轻，其患严重的、长期病比例更低，住院死亡率也较低。Davies，B. 等（2000）[2] 通过留在社区的时间；服务满意度；老年人功能感知的提高与否；赋权，选择与控制；平时心理健康程度；社会排产的减少与关系的提升；服务人员认知的影响七个指标对社区照顾进行了绩效评估。Mangalore，R.（2000）[3] 把社区照顾绩效分为状态结果与改变结果，并把两者分为四个维度：目的结果；时间 I 型生命质量（选择与控制、社会包容与社会关系；满意度）；健康状况的改变；时间 II 型生命质量。研究表明：老年人在社区照顾1 年后，比在家照顾下的死亡率少44%；随后作者对老年人的照料需求、精神满足情况等进行了绩效评估；最后对照顾者的绩效也进行了相关评估。Julie Polisena（2010）[4] 等采用加拿大

〔1〕 Meehan, T. P., Chua – Reyes, J. M., Tate, J., Prestwood, K. M., Scinto, J. D., Petrillo, M. K., & Metersky, M. L. (2000). Process of care performance, patient characteristics, and outcomes in elderly patients hospitalized with community – acquired or nursing home – acquired pneumonia [J]. CHEST Journal, 117 (5): 1378 – 1385.

〔2〕 Davies, B., Fernandez, J., & Nomer, B. (2000). Equity and efficiency policy in community care: Needs, service productivities, efficiencies, and their implications [J]. Ashgate, 33 – 34.

〔3〕 Mangalore, R., Davies, B., Judge, K., Chesterman, J., & Bauld, L. (2000). Caring for older people: an assessment of community care in the 1990s [M]. Ashgate Publishing Ltd., 290 – 291.

〔4〕 Julie Polisena, Audrey Laporte, Peter C. Coyte, Ruth Croxford (2010). Performance Evaluation in Home and Community Care [J]. Journal of Medical Systems, 34: 291 – 297.

安大略省社区护理数据，通过 DEA 技术，测算了社区照顾的技术效率。研究表明：病理组合与服务质量是影响技术效率的关键因素；而护理提供者无法选择或调整服务区域是一个降低效率的解释变量。因此，鼓励护理人员的跨区域流动意义重大。

Katie Coleman（2007）[1] 等从另外一个角度——员工的绩效工资，来探讨绩效工资对于提高护理质量的影响，虽然一些有限的经验证据证明其有效性，但是在缺医少药的社区是否适应，还需要探讨。论文使用 46 名初级护理医师的 1166 位患者的数据，通过单变量分析和逻辑回归结果表明，绩效工资制度与按性别付费计划显著增加了患者接受服务的可能性；普通最小二乘法（OLS）回归结果表明，医生的基线绩效与计划实施后的表现呈正相关。

而 Borowsky, S. J. 等（2002）[2] 比较了来自 44 个地理多样化的区域的 4980 例退伍军人患者，发现获得社区初级保健与护理的效果并不明显。Low，L. F.，Yap，M. 和 Brodaty，H.（2011）[3] 通过随机对照试验表明：综合护理不改善临床结果，但是消费者得到的直接保健的最低质量能增加老年人的满意度和

〔1〕 Katie Coleman, Kristin L. Reiter, Daniel Fulwiler（2007）. The Impact of Pay for Performance on Diabetes Care in a Large Network of Communication Health Centers［J］. Journal of Health Care for the Poor and Underserved, 18: 966 – 983.

〔2〕 Borowsky, S. J., Nelson, D. B., Fortney, J. C., Hedeen, A. N., Bradley, J. L., & Chapko, M. K.（2002）. VA community – based outpatient clinics: performance measures based on patient perceptions of care［J］. Medical Care, 40（7）: 578 – 586.

〔3〕 Low, L. F., Yap, M., & Brodaty, H.（2011）. A systematic review of different models of home and community care services for older persons. BMC Health Services Research, 11（1）: 93.

社区服务使用。

三、文献述评

通过对国外社区照顾相关领域研究的梳理，我们发现：社区照顾在欧美等发达国家开展的时间非常长，在理论研究方面，社区照顾理论的研究成果相对比较成熟，社区照顾研究内容非常明确，包括社区照顾模式及其发展趋势、人力资源预测和规划、社区照顾跨部门协调与合作问题的研究、社区照顾需求量的确定问题、社区照顾中的正规组织与非正规组织以及社区照顾绩效评估研究等方面。特别是在绩效评估方面，他们不仅通过定性方法进行研究，更重视定量方法的运用，以及人群之间的对比分析，在绩效评估后，能够进一步反馈到政策制定部门，进一步优化社区照顾的实践。

反观我国，社区居家养老服务发展才十多年，但在理论研究方面，学术界对社区居家养老服务的研究也日益重视，特别是2006年以后，研究成果也比较丰硕，研究主题涉及了社区居家养老服务的需求、服务模式、服务供给组织间关系、评估绩效等方面。但是与欧美发达国家研究相比，我们在研究主题方面，不够细致、全面；在研究方法上，定量研究相对不足；在实证的案例研究中，持续性不够，没有形成一个完整的研究体系，因此最终得出的结论也就缺乏说服力。

在社区居家养老服务的绩效评估这一研究主题方面，国内研究虽然有一定的成果，但还是非常薄弱。对于社区居家养老服务绩效特征、评估模式的选择、评估指标的设计等均有很大不足；在实证研究方面，更突显了研究方法的相对滞后性。因此，如何构建适合中国国情的社区居家养老服务绩效评估模型，并进行实证研究，不仅十分必要，而且非常迫切。

第三节　研究框架与方法

一、研究框架

本书立足于上海社区居家养老服务政策运行的具体实践和政策环境，综合运用居家养老服务、政策评估、绩效管理等多领域知识，系统分析社区居家养老服务特征、绩效评估特点等问题，构建社区居家养老服务绩效评估指标体系，并开展相应的实证研究。本研究分七章进行探讨，具体研究内容如下：

第一章为绪论。首先介绍本书的选题背景与研究意义，在此基础上指出社区居家养老服务绩效评估的必要性；其次对国内外相关文献进行梳理和述评；最后对本研究的结构安排、研究方法与创新点进行了分析。

第二章为社区居家养老服务绩效评估理论基础。首先对社区居家养老、绩效评估等核心概念进行了分析；其次对"新公共管理"理论、绩效评估理论、公共服务绩效评估理论、社会服务绩效评估理论等进行了详细阐述与分析。

第三章为居家养老服务绩效评估模型构建。首先探讨了程序逻辑模式，对其定义、特点、环节进行了分析，对于其适用性进行了探讨，在此基础上，结合系统整合评估方法，探讨出了适合于社区居家养老服务绩效评估的模型：基于程序逻辑模式的社区居家养老服务绩效系统整合评估框架；其次，在这一框架下，通过德尔菲法，对社区居家养老服务绩效评估指标设计与指标进行筛选；最后确定指标体系的权重。

第四章为居家养老服务评估的实证研究。首先分析了本章运用的研究方法；其次对选取区域的概括进行了描述，对数据来源和样本进行了分析；最后评估了上海社区居家养老服务的总体绩效状况，并对准则层面的绩效进行了横向对比。

第五章为社区居家养老服务绩效影响因素探讨。首先分析了障碍度研究方法；其次通过指标层障碍因子诊断、因素层障碍因子诊断、准则层障碍因子诊断探讨各因素对社区居家养老服务绩效的影响，并对准则层障碍阻力模式进行分析。

第六章为社区居家养老服务绩效的优化路径。

第七章为本研究的结论与展望。

本研究的基本思路和内容框架如图 1－2 所示。

第一章 绪论

第二章 社区居家养老服务绩效评估理论

第三章 基于程序逻辑模式的社区居家养老服务绩效评估模型构建

第四章 社区居家养老服务绩效评估实证研究——以上海为例

第五章 社区居家养老服务绩效影响因素分析

第六章 社区居家养老服务绩效的优化路径

第七章 研究结论与展望

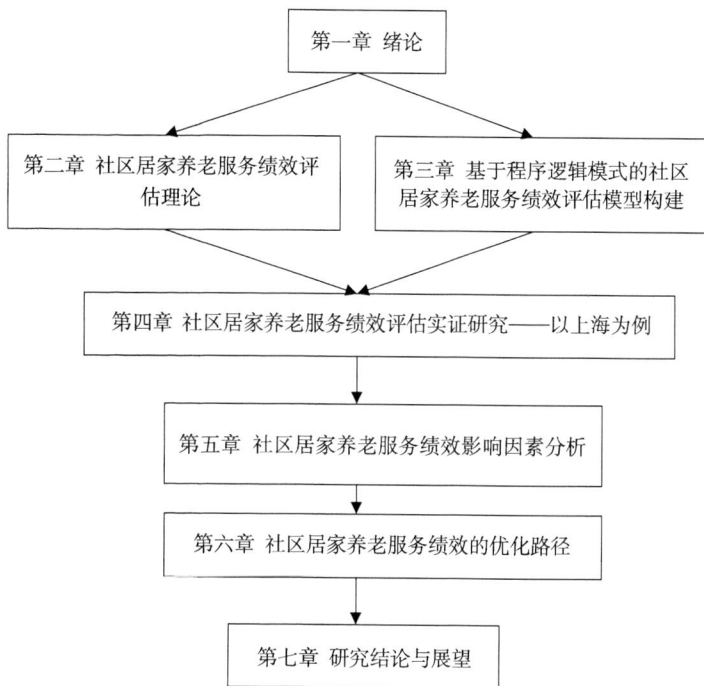

图1-2 社区居家养老服务绩效评估研究框架

二、研究方法

方法与理论关系紧密，正如德国学者柏伊姆（Beyme，K. V.，1990)[1] 所言："一种理论如果不能从方法上检验与发展，则永远是一种没有用处的理论；反过来，一种方法如果离开了理论即使是具有使用价值的方法，也永远是一种不结果实的方

---

[1] ［德］克劳斯·冯·柏伊姆. 当代政治理论 ［M］. 李黎译. 北京：商务印书馆，1990：61.

法。"社区居家养老服务绩效评估体系，是一项多学科交叉的综合研究，采用的研究方法包括：

第一，文献分析法。通过 EBSCO、Springer 等多个外文数据库，中国知网、万方等中文数据库，以及 Google Scholar、百度等搜索引擎等，对社区居家养老服务、服务质量、绩效评估等文献进行收集、整理，作为研究的基础文献。

第二，德尔菲法。目前关于社区居家养老服务绩效评估方面的文献比较少，因此在构建评估指标体系过程中采用德尔菲法，将初步的指标发送到各位专家手里，咨询他们的意见与建议。随后将第一轮的综合意见分别反馈给各专家，再次咨询意见，各专家依据这些意见和建议修改自己原来的意见，然后再汇总。经过两轮的咨询后取得比较一致的意见。

第三，定性分析与定量分析相结合的方法。在本研究中，对文献的回顾、理论基础的分析均需要定性研究方法，而指标设计与筛选、实证研究方面则通过定量的方法确定。

第四，问卷调查法。在"老年人满意度"指标方面，通过设计《上海市社区居家养老服务满意度调查问卷》，在上海四个区内随机抽取 800 个样本，对老年人进行满意度问卷调查。

第四节　主要创新点

本书的创新点主要在于以下三点：

第一，选题相对新颖。社区居家养老服务在上海发展了 17

年，为何还处在"摸索中"？其中一个重要原因就在于政界与学术界对社区居家养老服务的绩效评估研究比较薄弱，对于社区居家养老服务发展得怎么样、如何发展以及下一步怎么完善还一知半解。只有通过科学的绩效评估，才能很好地回答上述问题。

第二，研究方法比较新颖。采用程序逻辑模式方法对我国社区居家养老服务绩效进行了研究，方法比较新颖。虽然国外及我国台湾地区曾用这种方法对公共服务进行评估，但是对于这一方法是否适用于我国内地，是否适用于社区居家养老服务还不知道。我们通过研究得知，程序逻辑模式适合于我国社区居家养老服务的绩效评估，并结合系统整合评估方法，探讨出了适合于社区居家养老服务绩效评估的模型：基于程序逻辑模式的社区居家养老服务绩效系统整合评估框架。

第三，构建了社区居家养老服务评估指标体系，并进行了实证分析。在程序逻辑模式的社区居家养老服务绩效系统整合评估框架下，通过德尔菲法，构建了一套适合于社区居家养老服务绩效的评估体系；在此基础上，利用上海四个区调研的数据，对上海社区居家养老服务绩效进行了分析。

第二章

社区居家养老服务绩效评估理论

第一节 核心概念

一、社区居家养老服务

（一）社区居家养老的概念

关于社区居家养老的概念，学界有三种不同的看法：

第一种观点是把社区居家养老等同于"家庭养老"。持这种观点的学者认为：社区居家养老"只是养老地点的形式"问题，如杨宗传（2000）[1] 认为："居家养老则是指老年人养老的居住方式是在自己的家庭，而不是集中居住在各养老机构，即讲的是居住方式问题。……所以，居家养老虽是养老的一种主要形式，但它是就养老的居住方式而言的，是相对于集中居住在各种机构

---

[1] 杨宗传. 居家养老与中国养老模式 [J]. 经济评论，2000（3）：59－61.

养老的一种分散在家庭居住的养老形式。"赵丽宏（2007）[1] 指出：居家养老只是养老地点的不同，老年人不是集中居住在养老机构，而是居住在自己家中生活，并安度晚年。魏彦彦（2010）[2] 指出社区居家养老"它是以家庭为核心，以社区照顾为依托，以专业化服务为手段的，老年人是居住在家里，而不是居住在机构或院舍"。

第二种观点是把社区居家养老等同于"家庭养老"+"社会养老"。陈军（2001）[3] 认为：居家养老就是家庭养老与社会养老的有机结合，老年人的劳务养老由社会承担，精神生活由家庭承担，物质养老由国家、集体和个人共同承担。这种养老模式不仅能让老人享受到家庭的温暖，也能减轻国家的养老负担。祁峰（2010）[4] 认为，居家养老"就是以家庭养老为主，社会养老为辅，它是建立在个人、家庭、社区和国家基础之上的，……是社区服务和家庭养老相结合的现代养老方式"。陈雪萍（2011）[5] 认为：居家养老是指老年人居住在家中，养老费用由家庭和（或）社会养老保障体系支付。郭竞成（2016）[6] 认为居家养

〔1〕 赵丽宏. 城市居家养老生活照料体系研究 [J]. 学术交流，2007（10）：123-125.

〔2〕 魏彦彦. 中国特色养老模式研究 [M]. 北京：中国社会出版社，2010：113.

〔3〕 陈军. 居家养老：城市养老模式的选择 [J]. 社会，2001（9）：22-24.

〔4〕 祁峰. 我国城市居家养老研究与展望 [J]. 经济问题探索，2010（11）：119-123.

〔5〕 陈雪萍. 以社区为基础的老年人长期照护体系构建：基于杭州市的实证分析 [M]. 杭州：浙江大学出版社，2011：3.

〔6〕 郭竞成. 居家养老研究：来自浙江的调查与思考 [M]. 北京：中国社会科学出版社，2016：5.

老是指老年人在家居住，但是由社会提供养老服务的一种养老方式。

　　第三种观点是把社区居家养老等同于"家庭养老"+"社区养老"。吴刚（2008）[1] 认为："所谓居家养老，即'床位不离家，服务送到家'，也就是老人居住在自己家中，社区上门提供服务。"张旭升、牟来娣（2010）[2] 把社区居家养老界定为"在政府主导、民间组织运作、社区协助下，为居家的老年人提供的多层次、辅助性服务的统称"。孙宏伟、孙睿（2013）[3] 指出：居家养老就是老年人以自己的家庭为基本生活场所，但是其养老服务主要由社区等机构提供的一种养老方式。

　　我们认为，对于社区居家养老的概念，我国学者章晓懿教授（2011）的定义更加具有代表性与合理性，社区居家养老就是"以家庭为核心，社区为依托，专业化服务机构为载体，通过政府购买服务、社会参与、非政府组织实体承办的运作方式，采取上门、日托或邻里互助等服务形式，为居家养老的老人提供以生活照料、医疗保健、心理慰藉等为主要内容的社会化服务"。[4] 这一概念既涵盖了参与主体、服务内容与形式，也包括了运作机理，是一个比较全面的社区居家养老定义。

---

　　〔1〕　吴刚. 居家养老——提升老年人的幸福指数 ［N］. 中国劳动保障报，2008 - 06 - 28 （3）.
　　〔2〕　张旭升，牟来娣. "居家养老"理论与实践 ［J］. 2010 （6）：25 - 28.
　　〔3〕　孙宏伟，孙睿. 我国社会养老服务体系建设的政策选择 ［J］. 东北大学学报（社会科学版），2013 （4）：398 - 402.
　　〔4〕　章晓懿，刘帮成. 社区居家养老服务质量模型研究——以上海为例 ［J］. 中国人口科学，2011 （3）：83 - 92.

（二）社区居家养老的服务内容

社区居家养老服务内容的确定，依据是老年人的养老需要。对于什么是需要，人们的观点各异，正统经济学家认为，需要具有很强的主观性，他们认为需要就是偏好或者需求，"基本需要的客观性同样令人迷惑。需要不能被赋予合理的跨文化内涵，但是人们却认为在不同的道德传统中，需要各不相同……而实际上各种价值观之间存在着深刻的分歧"。[1] 对于他们来说，人需要和不需要什么是只能由他们自己才能决定的事情。但是，英国学者莱恩·多亚尔与伊恩·高夫（2008）[2] 却认为：人的需要不是莫衷一是、见仁见智的主观偏好，也不是计划者或政党官员心目中的静态内容，"需要是当事人为了避免客观性的伤害所必须达到的可以普遍化的目标，而这种伤害就是没有做他们自认为应该而且可能做的事情"。这与 Edwards，J.（1987）[3] 的观点不谋而合，他认为：如果从需要最本质的角度看，需要是社会中生活的人在其生命中的一种缺乏的状态，当人的基本需要得不到满足的时候，这种缺乏状态将损害人的生命意义。

A. H. 马斯洛（1987）[4] 把人的需要分为生理需要、安全需

---

〔1〕 Gray，J.（1983）. Classical liberalism, positional goals and the politicization of poverty ［M］. in A. Ellis and K. Kumar, eds, Dilemmas of Liberal Democracy, London, Tavistock，182.

〔2〕 ［英］莱恩·多亚尔，伊恩·高夫. 人的需要理论 ［M］. 汪淳波，译. 北京：商务印书馆，2008：70.

〔3〕 Edwards，J.（1987）. Positive Discrimination, Social Justice and Social Policy: Moral Scrutiny of A Policy Practice ［M］. London：Tavistock，70–72.

〔4〕 ［美］A. H. 马斯洛. 动机与人格 ［M］. 许金声，程朝翔，译. 北京：华夏出版社，1987：41–60.

要、归属和爱的需要、自尊需要、自我实现的需要五类。从老年人的基本需求来看，西方学者将老人的基本需求概括为三个方面：物质需求（Money）、精神需求（Mental）、医疗需求（Medicare），即"3M"。在"3M"的基础上，我国学者邬沧萍、姚远（2000）[1]结合中国国情，增加了生活照料服务需求（Manual Service），由"3M"发展到"4M"，这种划分与马斯洛需求理论基本一致。

根据上海老年人对各项社区居家养老服务具体种类的需求程度，以及政府与社区组织的服务供给能力，上海社区居家养老服务内容包括生活照料、医疗护理、精神慰藉三大服务，具体包括生活护理 + "六助"服务 + 相谈服务共 8 小类 17 项具体服务项目，如表 2 - 1。

表 2 - 1　上海社区居家养老服务项目

服务大类	服务小类	服务项目
生活照料服务	生活护理	个人卫生护理、生活起居护理
	助餐服务	集中用餐、上门送餐
	助洁服务	居室整洁、物件清洁
	助浴服务	上门助浴、外出助浴
	助行服务	陪同户外散步、陪同外出
	助急服务	代购物品、代领物品、代缴费用

---

〔1〕 邬沧萍，姚远．"4M"：对中国老年人需要的新认识——照顾老年人是人类文明的一项永恒价值观〔C〕//施德荣．建立面向 21 世纪的老年照顾体系〔M〕．上海：上海译文出版社，2000．

续表

医疗护理服务	助医服务	陪同就医、代为配药
精神慰藉服务	相谈服务	谈心交流、读书读报

（三）社区居家养老服务的供给主体

区分公共服务生产与提供十分重要，罗纳德·J. 澳克森（2005）[1] 指出："公共服务的供应事关那些税收和支出的决策，而这一点与公共服务的产生和传送明显不同。这些区别看似简单，却容易使人误解，因为在平常地方政府的那些讨论中，人们很少对公共服务的生产和供应加以区分。然而，公共服务的供给能力和生产能力有着各自不同的动力源泉。"因此，公共服务的生产和供应需要区分开，公共服务的生产可以由私人承担，也可由公共部门来承担，供给和生产的分离能够提高服务的效率和质量，如斯蒂芬·贝利（2006）[2] 所言："当允许地方主管机构保有作为服务购买者的战略责任的时候，如果可供选择的潜在供给者要求为交付服务的权利而竞争（竞争性合同），那么服务的效率和质量将会实现最大化。"公共服务的非竞争性和非排他性的特征，决定了应该由政府承担供应责任，但这并不代表必须依靠政府直接雇佣人员和设施来生产这些服务，美国民营化大师

---

〔1〕［美］罗纳德·J. 澳克森. 治理地方公共经济［M］. 万鹏飞，译. 北京：北京大学出版社，2005：3 - 4.

〔2〕［英］斯蒂芬·贝利. 地方政府经济学：理论与实践［M］. 左昌盛，周雪莲，常志霄，译. 北京：北京大学出版社，2006：343.

E. S. 萨瓦斯（2002）[1] 认为："那些属于政府'天职'的公共服务，政府应该是一个安排者，决定什么应该通过集体去做，为谁而做，做到什么程度或者水平，怎么付费等问题。"实际上，公共服务供给的制度安排是多样的，包括了政府服务、政府间协议、合同承包、特许经营等，政府直接生产只是其中的一种方式。政府在履行保障公共服务供给责任时，究竟采用哪种方式安排生产，既有服务本身特性的考虑，也有政治、文化传统的考虑。

　　社区居家养老服务属于公共服务范畴，因此，政府在提供社区居家养老服务中必然要发挥主导作用，但政府提供并不等于政府直接生产，政府可以选择多种方式来提供服务。如图 2 - 1 所示，社区居家养老服务提供主体，既包括政府资助的卫生服务中心，也可以是非营利组织，如社区居家养老服务中心及下属服务社、志愿者组织等。与此同时，助餐点、家政公司等市场力量也参与到社区居家养老服务的供给中，推动养老服务领域竞争性市场的形成，从而避免垄断所带来的低效益。需要强调的是，社区居家养老服务的供给过程中，家庭照料以及老年人的作用依然非常重要，社区居家养老在一定程度上减轻了家庭的养老压力，但是并没有减轻家庭的养老责任。因此，家庭成员必须承担起赡养老年人的责任，而不能以社区照料取代家庭照料。社区居家养老服务作为一个持续性的共同生产活动，老年参与者对共同生产的初始认知经过在共同生产中的参与形成了新的认知，而这一新的

---

　　〔1〕　〔美〕E. S. 萨瓦斯. 民营化与公私部门的伙伴关系［M］. 周志忍，译. 北京：中国人民大学出版社，2002：5.

认知又恰恰构成了后续共同生产的决策依据（张云翔，2016）[1]。因此，政府、市场和社会组织等服务供给者需要通过明确老年人参与主体地位、注重居家养老服务的可持续性、直观展现共同生产潜在收益、提高老年参与者组织化程度和在老年参与者中建立良好形象等方式对老年参与者形成良好的持续性刺激，从而提高老年人在居家养老服务中的参与积极性，提高居家养老服务的成效。老年人在家里不仅可以获得日常生活照料，也可以得到精神慰藉服务；老年人在熟悉的环境中生活，使其能够顺利地完成再社会化，有利于老年人的身心健康。

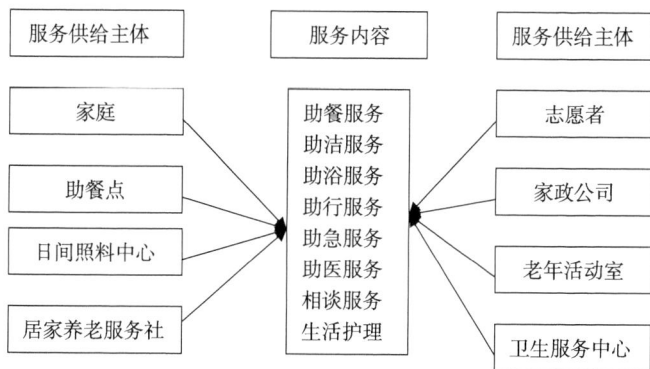

服务供给主体	服务内容	服务供给主体
家庭	助餐服务 助洁服务 助浴服务 助行服务 助急服务 助医服务 相谈服务 生活护理	志愿者
助餐点		家政公司
日间照料中心		老年活动室
居家养老服务社		卫生服务中心

图2－1　上海社区居家养老服务供给主体

〔1〕　张云翔. 居家养老服务中的共同生产研究——以上海花木社区乐巢项目为例〔J〕. 浙江学刊，2016（1）：135－140.

二、服务质量

(一) 服务质量的概念

服务质量是服务管理的核心，国外学者对服务质量广泛的研究始于20世纪70年代。20世纪70年代初，Levit 第一次提出服务质量概念，认为服务质量就是服务是否达到预设的标准。早期的研究集中在服务营销领域，后来扩展到服务作业、人力资源等相关领域。20世纪后期，服务质量理论延伸到政府管理领域，用来测定政府的服务质量。

从顾客导向角度定义服务质量，服务质量就是满足顾客的需求，实现顾客满意度最大化，这是当前普遍认同的观点。顾客导向的服务质量充分考虑了服务质量的主观性，认为服务质量就是顾客感知到的质量，它只能由顾客根据自己的主观判断进行最终评价。显然这样的定义更合适服务的特殊性。具有代表性的服务质量的定义，如表2-2所示。

表2-2 代表性服务质量的定义

学 者	要 点
Gronroos（1984）[1]	服务质量分为技术质量（服务结果）和功能质量（服务过程质量），顾客不仅仅重视服务的结果，也重视服务的过程——即顾客如何获得服务，并指出功能质量的评估需要采取一种主观方式。

---

〔1〕 Gronroos, C. (1984). A service quality model and its marketing implications [J]. European Journal of Marketing, 18 (4): 36－44.

续表

学　者	要　点
PZB（1985）[1]	服务质量就是顾客的期望与实际服务绩效比较的结果。
朱沆、汪纯孝（1999）[2]	服务质量包括技术质量、感情质量、关系质量、环境质量与沟通质量。
Brady（2001）[3]	服务质量包括：结果质量（等待时间、有形结果、好感性），互动质量（态度、行为、专业性）和物理环境质量（氛围、空间配置、社会性）。
Parasuraman（2005）[4]	服务质量包括：基础量表的四个维度：有效性、完成性、系统可靠性、隐私性以及补充量表的响应性、补偿性和接触性三个维度。
屠东燕（2006）[5]	服务质量由感知质量、提供质量、形象质量和过程质量组成。

〔1〕 Parasuraman, A. , Zeithaml, V. A. , & Berry, L. L. (1985). A conceptual model of service quality and its implications for future research ［J］. Journal of Marketing, 49（4）: 41 – 50.

〔2〕 朱沆，汪纯孝. 服务质量属性的实证研究 ［J］. 商业研究, 1999（6）: 82 – 85.

〔3〕 Brady, M. K. , & Cronin Jr, J. J. (2001). Some new thoughts on conceptualizing perceived service quality: a hierarchical approach ［J］. Journal of marketing, 65（3）: 34 – 49.

〔4〕 Parasuraman, A. , Zeithaml, V. A. , & Malhotra. (2005). A. E – S – QUAL – A multiple – item scale for assessing electronic service quality ［J］. Journal of Service Research, （3）: 213 – 233.

〔5〕 屠东燕. ZYL 汽车租赁公司班车服务质量评价研究 ［D］. 北京: 北京理工大学, 2006.

续表

学　者	要　点
吕维霞（2010）[1]	服务质量就是顾客感知的一种主观评价。
Lai，Chen（2011）[2]	顾客的行为意图对于服务质量具有重要意义。
程龙生（2011）[3]	服务质量是服务特性及服务支撑条件满足要求的程度。
邓君（2014）[4]	服务质量是服务能够满足规定和潜在需求特征和特性的总和。

（二）服务质量的范围

服务质量的范围主要包括：

第一，服务内容——服务是否遵循标准的程序。管理者必须制定出标准的作业程序，并定期通过绩效考核来确保服务标准被确实遵循。

第二，服务过程——服务中事件的顺序是否恰当。这里需要注意的是服务活动的逻辑顺序与服务资源的调和利用，服务过程中顾客与服务人员的互动与沟通。

第三，服务结构——实际的设施与组织设计是否能够满足服务的要求，此外，合格的员工与组织设计也是需要考察的因素。

---

〔1〕　吕维霞. 政府行政服务评价 ［M］. 北京：清华大学出版社，2010：31.

〔2〕　Lai，W. T.，& Chen，C. F.（2011）. Behavioral intentions of public transit passengers—The roles of service quality，perceived value，satisfaction and involvement ［J］. Transport Policy，18（2）：318 –325.

〔3〕　程龙生. 服务质量评价理论与方法 ［M］. 北京：中国标准出版社，2011：46.

〔4〕　邓君，马晓君，张巨峰. 档案馆服务质量评价研究述评 ［J］. 档案学研究，2014（3）：60 –66.

第四，服务结果——顾客对服务是否满意以及顾客抱怨数量和抱怨程度等定性和定量指标的集合。

第五，服务影响——服务对顾客生活所能产生的长期作用。一般来说，对服务影响的衡量还包括服务的可获得性、易接近性等指标的衡量。[1]

（三）服务质量的特征

服务质量具有以下四个特征：

1. 主观性

服务质量的感知是由顾客与服务人员共同参与的，最终由顾客评价服务质量的高低。顾客的主观期望、心情等因素，直接影响到顾客对于服务质量的满意度；而服务人员的心情、敬业程度、工作环境、待遇也会影响到服务人员服务投入程度，进而影响服务质量。

2. 互动性

服务质量在服务提供者与顾客的互动过程中形成，互动性是服务质量与有形产品质量的重要区别，因此，服务质量不仅要考虑服务的结果，还要考虑服务的过程，过程质量在服务质量中占据了重要地位。[2] 因此，服务人员的工作态度、对顾客需求的理解、工作能力等因素就对服务质量起到决定性作用。

3. 异质性

服务不像有形产品可以通过流水线进行生产，实现标准化，

---

〔1〕　李卫军，刘正，马剑. 城市轨道交通服务质量与满意度评价 ［M］. 北京：中国铁道出版社，2011：12.

〔2〕　吕维霞. 政府行政服务评价 ［M］. 北京：清华大学出版社，2010：33.

由于服务具有无形性、同时性的特点，不同的顾客在不同的时间、地点，甚至同一顾客在不同的时间、地点，对大体相同的服务都会有不同的评价，因此，服务质量会随着时间、地点、服务对象的变化而产生相应的变化。

4. 整体性

服务质量的形成需要组织全体成员的共同参与和协调。不仅一线的服务员关系到服务的质量，其他管理者与领导层对于一线人员的支持也关系到服务的质量。因此，服务质量是组织整体的质量。

（四）服务质量的测量

Brady，M. K. 和 Cronin，J. J.（2001）[1] 认为"服务质量的测评是相当复杂的过程。需要提炼出几个层面的指标测评，需要用概念化的统一理论将其联系起来，以反映复杂性和结构层次的属性"。虽然服务质量测量比较困难，但是不代表不能测量。Johnston，R.（1995）[2] 认为引起满意的因素主要是关心、友善、响应和帮助，引起不满意的是正直、公正、公平和信任等组织因素，而这些因素是维护组织和顾客之间的信心和信任的能力。格鲁斯（2002）[3] 指出，好的感知质量包括六个标准：便利性与灵活性、职业化与能力、可靠性与信任性、声誉与可信任性、

〔1〕　Brady，M. K.，Cronin，J. J.（2001）. Some new thoughts on conceptualizing perceived service quality：a hierarchical approach. Journal of Marketing ［J］. 65（3）：34 -49.

〔2〕　Johnston，R.（1995）. The determinants of service quality：satisfiers and dissatisfiers. International Journal of Service Industry Management ［J］., 6（5）：53 -71.

〔3〕　［英］克里斯廷·格罗鲁斯. 服务管理与营销：服务竞争中的顾客管理（第三版）［M］. 韩经纶，译. 北京：电子工业出版社，2002：59.

服务与补救、态度与行为。

到20世纪末期，关于顾客感知质量测量研究主要有两大派，一个是以 PZB 为代表的"不一致理论"，即：SERVQUAL 模型，认为顾客的感知质量是期望与实际感知的质量对比；另一个是"直接感知理论"，如克罗宁提出的 SERVPERF 模型，他认为可以直接用顾客感知到的质量绩效作为质量测量的标准，效果更加有效。

表 2-3 SERVQUAL 量表

要 素	组成项目
有形性	1. 有现代化的服务设施 2. 服务设施具有吸引力 3. 员工有整洁的服装和外表 4. 公司的设施与他们提供的服务相匹配
可靠性	5. 公司对顾客所承诺的事情都能及时完成 6. 顾客遇到困难时，能表现出关心并提供帮助 7. 公司是可靠的 8. 能准时地提供所承诺的服务 9. 准确记录相关服务
响应性	10. 不能指望他们告诉顾客提供服务的准确时间 11. 期望他们提供及时的服务是不现实的 12. 员工并不总是愿意帮助顾客 13. 员工因为太忙以至于无法立即提供服务，无法满足顾客的需求

要　素	组成项目
保证性	14. 员工是值得信赖的 15. 在从事交易时顾客会感到放心 16. 员工是有礼貌的 17. 员工可从公司得到适当的支持，以提供更好的服务
移情性	18. 公司不会针对不同的顾客提供个性化的服务 19. 员工不会给予顾客个别的关怀 20. 不能期望员工会了解顾客的需求 21. 公司没有优先考虑顾客的利益 22. 公司提供的服务时间不能符合所有顾客的需求

第一，PZB 提出的 SERVQUAL 模型，根据这五个维度设计了 22 个问题的调查表，如表 2－3 所示。PZB 认为，通过对 SE-RVQUAL 量表的数据采集和分析，可以较好地测量出顾客感知服务质量的水平。应用该方法，首先通过调研，针对以上五个要素设计适合本行业的调查问卷，进一步选择出衡量服务质量的指标，确定 SERVQUAL 量表。然后，使用问卷调查的方法进行数据采集，通常情况下采用 5 分制，5 分表示完全同意，1 分表示完全不同意。

PZB 在进行研究的过程中，其选择的研究对象只包括银行、信用卡公司、设备维修和养护以及长途电话公司四个行业，所以他们得出的许多结论并不一定具有普遍的适用性。因此需要注意以下两点：首先，将 SERVQUAL 方法应用于不同行业时，应该根据各个行业的特点以及实际情况，对表中的项目做出适当的调整，这样才能保证 SERVQUAL 评价方法的科学性；其次，如果有必要，可以对服务质量的五要素做出适当调整，满足不同企业的特殊需要。

第二，克罗宁提出的 SERVPERF 模型。许多学者都试图抛弃 SERVQUAL，因为他们认为用 SERVQUAL 进行期望与感知的差异对比十分不方便，也缺乏实证性研究。最有力的反击者就是克罗宁，他提出了"绩效感知度量方法"，即 SERVPERF。他认为，在同一时刻对顾客的期望和感知绩效进行度量是不科学的，SERVPERF 方法比 SERVQUAL 简单实用。当然 SERVPERF 也继承了 SERVQUAL 对服务质量维度的划分和度量指标的设定，SERVPERF 仍然采用 SERVQUAL 的 5 个维度和 22 个问题，所有的问题和语气都没有任何变化，且两者的服务质量度量在内涵上是一样的。

三、顾客满意度

（一）顾客满意度的概念

美国著名营销学家菲利普·科特勒指出："满意是指一个人通过对产品的可感知的效果与其期望值相比较以后，形成的愉悦或失望的感觉状态。"自从 Cardozo（1965）[1] 第一次提出"顾客满意度"概念以来，顾客满意度问题受到了政府及学界的极大

---

〔1〕 Cardozo, R. N. (1965). An experimental study of customer effort, expectation, and satisfaction〔J〕. Journal of Marketing Research（JMR），2（3）：244 –249.

重视。

顾客满意度实际上是顾客对产品（或服务）的期望与实际感知相比较差距程度的心理反映。当顾客实际感知超过顾客期望时，则顾客内心处于满意状态；当顾客实际感知未达到顾客期望时，则顾客内心处于不满意状态。其中，顾客期望和顾客感知是影响顾客满意的两大直接因素（刘金兰，2006）。[1] 顾客期望是顾客应用曾经积累的经验或非经验性的信息来判断企业今后所提供的服务或产品的质量、功能、性质等特性。顾客感知则包括感知质量和感知价值两个方面的内容。感知质量是顾客对企业所提供产品（或服务）功能质量的全面判断。感知质量的好坏取决于企业所提供的产品（或服务）的功能质量与顾客期望之间的差距程度。大量实际消费经验表明感知质量是决定顾客是否满意的一个重要前期因素。感知质量对整体的顾客满意度有正向影响。感知价值则是顾客在感知质量基础上，对总顾客价值（total customer value）与总顾客成本（total customer cost）之间差距程度的整体判断。总顾客价值是顾客从某一特定产品（或服务）中获得的一系列利益；总顾客成本是顾客在搜寻、评估、获得、使用该产品（或服务）时引起的各项费用。一般而言，感知价值对整体的顾客满意度有正向影响。顾客满意度受顾客期望、感知价值、感知质量三者的共同影响，感知价值受顾客期望和感知质量的影响，感知质量直接受顾客期望的影响。四者之间构成了一种复杂的网络影响关系。

---

〔1〕 刘金兰. 顾客满意度与 ACSI〔M〕. 天津：天津大学出版社，2006：8 - 10.

（二）顾客满意度的特点

顾客满意度作为一种心理感受，具有以下特点：

1. 个体主观性

顾客对于满意程度的评价是建立在各自不同的消费（服务）经历的基础上，受到个人主观因素的影响，如顾客的性别、兴趣、价值观、生活经历等。因此，不同的顾客对于同一件商品或者同一项服务的满意度评价可能完全不同。

2. 社会客观性

顾客对商品和服务的满意程度是在一定的社会实践活动（包括与其他顾客、群体、组织的互动交流活动），特别是在对该商品或服务的消费实践中逐步形成的。它的存在不以提供商品或服务的企业（机构）的主观意愿而改变，而是客观存在的。

3. 动态可变性

在一定时期内，虽然顾客对某类商品或者服务的满意度具有相对稳定性，但是由于商品或者服务水平存在不稳定性，以及社会生活、市场环境、科技发展、顾客偏好变化等因素，顾客对原来的商品或服务的满意度认知会得到修正。因此，顾客的满意度是动态变化的。

（三）顾客满意的评价模型

目前围绕顾客满意的形成机制、关键因素及测评方法主要形成了五大结构模型。KANO 模型（卡诺模型）认为影响顾客满意的关键因素是产品或服务的质量。SCSB 模型（瑞典顾客满意度指数）是世界上首个国家层次的顾客满意度指数模型。ACSI 模型是目前大家所公认的体系最完整、应用效果最好的一个顾客满意度理论模型，在该模型中，相关研究学者指出，顾客满意程度的高低可能导致两种结果：顾客抱怨和顾客忠诚。ECSI 模型是由欧洲质量组织和质量管理基金会等机构共同资助开发，与 SCSB 模型和 ACSI 模型相比，新增了形象变量，并将感知质量分为了两大块：感知硬件质量和感知软件质量，取消了顾客抱怨变量。CCSI 模型则是国内首个较完善的顾客满意度指数模型，该模型将 ECSI 模型的形象变量变为品牌形象，并指明了品牌形象对顾客满意度有直接影响。下面我们对这五大顾客满意度的评价模型进行详细的介绍。

1. 卡诺模型（KANO 模型）

KANO 模型是由日本的狩野纪昭（Noriaki Kano）在赫兹伯格的双因素理论影响下，于 1984 年提出的。在 KANO 模型中，狩野纪昭定义了与顾客满意度相关的顾客需求，包含有三个层次：基本需求、期望需求和兴奋需求。这三种需求根据绩效指标分类也对应着三种绩效指标因素，分别是：基本因素、绩效因素和激励因素。顾客满意度与顾客需求实现的情况的相互关系可以用图 2 - 2 进行表示：

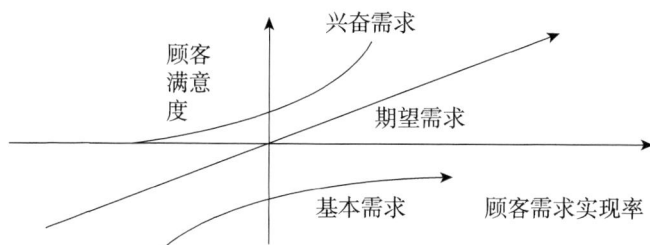

图 2 - 2　KANO 模型

　　基本需求是顾客认为产品或服务必不可少的功能和特征，这个是顾客满意的基本因素。当产品和服务的属性以及功能能够满足顾客的基本需求，其对于顾客满意度的提高影响不大，但是一旦产品或者服务不能满足顾客的需求时，顾客将会很不满意，甚至产生抱怨，这对于企业的发展影响是很大的。顾客的期望需求要求企业所提供的产品或者服务是比较优质的，它们可以不是必不可少的产品属性，顾客的期望需求可以算作一种绩效因素。通过相关的研究我们发现，顾客需求是所有顾客们所希望得到的，但是对于一般顾客来讲，他们自身对于自己的期望需求是什么都不是很清楚。通过市场调查我们发现，顾客们所关注和渴望的需求通常是期望型需求。相关研究显示，期望型需求与顾客满意度呈现出线性相关的关系，产品能够实现的期望型需求越多，顾客就会越满意；当产品中不包含或者包含非常少的期望型需求时，顾客就会不满意。

　　兴奋型需求在顾客激励方面，属于一种激励因素，它是一种能够提供给消费者一些完全超过预期的产品或服务行为，从而能够使顾客产生惊喜。当其特性不是太充足时，并且这些特性无关紧要的时候，顾客会认为无所谓，但是当产品提供了令顾客兴奋的产品或者服务时，顾客就会对产品和服务极为满意，从而有效地提高顾客的满意度和顾客的忠诚度。

2. 瑞典国家顾客满意度模型（SCSB 模型）

SCSB 是最早建立的全国性客户满意指数模式，这个模型最早是由美国密歇根大学的 Fornell 教授等人在 1989 年提出并建立的。它提出了客户满意弹性的概念。

客户满意弹性指的是客户忠诚对于客户满意的敏感程度，顾客满意弹性研究的表征的主要意义是，当客户满意提高一个百分点时，研究客户忠诚将提高几个百分点，这是一种从量化的角度来研究顾客满意和顾客忠诚之间的关系，分析顾客满意对顾客忠诚的不同影响程度及两者之间的非线性相关关系。SCSB 模型是由 5 个关键的结构变量所组成，他们分别是顾客期望、感知价值、顾客满意度、顾客抱怨、顾客忠诚。顾客期望和感知价值是顾客满意度的前置变量，顾客抱怨和顾客忠诚构成顾客满意度的结果变量。SCSB 的模型如图 2 - 3 所示：

图 2 - 3 SCSB 模型

通过该模型我们不难看出，顾客的满意度通过顾客抱怨和顾客忠诚会对企业的经营绩效产生直接的影响，但是在该模型中，并没将顾客满意度如何影响企业经营绩效进行展开，在后面的研究中，我们会通过顾客抱怨和顾客忠诚，对顾客满意度与企业经营绩效的作用机理进行详细的阐述。

3. 美国顾客满意度指数模型（ACSI 模型）

ACSI 模型（美国顾客满意度指数模型）以产品和服务消费的过程为基础，是一种对顾客满意度水平的综合评价指数，这个指标体系主要是企业满意度指数、行业满意度指数、部门满意度指数以及国家满意度指数这些指标体系构成，这个指标体系比较完整、系统地对顾客满意度进行了研究，在应用效果方面比较好，也是应用比较广泛的顾客满意度研究模型，这个模型在 SCSB 模型的基础上有所改进。该模型一共分为了 4 个层次，第一个是顾客期望和感知质量影响了顾客的感知价值，然后顾客感知价值直接作用于顾客满意度，最后顾客忠诚和顾客抱怨构成了顾客满意度的结果变量。ACSI 模型如下图 2 - 4 所示：

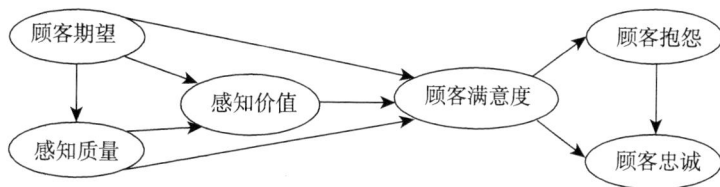

图 2 - 4 ACSI 模型

通过 ACSI 模型，我们可以将顾客消费的整个过程进行掌握，同时构建顾客消费经历与顾客满意度之间的相互关系，进一步揭示了满意度与顾客购后行为之间的关系，对于顾客满意度的结果有很好的预测作用。

4. 欧洲顾客满意度指数模型（ECSI 模型）

ECSI 模型（欧洲顾客满意度指数模型）在 ACSI 模型的基础上，沿用了 ACSI 模型的一些基本结构变量的概念和基本模型的构架，并对该模型进行了一些调整，保留了原有的顾客期望、感知质量、感知价值、顾客满意以及顾客忠诚这 5 个变量，去掉了顾客抱怨这一结果变量，同时根据研究，补充了企业形象，将感知质量进行了拆分，分为了硬件的感知质量和软件的感知质量。其中企业形象是指顾客记忆中和组织有关的联想，这些联想会在一定程度上影响人们的期望值以及对满意度的判别。这里的硬件的感知质量主要是对产品本身的质量以及属性的一种判别，软件的感知质量主要是针对服务方面的感知。

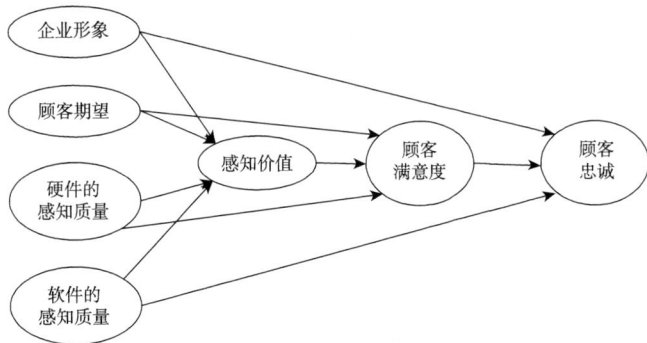

图 2-5 ECSI 模型

5. 中国顾客满意度指数模型（CCSI 模型）

CCSI 模型（中国顾客满意度指数模型），这个模型根据中国市场的实际情况，以 ACSI 模型为基础，吸收了 ECSI 模型的相关特点，成为中国国内首个比较完善地能对顾客满意度进行测评的模型，在该模型中主要包含有 6 个结构变量，这 6 个结构变量建立了 11 个相互关系。在 CCSI 模型中，将企业的品牌形象进行了细化，同时指出，企业的品牌形象是与企业顾客满意度有直接的影响关系，具有很大的突破性；同时该模型也根据 ECSI 模型，将感知质量细分为感知质量和硬件质量两部分，以 ACSI 模型为基础将两部分合并为一个大的整体，并指明其与预期质量也存在直接的联系。

第二节　新公共管理理论

21 世纪的公共管理，只在有限的意义上，是 20 世纪公共管理方式的延续。20 世纪 50 年代以来，公共管理理论和实践都发生了重大的变化，从而使传统的国家治理方式成为过时的东西。21 世纪，这种变化将继续下去（简·莱恩，2004）。[1] 自 20 世纪 70 年代末 80 年代初开始，西方各国掀起了一场声势浩大且旷日持久的政府改革运动。尽管各国改革的性质、规模和途径不同，但都具有一个已发展起来的共同议程，这就是"新公共管理"（New Public Management）或"管理主义"范式。这场"新公共管理"运动对于西方公共部门管理尤其是政府管理的理论与实践产生了重大而深远的影响。

---

〔1〕〔英〕简·莱恩. 新公共管理〔M〕. 赵成根，译. 北京：中国青年出版社，2004：3.

一、"新公共管理"理论的内涵

"新公共管理"是一种国际性思潮，它起源于英国、美国、新西兰和澳大利亚，并迅速扩展到其他西方国家。新公共管理运动的兴起意味着公共部门管理尤其是政府管理研究领域范式的转变。正如休斯（1998）[1] 在《公共行政与管理》一书中所说："自从80年代中期以来，发达国家的公共部门管理已发生了转变，曾经在本世纪的大部分时间中居于支配地位的传统公共行政管理的那种刻板（僵化）、层级官僚体制形式逐步转变为一种灵活的、以市场为基础的（新）公共管理形式。后者并不是一种改革事务或管理方式的微小变化，而是政府作用以及政府与公民社会关系的一种深刻变化。传统的公共行政在理论与实践上都已受到怀疑。新公共管理的采纳意味着公共部门管理领域中新范式的出现。"

作为政府管理研究领域的一种新理论以及新实践模式，"新公共管理"范式有不同的名称，如"新公共管理"（NPM）（Hood等，1991年）、"管理主义"（Pollitt，1993年）、"以市场为基础的公共行政学"（Lan，Zhiyon and Rosenbloom，1992年）、"后官僚制模式"（Barzelay，1992年）、"企业化政府"理论（Osborne and Gaebler，1992年）等。尽管这些名称不同，但基本上都表示同一种现象，即由传统公共行政理论及实践向新公共管理理论及实践转变，并被人们描述为公共管理尤其是政府管理研究领域的

---

[1] Owen Hughes (1998). Public Management and Administration: An Introduction [M]. 2 ed., Macmillan Press LTD., ST. Martin's Press, Inc., 1.

范式转移。

　　"新公共管理"范式的特征和内容是什么？西方公共管理学者及实践者们做了不同的概括和描述：按照波立特（C. Pollitt）在《管理主义和公共服务：盎格鲁和美国的经验》一书中的说法，"新公共管理"主义主要由20世纪初发展起来的古典泰勒主义的管理原则所构成，即强调商业管理的理论、方法、技术及模式在公共管理中的应用。胡德（C. C. Hood）在其担任伦敦政治经济学院院长的就职演说中将"新公共管理"的内涵及特征刻画为如下七个方面：向职业化管理的转变；标准与绩效测量；产出控制；单位的分散化；竞争；私人部门管理的风格；纪律与节约。英国学者温森特·怀特认为，"管理主义"（新公共管理）强调职业化的管理、明确的绩效标准和绩效评估；以结果而不是程序的正确性来评估管理水平；看重金钱的价值；对消费者而非公民的需要保持敏感，强调公共服务的针对性而非普遍性。罗德斯（W. Rhodes）指出，"新公共管理"有如下几个中心学说：以管理而非政策为焦点；以业绩评估和效率为焦点；将公共官僚机构分解成各种建立在使用者付费基础上的处理事务的机构；准市场的使用和合同承包以培育竞争；一种强调产出目标、限制性项目合同、金钱诱因和自由裁员的新管理风格。经合组织（OECD）1995年度公共管理发展报告《转变中的治理》把新公共管理的特征归纳为如下八个方面：转移权威，提供灵活性；保证绩效、控制和责任制；发展竞争和选择；提供灵活性；改善人力资源管理；优化信息技术；改善管制质量；加强中央指导职能。

关于"新公共管理"理论的内涵,我们认为,陈振明教授(2000)[1] 发表在《中国社会科学》的一篇文章中提出的8点比较全面和中肯:

第一,强调职业化管理。"新公共管理"强调部门管理权力的下放,这也意味着部门领导要负更大的责任,他们要参与更多的公共决策事务,日益卷入政治事务之中,要更经常地对相关的事务负个人责任。

第二,明确的绩效标准与绩效评估。"新公共管理"与传统的公共行政的一个重要差别在于关注产出或结果,而非投入和过程。"管理主义"强调个人和机构的业绩(绩效)。绩效评估系统旨在评价职员个人的业绩,评价的结果将是个人晋升、工资福利待遇等的主要依据。

第三,项目预算与战略管理。在"新公共管理"中项目预算系统取代以往的"一线项目"预算。传统的行政管理关注的焦点是投入而非产出。现在,项目预算系统根据机构的具体项目来分配资金,要列出项目、子项目以及更低层次项目的所有成本;人员的配给不再由人事部门来决定,而是成为项目预算的组成部分。

第四,提供回应性服务。"新公共管理"强调顾客至上或顾客导向,它通过把公民变成消费者(顾客),以市场取代政府,提供回应性服务,满足公民(顾客)的不同需求。它通过引入市场机制、公民参与管理、公共服务提供的小规模化等措施,给

---

〔1〕　陈振明. 评西方的"新公共管理"范式〔J〕. 中国社会科学, 2000 (6): 73 – 83.

公民（顾客）提供"以脚投票"即自由选择服务机构的机会，征求他们对公共服务的意见和要求，并测量其满意程度。

第五，公共服务机构的分散化和小型化。"新公共管理"运动中最重要的结构性变革在于，建立执行机构或半自治性的分散机构，让它们负责公共项目的执行和公共服务的提供。分散化的优点是缩小官僚机构的规模和集中化程度；它通过"一步式商店"（"一站式服务"）提高公共物品和服务供给的效率；将这些提供公共物品及服务的部门与转移支付的形式相结合，可以取得规模经济的效益。

第六，竞争机制的引入。"新公共管理"主张用市场的力量来改造政府，在公共部门中引入市场机制，在公共部门与私人部门之间、公共部门机构之间展开竞争，以缩小政府规模，提高公共物品及服务供给的效率。竞争机制的引入带来了公共部门服务的一系列变化，尤其是形成了市场检验、优胜劣汰的局面。

第七，采用私人部门管理方式。引入当代私人部门管理（工商管理）所发展起来的管理经验、理论、方法及技术，管理主义者相信公共部门管理与私人部门管理是相似的，其差别仅仅表现为次要的方面；私人部门的管理比公共部门的管理要优越得多，效率也高得多。因此，他们主张采用私人部门管理的经验、原则、方法和技术，用私人部门管理的模式重塑公共部门管理。"新公共管理"运动中所采用的项目预算、业绩评估、战略管理、顾客至上、结果控制、合同雇佣制、绩效工资制、人力资源开发和组织发展等原则或措施均来自于私人部门的管理实践。这也促使公共部门管理与私人部门管理在理论和方法上出现新的融合。

第八，管理者与政治家、公众关系的改变。在"新公共管理"的模式中，公共管理者与政治家建立起一种更密切和灵活的关系，公共管理者日益卷入公共政策制定和通常的政治事务之中；公共管理变成了政治管理的一种形式，公共管理者日益变成官僚政治家。同时，在"新公共管理"模式中，公共管理者与公民的关系也出现了变化。市场竞争机制的引入、顾客至上、结果导向等原则的采用改变了公民的纯粹被动服从地位，公民变成顾客，要求公共管理有更明确的责任制，听取公民的意见，满足公民的要求，提供回应性的服务。

二、公共服务的三类参与者

美国民营化大师 E. S. 萨瓦斯把公共服务的参与者划分为消费者、生产者、安排者，《世界银行2004年发展报告》提出，公共服务的制度框架核心是政策制定者、服务提供者和服务消费者。两者表达的是同一个含义。三种角色的关系如图 2-6 所示，三者之间的良性互动，决定了公共服务的改革方向。

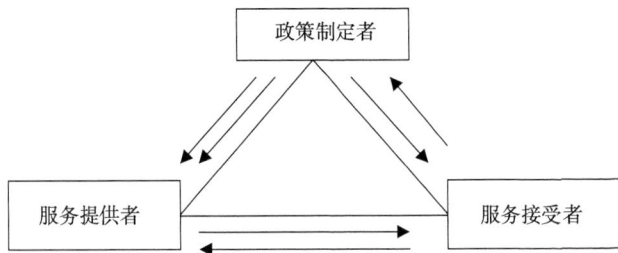

图 2-6　公共服务的三类参与者

在公共服务体系中，政府扮演着政策制定者的角色，但是并不一定是服务的直接提供者。政策制定者和服务提供者的角色要分离，政府在确定服务时，可以在市场组织、政府雇员、NGO组织等之间进行选择，以充分发挥市场竞争的作用。同时也要承担起监督执行、质量评估的作用。这意味着政府的管理方式发生了转变：从官僚制为基础的传统行政管理模式转变为一种以市场为基础的新公共管理模式。"新公共管理"在公共服务中表现为取向模式，它代表了一种将私人部门的管理理念和公共部门管理观念的新融合，即强调公共部门的公共服务使命，但又采用企业管理中的思想。它关心如何提高服务质量，强调产出价值，但是又必须以实现公共使命为基础。在管理中反映使用者的愿望、要求和利益，强调民权理念（章晓懿，2007）。[1]

第三节　绩效评估理论

一、绩效评估的定义

"绩效"是根据"Performance"翻译而来，在英语中，该单词有"成效"和"表现"的意思。"绩效"最早用于投资项目管理，典型的用语有"项目绩效管理""项目绩效评估"，后来又被广泛用于人力资源管理，典型用语有"员工绩效""员工绩效

---

〔1〕　章晓懿．城市居家养老评估指标系统的探索［M］．上海：上海文艺出版社，2007：39.

考核"。近十几年来，该词又被组织理论、公共行政学广泛使用，典型的用语有"团队绩效"和"组织绩效"。

"绩效是一个多维建构，测量的因素不同，其结果也会不同。"[1] 绩效的内涵主要是三种：

第一，目标论。如伯纳丁（Bernardin）认为，绩效是对在特定时间内，特定的工作职能或活动所创造的产出的记录。[2] 陈昌盛、蔡跃洲（2007）[3] 认为：绩效一般指特定组织或个人完成既定目标的程度。这种定义将绩效与任务的产出、结果等联系起来。

第二，行为论，即"绩效是行为"。Murphy（1990）认为绩效是"为一套与组织或组织单位的目标相互关联的行为"[4] 而坎贝尔（Campbell）指出，绩效是行为，应该与结果分开，因为结果会受系统因素的影响。

第三，能力论。能力可以产生或者预见行为或者绩效。具有较高能力的人，比较容易被预期产生高绩效，因此，期望产生高绩效的人总是努力提高自身的能力。

综上所述，绩效应该包括相关目标、过程、能力、产出的要素。

---

〔1〕 Armstrong and Baronl. （1998）. Performance Management ［M］. London：The Cromwell Press，15.

〔2〕 ［英］理查德·威廉姆斯. 组织绩效管理 ［M］. 蓝天星翻译公司，译. 北京：清华大学出版社，2002：92.

〔3〕 陈昌盛，蔡跃洲. 中国政府公共服务：体制变迁与地区综合评估 ［M］. 北京：中国社会科学出版社，2007：22.

〔4〕 ［英］理查德·威廉姆斯. 组织绩效管理 ［M］. 蓝天星翻译公司，译. 北京：清华大学出版社，2002：116.

和绩效的定义一样，人们对于绩效评估的认识也没有达成一致。R. 韦恩·蒙迪和罗伯特·M. 诺埃认为："绩效评估是定期考察和评价个人和小组工作的一种正式制度。"[1] 国内学者邓国胜（2008）[2] 认为，绩效评估是一种对评估客体的价值的评价和判断活动，它的核心内容是对评估客体的价值进行判断和评估，对社会干预的效果的考察和研究，其目的在于评估社会干预的影响。麻宝斌、董晓倩（2010）[3] 认为：绩效评估是依据一定标准进行的价值判断活动，评估指标的选择是绩效评估的基本前提和有效评估的特征。中国行政管理学会课题组（2013）[4] 认为：绩效评估是指基于结果导向、运用科学的方法、规范的流程、相对统一的指标及标准，对政府公共政策的投入产出进行综合性测量与分析的活动。

绩效评估是一个系统概念，由多种要素组成，如评估主体、评估客体、评估环境、评估目的与标准、评估过程与方法等，因此，绩效评估只是包括以上各要素及其各要素间的相互作用关系。我们认为，绩效评估是指：在特定的政策制度下，评估主体按照一定的评估标准和程序，对公共政策（或者服务项目）的质量和效果，以及构成政策系统的诸要素和环节进行局部或全面

---

〔1〕 ［美］R. 韦恩·蒙迪，罗伯特·M. 诺埃. 人力资源管理（第六版）［M］. 葛新权，等译. 北京：经济科学出版社，1998：296.

〔2〕 邓国胜. 事业单位治理结构与绩效评估［M］. 北京：北京大学出版社，2008：178.

〔3〕 麻宝斌，董晓倩. 我国城市社区公共服务绩效评价问题研究［J］. 云南行政学院学报，2010（5）：79－83.

〔4〕 中国行政管理学会课题组. 政府公共政策绩效评估研究［J］. 中国行政管理，2013（5）：20－23.

分析，并获得相关信息与政策结论的过程。

二、绩效评估的发展

美国学者埃贡·G. 古贝和伊冯那·S. 林肯（2008）[1] 认为"评估并不是简单地在某一天就突然出现的，它是众多相互影响的建构和再建构发展的结果"。他们把评估分为四个时代："二战"前的评估研究为第一代；"二战"后到 1960 年为第二代；1960 年到 1980 年为第三代评估；1980 年以后为第四代评估。

（一）第一代绩效评估：测量

早期主要研究的是关于学生特征的测量，数百年来，学校的考试一直以学生是否掌握了课程内容为主。Rice（1897）指出以考试分数作为原始数据的情况在当时非常普遍，并设计了一个拼写测试，通过多所学校学生的测试，发现学生用在拼写方面的时间与后来的考试成绩根本没有关系。法国心理学家 Alfred Binet设计了以常识考察为基础的测试方法，来确定学生的智商，而促成这种方法传播开来的重要因素就是"一战"中军队筛选服役人员的需要。

很多与测试间接相关的因素也在第一代评估的发展中起了重要作用，第一个间接因素是随着社会科学迅速发展而提出的合理性问题；第二个因素就是商业和工业中出现的科学管理运动。到20 世纪二三十年代测试的影响达到了顶峰，1908 年《数学测试

〔1〕［美］埃贡·G. 古贝，伊冯那·S. 林肯. 第四代评估［M］. 秦霖，蒋燕玲，译. 北京：中国人民大学出版社，2008：2.

推断瑰宝》初步开创了学校测试的先河，而这种测试现在正以多种形式进行；1922 年发行的《斯坦福成就测试》第一次提供了一种可同时评估学生在多种学科中的相对名次的工具。

第一代绩效评估称为测量时代，评估者的角色是技术性的，他完全掌握可利用的工具，这样，任何制定的调查变量都可以被测量。如果没有合适的工具，评估者必须应用专业技术创造出来。这类技术性评估今天依然存在，例如：将学生通过考试作为进入大学程序的一部分，用考试来评定学校或老师的业绩。

（二）第二代绩效评估：描述

第二代评估是一种以描述关于某些规定目标的优劣模式为特征的方法，评估者的角色是描述者，尽管该角色还保留了早期的技术性。测量不再等同于评估，而是作为评估工具的一种被重新定义。

第二次世界大战之际，美国陆军聘请斯都弗（Stouffer，1994）评估分析军队人事和宣传政策对军人士气产生的效果。美国战争信息局运用抽样调查评估国内民心士气。由此，大规模的实地调查成为当时评估研究的主流，大规模的评估研究计划纷纷运用于住房、科技文化、都市发展、预防医学等领域。

第二代绩效评估研究主要是针对"二战"前评估研究的缺点兴起的：实验室内的评估无法推广应用，绩效评估必须走出户外，实地调研研究逐步成为研究的重点。实地实验主要是在现实生活环境中进行的调查，例如学校、工作地点、街头甚至战场。其研究焦点为个人人格与态度议题，例如包尔思与卫玛（1951）的预防青少年犯罪计划；梅伊尔、博加塔与琼斯的社会工作干预机会等。

（三）第三代绩效评估：判断

自 20 世纪 60 年代开始，政策评估在学术领域和政治环境上都有重大进展。首先，20 世纪 60 年代开始有正统的评估研究教材和大量的研究论文，如萨曲曼（Suchuman, 1967）的著作《评估研究》、坎贝尔（1969）发表的《作为实验的改革》等。其次，评估学者发现美国工业迅速成长的后遗症——浮现，如贫民区、住宅、文盲、种族歧视等。用于解决支付大幅度增加公共投资带来的问题，政策评估的重要性日益凸显。

由于第二代目标导向的描述方式存在一些严重缺陷，例如评估人员坚持只有明确项目目标后才开始工作，项目开发者认为评估人员是不相干的人等。一些学者提出泰勒主义的第二代评估本质是描述性，忽视了评估的另外一种表现形式——判断。将判断作为一种评估活动标志着第三代评估的出现，这一代评估以努力得出判断为特征，评估者在其中扮演评判员的角色，同时还保留了早期技术性和描述性功能。这个要求在同行业中引起了广泛反响，尤其是迈克尔·斯克里文（1967）提出了许多在早期评估中未充分咀嚼的问题，首先它要求目标本身被看成问题性的，目标和实现过程一样，都要服从评估；其次，判断标准必须是将价值观渗透进科学的、并且公认的价值中立事业中的标准；最后，只要有判断，就必须要评判员。

在最终的分析中，不能忽视对判断的要求，评估者也很快开始应对这一挑战。1967 年以后，迅速出现了一系列新的评估模型：新泰勒主义模型、决策导向模型、效果导向模型、直接判断模型等。这些 1967 年以后出现的模型在"判断是评估整体的一部分"这一点上达成了共识，所有模型都或多或少的主张评估者应当是评估员。在 1967 年以后的十多年中，判断成为第三代绩效评估者的标志。在研究焦点方面，当时主要是评估社会行动计划能否有效解决社会问题，反映特定时空背景下的社会需求，在研究方法方面，主要是社会实验。

（四）第四代绩效评估：建构

由于前三代绩效评估存在"功利主义倾向、在采纳价值多元化方面的失败、过分强调调查的科学范式"[1] 三个缺陷，因此迫切需要另外一种评估方法，这就是第四代评估——响应式建构主义评估。它是以利益相关者的"主张""焦虑"和"争议"作为评估焦点决定所需信息的一种评估形式，采用的方法论是建构主义调查范式。评估者的工作是发现"主张""焦虑"和"争议"这些不同的因素，并且在评估中解决这些问题。

响应式评估有四个阶段，它们可能有叠加或者重复。第一阶段，识别出利益相关者，并要求它们提出各自的主张、焦虑和争议；第二阶段，利益相关者群体提出的主张、焦虑和争议由其他群体来进行讨论、驳斥、赞同或者其他能迎合它们的回应，这一阶段许多主张、焦虑和争议将被解决；第三阶段，那些未被解决的争议主张、焦虑和争议就成了评估者收集信息中的先导组织者；第四阶段是在评估者的引导下，利益相关者开始利用收集到的信息进行协商、力求在每个有争议的问题上达成共识，但是并

---

〔1〕〔美〕埃贡·G. 古贝，伊冯那·S. 林肯. 第四代评估〔M〕. 秦霖，蒋燕玲，译. 北京：中国人民大学出版社，2008：9 - 14.

不是每个问题都会得到解决，那些未解决的问题将成为下一次评估的核心。

第四代评估的特点是：评估行为的最后产出并不是对"事情是什么""事情如何进行"，而是为个体或者群体行为者"理解"自身所存在的环境而作的建构；人们借以理解自身环境而形成的建构在很大程度上受建构者本身价值观的影响；建构者必然与具体的特质、心理、社会和文化相关联，这种关联构成的正是建构者生活的"环境"；评估可以以各种方式给予或者剥夺利益相关者的特权；评估补习具有行为导向性；由于评估是牵涉多人的活动，因此，评估者有责任与其他人交往时，尊重他们的身份、相信他们的诚意、保护他们的隐私。[1]

第四代评估有以下 12 个步骤：与委托人订立协议；组织评估；明确利益相关者；通过解释学辩证循环过程完善利益相关者内部的联合建构，具体集中在利益相关者的主张、焦虑和争议上；通过引入新的信息，使组织成员发展更高层次的应付新信息的能力；挑选出已经解决的主张、焦虑和争议；把未解决的项目按照优先次序排列；收集有关未解决的主张、焦虑和争议的信息；为谈判准备议程；进行谈判；通过案例研究拟订报告——以连接性建构作为产品；再循环。

---

〔1〕〔美〕埃贡·G. 古贝，伊冯那·S. 林肯. 第四代评估〔M〕. 秦霖，蒋燕玲，译. 北京：中国人民大学出版社，2008，前言：2-4.

三、绩效评估的类型[1]

随着评估的内容和表现形式多样化的发展趋势，出于角度和标准的差异，绩效评估可以分为多种。从评估活动的形式来看，绩效评估可以分为正式评估和非正式评估；从评估主体来看，可分为内部评估和外部评估；从绩效过程来看，可以分为执行前评估、执行中评估和执行后评估等。

1. 正式评估与非正式评估

正式评估是指评估主体按照预设的评估方案，根据一定的评估标准，采取一定的形式，通过特定的程序，对政策绩效做出判断和评价，从而得出政策信息的过程。正式评估具有评估方法科学化、评估过程标准化以及评估结论客观化的特点。另一方面，正式评估所要求的条件也较为苛刻，它不仅要求严密的评估方案、遵循严格的评估程序和原则，而且需要具有专业素养的分析专家，充足的评估经费，以及尽可能全面系统的信息资料等。所以，正式评估的适用范围较为有限。非正式评估是指不对评估主体、评估形式和标准，以及评估程序做出特别的限制，评估者只需根据所依据的正式或非正式信息及资料对政策绩效做出自己的评价和判断。其特点是方式灵活、简便易行、成本低廉、随意性强，但也缺乏必要的科学性，因此在评估实践中适用范围较为局限，只能对正式评估起一种辅助和补充作用。

2. 内部评估和外部评估

内部评估是指由被评估对象系统内部的评估者所完成的评

〔1〕　负杰，杨诚虎. 公共政策评估：理论与方法〔M〕. 北京：中国社会科学出版社，2006：29-31.

估，内部评估具有信息资料全面、政策过程熟悉、评估结果易被采纳等优势，其缺点则在于难以突破原有政策框架和研究视野的限制，客观性也有待进一步提高。外部评估是指由被评估对象系统以外的评估者所完成的评估，其评估主体可以是学术团体，也可以是商业机构，可以是营利性的，也可以是非营利性的。外部评估虽然研究视野开阔，较为客观中立，但获取信息资料困难，评估缺乏权威性，结论也不易受重视等。由此看来，内部评估和外部评估有较强的互补性，在实践中应相互结合，取长补短，共同提高绩效评估质量。

3. 执行前评估、执行中评估和执行后评估

执行前评估也称为预评估，是指在政策执行之前对方案进行的一种预测性评估，其重点在于对政策进行可行性分析和对政策效果及发展方向进行预测。执行中评估是在政策执行过程中所进行的评估，其目的就是通过分析政策在实际执行过程中的相关情况，准确地反映执行效果，并及时反馈和纠偏，以充分地、更好地实现既定目标。执行后评估，是指政策执行活动完成后所进行的一种全面的、综合性的系统评估，也是最为重要的一种评估形式，它最终决定着一项政策的延续、改进或终止，以及长期性的政策资源的获取和更新分配等重要问题。这三种评估形式，是根据政策过程的不同阶段来划分的，虽然它们的评估对象不同，作用、侧重点和分析方法也各有差异，但共同构成了对整个政策过程的完整评估。

四、绩效评估的标准

评估标准既是绩效评估系统的有机组成部分，也是绩效评

的基本依据。要进行绩效评估，首先需要确立评估标准，正如威廉·N. 邓恩（2002）[1] 指出："如果评估者将自以为是的评估标准等同于社会公认的价值观并应用到实际评估，那么即使评估者使用了实验设计、数学统计、随机抽样、问卷调查等计量化的评估方法，其评估依然是一种假评估，不仅不会对政策进行准确的评估，甚至会形成错误的引导。"

1. 国外学者评估标准

"二战"后，西方学者深受实证主义思潮的影响，认为评估应该遵循"价值中立"原则，"测量"（Measurement）而不是"评判"成为这些早期的评估专家们的信条。在他们看来，评估无非是严格按照"投入—产出"分析模型，以效果（Effectiveness）、效率（Efficiency）、效能（Efficacy）及其充分性（Adequacy）为标准（即"3E＋1A"）确定绩效。1967 年美国学者萨茨曼在《评估研究：公共事务与执行程序的理论与实践》一书中，首次将政策效果评估标准与政策执行过程评估标准结合起来考察，并较早地概括出政策评估的五项标准：效果、效果的充分性、效率、工作量、执行过程。20 世纪 70 年代，学者白瑞和雷伊提出了"政治评估"的观点，以区别于"技术评估"，强调评估应该加强对政治原则的讨论。与这一现实要求相呼应，著名学者鲍斯特 1978 年在《公共项目分析：应用方法》一书中，提出了评估的七项标准：效能、效率、充分性、适当性、公平性、反应度和执行能力，这个标准比萨茨曼标准增加了适当性、公平

---

〔1〕 ［美］威廉·N. 邓恩. 公共政策分析导论（第二版）［M］. 谢明，译. 北京：中国人民大学出版社，2002：436.

性、反应度三个社会衡量指标。1984 年斯图亚特·内格尔提出了公众参与度、可预见性和程序公正性的过程评估标准。因此西方学者的评估标准由单一的技术标准向社会、政治等多元复合评估标准进行转变。

20 世纪 90 年代以后，多数学者使用的评估标准仍然是鲍斯特提出的七项标准，如威廉·N. 邓恩基本全盘接受了鲍斯特的标准。邓恩（2002）[1] 的六项政策评估标准实际上仍可归纳为两类：效果、效率、充足性属于政策评估的技术标准，而公平性、回应性、适宜性则属于政策评估的政治标准。21 世纪以后，评估标准虽在表达上有一定变化，但是实质性的变化比较少，如英国学者克里斯托夫·鲍利特（2011）[2] 把评估标准划分为七项，如表 2 - 4 所示。

表 2 - 4　克里斯托夫·鲍利特评估指标

评估标准	解释性说明
效能	最初的目标真正实现到什么程度？取得的成效是否与目标相吻合？
成本效能	不仅要考虑目标实现的程度，还要考虑目标实现的成本。两种不同的政策都可以实现同样的目标，人们需要选择成本较低的方式完成任务。

〔1〕［美］威廉·N. 邓恩. 公共政策分析导论（第二版）［M］. 谢明，译. 北京：中国人民大学出版社，2002：249.

〔2〕［英］克里斯托夫·鲍利特. 重要的公共管理者［M］. 孙迎春，译. 北京：北京大学出版社，2011：128 - 129.

续表

评估标准	解释性说明
全面影响力	一项政策的全面影响力是什么？这不仅包括目标实现的程度，也要看可能拥有的有意或无意的其他影响力。当然也有可能产生各种"副作用"，既有正面的，也有负面的，这类标准也称为"无目标"评估。
效率	产出是否能够最大化地满足既定投入的要求，也就是说，投入与产出之比能否尽可能的高？
经济	各种投入的购买价格是最低的，还是有资金浪费现象？
回应性	项目计划的制定和执行是否征询了其他利益主体的意见？是否顾及所有受到影响的各方群体的需要？
程序性更正	项目是否是按照法律和规定执行的？所有列出的要求是否都进行了适当评述？项目是否有腐败问题？

2. 国内学者评估标准

国内学者近年来对绩效评估标准进行了较多研究，代表性的成果如表2-5所示。

表2-5　国内代表性学者的绩效评估标准划分

学　者	评估标准
林水波，张世贤[1]	工作量、绩效、效率、生产力、充分性、公平性、妥当性、回应程度、过程、社会指标

〔1〕　林水波，张世贤. 公共政策［M］. 台北：五南图书出版公司，1987.

续表

学　者	评估标准
陈庆云[1]	投入工作量、绩效、效率、充分性、公平、适当性、执行力、社会发展总指标
陈振明[2]	生产力、效益、效率、公平、回应性
贠杰、杨诚虎[3]	技术标准：经济、效益、效率、工作过程；社会政治标准：公平标准、社会标准、科学标准、可行性标准
吴勇[4]	目标标准、投入标准、公平标准、效率标准回应性程度
张润泽[5]	形式维度、事实维度、价值维度
金敏力、周晓世[6]	经济、效率、效果、公平、公众满意度以及战略相关性

从表2-5看出，虽然学者们的评估标准多样，但是主要强调以下五个方面：①效率标准：如投入、工作量等；②效果标

〔1〕 陈庆云. 公共政策分析 ［M］. 北京：中国经济出版社，1996.

〔2〕 陈振明. 政策科学——公共政策分析导论 ［M］. 北京：中国人民大学出版社，2003：471-472.

〔3〕 贠杰，杨诚虎. 公共政策评估：理论与方法 ［M］. 北京：中国社会科学出版社，2006：214-240.

〔4〕 吴勇. 公共政策评估标准初探 ［J］. 科技福利研究，2007 (3)：27-29.

〔5〕 张润泽. 形式、事实和价值：公共政策评估标准的三个维度 ［J］. 湖南社会科学，2010 (3)：31-34.

〔6〕 金敏力，周晓世. 事业单位绩效评估 ［M］. 北京：经济管理出版社，2012：72-75.

准：如产出、效果、目标达成度等；③公平公正标准：如工作过程、公平、社会公正等；④可行性标准：如适当性、妥当性、执行力等；⑤影响标准：如目标、回应、社会发展指标、战略相关性等。

第四节　公共服务绩效评估理论

一、公共服务分析层次与框架

公共服务是一个含义十分广泛的概念。最早的"公共服务"概念，是法国公法学派代表莱昂·狄骥1912年提出来的，他认为公共服务是：任何因其余社会团结的实现与促进不可分割，而必须由政府来加以规范和控制的活动，就是一项公共服务，只要它具有除非通过政府干预，否则便不能得到保障的特征。[1] 随着理论与实践的发展，人们对公共服务的概念与内涵的解释观点如下：其一、物品解释法，学者根据公共产品的非竞争性和非排他性，认为公共服务就是提供公共产品；其二、价值解释法，公共服务就是政府运用公共资源，根据权利、正义等公共价值，积极回应社会公共需要；其三、利益解释法，政府提供公共服务的根据是对公共利益的判断，公共利益才是判断公共服务的内在依据；其四、职能解释法，这属于一种缺乏学理思辨的解释，认为公共服务就是政府满足社会公共需要的实际生产活动或者职能之

---

〔1〕　李军鹏. 公共服务学〔M〕. 北京：国家行政学院出版社，2007：33.

一；其五、主体解释法，把公共服务分为"纯公共服务"与"准公共服务"，前者由政府生产，后者政府、市场、非营利组织均可以参与（靳永翥，2009）。[1]

　　根据陈昌盛、蔡跃洲（2007）[2] 的研究，任何公共服务都可以分为四个层次来考察，如表2-6所示。第一层次必须回答什么是公共服务和公共服务的范围问题，因为公共服务本身会随着经济社会发展的不同阶段而变化，公共服务的范畴是一个发展的概念和动态调整的过程，正如法国学者莱昂·狄骥（1999）[3] 所言："公共服务的内容始终是多种多样和处于流变状态之中的。……随着文明的发展，与公共需求相关的政府活动呈数量上升趋势，而这样所带来的一个后果是公共服务的数量也在不断增加。这是非常合乎逻辑的。"在现实中，这主要是关于政府和市场边界的划分、政府规模确定的过程。第二层次是要回答提供多少，如何融资、生产与定价问题；第三层次更加注重公共服务实践中的运行问题，强调如何在现实中保证公共服务的效率与公平，需要建立什么样的机制来实现这一目的；第四层次强调政策执行的效果与激励机制设计，并为政策工具的调整和改进直接提供依据，目的在于保证公共服务的稳定性、有效性和可持续性。

---

〔1〕　靳永翥. 公共服务提供机制：以欠发达地区为研究对象［M］. 北京：社会科学文献出版社，2009：31-33.

〔2〕　陈昌盛，蔡跃洲. 中国政府公共服务：体制变迁与地区综合评估［M］. 北京：中国社会科学出版社，2007：22.

〔3〕　［法］莱昂·狄骥. 公法的变迁［M］. 郑戈，冷静，译. 沈阳：辽海出版社，1999：50.

表2-6　公共服务分析框架

公共服务层次	对应理论及说明
第一层次：公共服务的范围	公共服务界定，政府的边界、政府规模
第二层次：公共服务的提供 ●提供多少 ●怎么融资 ●如何生产、定价与提供	偏好显示与公共选择、最优公共品供给 税收、公债或收费 公共品生产效率与定价、协作生产理论 公私合作（PPP）
第三层次：公共服务运行机制 ◆效率机制 ●分权化 ●市场化 ●从单中心到多中心 ◆公平机制 ●内部化 ●中央政府再分配 ●基本公共服务与机会均等	公共产品层次性、"用脚投票"、信息优势与竞争机制、地方政府治理理论 平民主义、市场准则与"企业化政府理论" 公私合作、协议外包等 偏好异质性、选择多样性与引入竞争机制 非政府组织 外部性 政府转移支付 社会保障、公共教育与公共医疗等 福利体系
第四层次：公共服务：绩效与可持续性 ●公共服务绩效评估与审核 ●公共服务的可持续性	公共服务的生产力 制度效率与激励机制 成本—效益分析、公共监督 可持续战略、财政风险控制

以上四个层次的问题，是任何国家在提供公共服务时都必须面对的问题。只是不同的国家或者同一国家处在不同发展阶段，其主要问题会处于不同的层次，或者处于同一层次但是程度不同。对于欧美发达国家，第一层次的问题基本上已得到了解决，只需要根据发展新阶段和经济形势进行调整即可，而对于中国这样的发展中国家，这一问题依然突出，"缺位"与"越位"现象并存。第二层次的最优供给问题同样困扰中国。理论上公共服务的最优供给是：所有受益人的边界收益等于边际成本，但是人们一般不愿意公布自己的边际收益。此外，由于我国长期实行城乡分治，城市与农村的公共服务供给非常悬殊，而政治投票与"用脚投票"机制都不完善，如何满足人们的需求是一个重大问题。第三层次的问题主要是效率与公平的权衡问题。公共服务的分权化、市场化和多中心是保证效率的有效机制，但是通过我国的机构改革看出，我国的分权化还不到位，大部制改革中的协调问题需要解决；由于政府的一枝独大，社会组织发育缓慢，多中心供给机制尚未成熟。公共服务的公平方面，城乡、地区间差距是必须迈过的坎，因此，第三层面的研究显得困难重重。

由于前三个层次的问题都没有得到很好的解决，因此，加强公共服务绩效和激励的安排，使公共服务中的供给努力不偏离我们试图实现的目标至关重要。由于公共服务受益者收益额难以确定，加上时滞和其他因素的影响，公共服务的确切效果难以衡量，这也为公共服务绩效评估带来了很大难题。长期以来，将"投入和过程控制"作为保障公共服务的质量手段，而忽视了公众更加关注的效果，20世纪80年代以后，各国的绩效评估重点

逐渐由"投入与过程控制"向"产出与效果"转变，如表2－7
所示。

表2－7 主要发达国家光顾服务绩效评估关注重点比较

国家	美国	英国	瑞典	荷兰	法国	芬兰	丹麦	新西兰	加拿大	澳大利亚
过程			＊	＊＊			＊＊	＊		
效率	＊＊	＊＊	＊＊	＊＊		＊＊	＊	＊＊	＊＊	＊
效益	＊＊	＊＊	＊	＊		＊		＊	＊	＊＊
质量	＊	＊＊	＊	＊	＊	＊＊	＊＊	＊	＊＊	＊
财务绩效	＊	＊＊			＊	＊	＊	＊	＊＊	

注：其中"＊"表示重视，"＊＊"表示非常重视。

资料来源：OECD, In search of result: Performance Management Practice, Paris, 1997.

因此，相对于公共服务的前三层次，更多的是注重一种"规则"和"制度"的构建，以便界定和约束政府行为，获得预期结果；而第四层次的重点已经发生很大变化，在某种程度上是一种对结果的验收，动态检验政府行为结果与预期目标的偏离程度，并做出及时的修正和调整。

二、公共服务绩效评估理论划分

公共服务绩效评估与新公共管理运动密切相关。新公共管理（New Public Management）是20世纪70年代末以来兴盛于英国、美国、新西兰、澳大利亚等西方国家，此后又蔓延到斯堪的纳维亚半岛和欧洲大陆的一种新的政府治理理论与模式，也是近年来深刻影响我国公共服务绩效评估的主导思想之一。新公共管理理论作为一种取代传统行政模式的新理论，在西方各国被冠以不同的称号，如契约主义、市场式政府、合约制政府等。关于新公共管理的内涵与特点，学者观点有一定的不同，如简·莱恩（2004）认为新公共管理就是"分析作为主人的政府和它的作为购买者和管制者的代理人政府行政官员之间的互动关系，以及政府代理人与经济中的公共和私人的赛局参与者之间的互动关系。……它分析研究的重点，是契约制及其逻辑"。[1] 而克里斯托弗·胡德（2009）认为"好的公共管理不是那种教人们做什么的鼓舞性领导，而是使公共服务提供者通过市场或准市场过程反映消费者愿望"。[2] 总体来看，新公共管理的内涵主要是强调竞争、分权、效果、效率、效能、问责，以达到以下战略目标：顾客导向、竞争导向绩效和效果导向与质量导向。[3]

因此，公共服务绩效评估的核心，主要是对其产出和结果进行经济、效率、效果等维度的测量，以判定是否达到既定目标的程度。根据不同的标准，我国学者章晓懿（2011）[4] 教授把公共服务绩效评估进行了以下分类，如表2-8所示。

---

〔1〕　［英］简·莱恩. 新公共管理［M］. 赵成根，译. 北京：中国青年出版社，2004：6.

〔2〕　［英］克里斯托弗·胡德. 国家的艺术——文化、修辞与公共管理［M］. 彭勃，译. 上海：上海人民出版社，2009：181.

〔3〕　［德］赖因哈德·施托克曼. 非营利机构的评估与质量改进：效果导向质量管理之基础［M］. 唐以志，景艳燕，译. 北京：中国社会科学出版社，2008：59-60.

〔4〕　章晓懿. 城市社区居家养老服务质量研究［D］. 镇江：江苏大学，2012.

表2-8 公共服务绩效评估的分类

分类依据	评估类别
按评估者的来源分类	自我评估、外部专家评估
按评估者组成的情况分类	独立评估、参与性评估、合作性评估
按评估者工作内容分类	形成性评估、积累性评估
按评估相对于项目的时间分类	前评估、中期评估、后评估
按被评估项目所处阶段分类	过程评估、结果评估、效率评估

相对于公共服务绩效评估类型，公共服务的绩效评估理论可归纳为下列几种：响应式评估理论[1]、绩效问责取向评估理论[2]、CIPP 理论[3]（1971）、民主审议评估理论[4]、赋权评估理论[5]、实用导向评估理论[6]、服务质量理论[7]、需求评估

————————

[1] Stake, R. E. (1967). The countenance of educational evaluation [J]. Teachers college Record, 523 - 540.

[2] Lessinger, L. M. (1969). Accountability for Results [M]. American Education. Washington DC: U. S. Office of Education.

[3] Stufflebeam, D. L. (1971). The Relevance of the CIPP Evaluation Model for Educational Accountability [J]. Journal of Research & Development in Education.

[4] House E. R., Howe K. R. (1977). Values in education [M]. Thousand Oask. CA: Sage.

[5] Fetterman D., Kaftarian S. J., Wandersman, A. (1996). Empowerment Evaluation [M]. Thousand Oaks, CA: Sage.

[6] Patton, M. Q. (1997). Utilization - focused evaluation: The new century text (3rd ed.) [M]. Newbury Park, CA: Sage.

[7] [美] 尼古拉斯·亨利. 公共行政与公共事务 [M]. 张昕，译. 北京：中国人民大学出版社，2002：314.

理论、"三 E"理论、"三 D"理论[1]、顾客满意度理论[2]、绩效棱柱模型[3]、APC评估理论[4]，如表2-9所示。正如Weiss，C. H.（1998）[5]所言："评估是根据一组显性或隐性的标准，有系统地衡量一项政策或方案的执行或成果，其目的是经由此项根据的使用来改善政策或方案质量。"总之，公共服务绩效评估的核心内容是对公共服务的社会干预效果进行测量和研究。

表2-9　公共服务绩效评估理论分类

评估理论	理论要点
响应式评估理论	强调评估者要关注和满足委托人的评估需求，与委托人保持密切的合作和互动，并及时对委托人的问题做出回应。其哲学基础在于：评估者必须促进公平和公正。其方案具有很强的开放性和弹性，因此，评估的最终结论也是多元的，甚至是存在一定冲突的。评估是对各种方案进行综合说明，收集并陈述利益相关者和专家对方案实施的意见，而并非只是得到唯一的方案

〔1〕 邓国胜.公益项目评估——以幸福工程为案例［M］.北京：社会科学文献出版社，2003：9-14.

〔2〕 王名，刘培峰.民间组织通论［M］.北京：时事出版社，2004.

〔3〕 倪星，余琴.地方政府绩效指标体系构建研究——基于 BSC、KPI 与绩效棱柱模型的综合运用［J］.武汉大学学报（哲学社会科学版），2009（5）：702-710.

〔4〕 姚轶蓝.社区居家养老服务评估的系统化与政策保障［J］.绍兴文理学院学报，2014（3）：68-72.

〔5〕 Weiss, C. H. (1998). Methods for studying programs and policies ［M］. Upper Saddle River：Prentice Hall, 229-233.

评估理论	理论要点
绩效问责取向评估理论	该理论认为评估最重要的目的在于促使改进与问责。该理论要求评估既要能帮助方案得到改善，又要能审视方案的优点和价值，其优点在于能鼓励方案人员通过评估改进方案，以符合受益人的需求
CIPP 理论	评估的意义不仅仅在于确定目标是否达成，评估更加需要有助于方案的管理和改进，以提供有用的资讯作为改善的方向。该理论以背景（context）评估确定方案的目标，以输入（input）评估协助修改方案计划，以过程（process）评估指导实施策略，以成果（product）评估协助决定方案的有效性与必要性
民主审议评估理论	评估的目的在于在评估过程中通过实现民主参与来获得可辨明的评估结论。因此该评估的运作环境应是一个明确的民主架构，并要求评估者要支持民主原则，以获得有价值的评估结论，其优点在于寻求一个公正的评估，在评估的每一个阶段都努力确保各利益相关能公平地参与其中，力求不会忽略任何利益相关群体的意见
赋权评估理论	赋权评估是"使用评估概念、技巧和数据作改善及自我决定"，其价值取向是"助人自助及以自我评估与反思作为服务的改善"。赋权评估步骤是：记录现况、定下目标、发展策略来达到训练、促进、提倡、阐明与解放五个目标

续表

评估理论	理论要点
实用导向评估理论	评估的重点不是找问题和报告问题，而是为了寻找解决问题的方法。这种评估的重点在于获得评估结果的使用者想获得的信息。其意图是使评估的使用者可以通过评估结果对项目做出判断或改进。其优点在于通过引入评估结果的预期使用者的积极参与，能促使评估结果得到更深刻的理解和广泛的重视，并保证评估的结论得到更充分的利用
服务质量理论	该理论认为公共服务绩效主要来自顾客对服务质量的感知。由于服务是生产与消费同时进行，服务过程就成为决定服务质量高低的主要标准，而这种过程往往需要通过主观的方式获得，如服务的可靠性、保证性、及时性、有形性、移情性等
需求评估理论	需求评估不评估项目的结果和成效，而是集中于判断人们对考虑中的项目存在多大程度的需求。在为案主提供新项目之前，社会机构和其他机构通常要进行需求评估。有时这种评估由机构员工进行，有时则根据合同规定由专家来进行
"三 E"理论	"三 E"是指经济（Economy）、效率（Efficiency）与效果（Effectiveness）。经济是指以最低的成本维持既定服务品质的公共服务。效率是指投入与产出之比例，效率指标通常包括服务水准的提供、活动的执行、每项服务的单位成本等。效果是指公共服务实现目标的程度，它通常只关心目标或结果

续表

评估理论	理论要点
"三D"理论	"三D"是指诊断（Diagnosis）、设计（Design）与发展（Development）。诊断是指项目管理者能够正确识别项目所面临的新的管理问题，能够考虑到主要的相关利益群体的需求与利益；设计是指项目管理者能够通过适当的策略解决这些问题，能够设计解决这些问题所需要的恰当的结构与战略；发展是指一种解决项目实施过程中所遇到问题的能力，以及相应的作为学习过程的管理变革或创新
顾客满意度理论	顾客满意度是指顾客感受到的服务质量达到其期望值的程度。它包括了解顾客的需求，并能迅速、准确地回应服务对象的需要；充分具备提供服务所需的知识与技能；热心接受顾客的要求；服务态度谦虚、有礼；能够倾听顾客的不同意见；值得信赖；能够尊重顾客的隐私；被服务对象有畅通的投诉渠道等
绩效棱柱模型	以利益相关者为中心，涵盖了利益相关者的贡献、利益相关者的满意、战略、流程、能力等相互关联的五个方面
APC评估理论	APC评估理论，即对公益项目的问责性（Accountability）、项目的绩效（Performance）和实施项目的组织能力（Capacity）进行评估。APC评估理论是一个面向未来、面向发展的评估理论

第五节　社会服务评估理论

一、社会服务评估内涵

社会服务最早产生于西方国家，是社会现代化的产物。王思斌（2014）[1] 认为：社会服务是一种针对因年龄、残疾、贫困等原因造成的困难群体、弱势群体提供的服务，这种服务具有社会福利性、公益救助性等特征。由于社会服务的公共属性，社会服务缺乏市场竞争的先天不足，以及服务对象的弱势性，服务内容的多样性，正如英国学者埃里克·塞恩斯伯里（1977）[2] 教授所言："社会服务是关心有需要和困难的人，因为困难阻止了他作为个体在社会上应能够发挥的最大的社会能量……这种需要在传统上被个人和家庭的功能来解决，而目前改为由社会服务来解决。而且，社会提供了高水平的帮助过程，并不只是提供单一化的帮助；服务资源适应个人和群体的不同需要，而不是人人都一样。"导致了社会服务的绩效评估面临重重困难。

尽管社会服务绩效评估存在多种困难，但是并不意味着社会服务不需要绩效评估，也不意味着社会服务不能进行绩效评估，绩效评估是确定服务质量和价值的过程。社会服务为什么需要评

---

〔1〕 王思斌. 社会服务的结构与社会工作的责任 [J]. 东岳论丛，2014（1）：5－11.

〔2〕 Sainsbury, E. E. (1977). The personal social services [M]. London：Pitman, 3.

估？E. Chelimsky（1997）[1] 认为社会服务的评估主要是为了更好的理解和强调社会问题，具体包括以下四个原因：①改进服务，帮助社会服务运行得更好；②承担责任，评估者通常扮演监督者的角色；③生产知识，评估结果的发布为新的服务评估积累经验和知识；④公关策略，为科学决策提供支持，政府的政策要有说服力，需要详细的证明，公正的评估能为决策提供合法性和公信力。需要强调的是，社会服务评估，不是评估那些已在增加利润或扩大影响和权力的项目，社会服务针对的模板群体是社会发展过程中利益受损和经济社会地位处于相对劣势的社会成员，直接改善社会问题或相应社会需要，主要的方式是通过专业服务满足人类的需要。社会服务评估的角色是提供答案，所要回答的基本问题就是：提供了什么样的服务？更为重要的是，是否值得去做？并将评估的结果知会社会行动，从而有助于决策者的决策（陈锦堂，2008）。[2]

　　社会服务评估，是一种特殊的社会调查，需要运用社会研究程序，系统地调查社会干预的绩效，即社会服务评估需要运用社会科学的概念和技术，期望对项目的改善有用，并期望通过了解社会行动来减少社会问题。[3] 由于社会服务针对的目标群体，

---

〔1〕　E. Chelimsky（1997）. The Coming Transformations in Evaluation ［C］ // Chelimsky, E., & Shadish, W. R.（Eds.）.（1997）. Evaluation for the 21st century：A handbook. Sage Publications, 1 – 26.

〔2〕　陈锦堂. 香港社会服务评估与审核 ［M］. 北京：北京大学出版社，2008：3 – 4.

〔3〕　［美］彼特·罗西. 项目评估：方法与技术（第六版）［M］. 邱泽奇，等译. 北京：华夏出版社，2002：4.

是经济、社会地位处于劣势的社会成员，其目的是响应社会需要，因此，社会服务评估的意义就在于：社会服务是否达到目标，结果如何，以及怎样修正可以达到更好的目标。社会服务评估的基本作用是：及时发现社会服务实施过程中的问题，调整福利服务的发展方向和优先领域，确保服务目标实现和取得最好的成效。

二、社会服务评估发展阶段

根据范斌、张海（2014）[1] 的研究，社会服务评估经历了五个发展阶段：

1. 形成期（–1792）

1792 年以前评估主要以质性方法为主，1792 年情况发生了转变，事件就是 1792 年 William Farish 以量化分数作为标准来衡量成绩，取代了以前的质性评估。此后，英国的量化评估在教育、济贫、医院及公众健康领域得到实施，在美国则成立了各种组织，如白宫项目小组、国会听证会等，对服务进行评估。值得注意的是，这些机构的评估"在本质上是非正式的，但却令人印象深刻"。[2]

2. 改革期（1792–1930）

到了 20 世纪初期，"泰勒主义"的兴起，社会服务评估以系统化、标准化、追求效率为目标。而标准化测验在"一战"后

---

〔1〕范斌，张海. 社会服务评估发展的历史性观察［J］. 理论月刊，2014（3）：5–11.

〔2〕［美］斯塔弗尔比姆等. 评估模型［M］. 苏锦丽，邓国胜，译. 北京：北京大学出版社，2007：6.

得到持续发展，许多学区使用测验的结果作为评估的参考依据，评估与测验已经紧紧地联系在了一起。

3. 规范期（1930－1950）

20世纪30年代以后，系统的评估研究开始了，主要是对改善文盲、职业培训和流行病发病率等教育及公共卫生领域的评估。各学科专家开始利用更加严格的研究方法对社会服务进行评估。第二次世界大战之后，美国的社会问题日益增加，社会矛盾日渐突出，为此政府投入了大量的人力、物力和财力，在这种状况下无论是政府还是公众都需要知道其效果究竟如何。当时，比较有代表性的评估是对肯尼迪和约翰逊时代对"反贫困战争和美好生活运动"采取"成本—效益"方法的评估，但该评估的关注焦点是成本而不是收益。

4. 繁荣期（1950－1980）

为了弥合"二战"带来的创伤，政府在社会服务领域花费了大量人力、财力和物力，与此同时，对于社会服务效果如何的追问，使社会服务评估变得非常流行。比较有代表性的评估是美国的"伟大社会"评估，此后各种评估研究的著作和期刊相继问世。在短短的30年里，社会服务评估成为美国的一个产业，也使美国成为当时社会科学研究的前沿阵地。[1]

5. 整合期（1980－）

随着20世纪80年代石油危机的影响，西方国家陷入了福利

---

〔1〕　Ambron, S. R., Dornbusch, S. M., Hess, R. D., Hornik, R. C., Phillips, D. C., Walker, D. F., & Weiner, S. S. （1980）. Toward reform of program evaluation [M]. San Francisco: Jossey－Bass Publishers, 12－13.

危机之中，为了摆脱这一困境，以英国首相撒切尔夫人、美国总统里根为代表的改革派，开始了大刀阔斧的福利改革。缩减福利项目成为治理经济"滞涨"、降低财政赤字、减轻国家福利负担的重要突破口之一。社会服务评估的意义与价值不仅仅是技术测量，更是一种政治判断，而成本—效益原则成了社会服务判断的主要标准。此后，随着新公共管理运动的兴起，"参与式国家"成为政府治理的重要模式，此时，社会服务评估就"不仅仅是由国家的和跨国的参与者引起的，而且还有公民社会的组织对它产生了促进作用"。[1]

总而言之，近100年是社会服务评估发展最迅速的时期，社会服务评估进入整合的历史时期，具体表现在：①社会服务评估从政府需要转向政府与社会的共同需要；②社会服务评估从一个专业发展成一个产业，评估的目的不仅仅是研究，更在于面向未来的实践提供指导；③对社会服务评估的理解由单向度（经济）向多向度（经济、政治等）转变。[2]

三、社会服务评估模式

20世纪70年代以后，社会服务的评估模式层出不穷，学者们对社会服务评估模式进行了各种划分，如表2-10。Worthen，B. R. , & Sanders, J. R. (1973)[3] 把评估模式分为前瞻性评估

---

〔1〕 ［德］赖因哈德·施托克曼，沃尔夫冈·梅耶. 评估学 ［M］. 唐以志，景艳燕，译. 北京：人民出版社，2012：39.

〔2〕 范斌，张海. 社会服务评估发展的历史性观察 ［J］. 理论月刊，2014（3）：5–11.

〔3〕 Worthen, B. R. , & Sanders, J. R. (1973). Educational evaluation: Theory and practice ［M］. C. A. Jones Pub. Co.

与总结性评估；欧文和罗杰斯（1999）[1] 根据评估的主要性质与项目的发展阶段，把评估分为五类：前摄性评估、澄清性评估、互动性评估、监测性评估和影响性评估；Schalock，R. L. (2001)[2] 按照评估标准、评估焦点与评估结果三个维度把评估分为：消费者模式、个人模式、功能模式与成就模式；Fitzpatrick，J. L.，Sanders，J. R.，& Worthen，B. R. (2004)[3] 等学者将评估模式分为目标导向模式、顾客导向模式、管理导向模式、专家导向模式、参与模式；斯塔弗尔比姆（2007）把社会服务评估分为假评估模式、问题/方法取问评估模式、改进/绩效问责评估模式、社会议题导向模式；范斌、张海（2014）把社会服务评估分为结果导向、过程导向、整合导向。

表 2 - 10　典型的社会服务评估模式

代表人物	评估分类
Worthen，B. R.，& Sanders，J. R. （1973）	前瞻性评估、总结性评估
Owen，J. M.，& Rogers，P. （1999）	前摄性评估、澄清性评估、互动性评估、监测性评估、影响性评估

〔1〕　Owen, J. M., & Rogers, P. （1999）. Program evaluation: Forms and approaches. Sage.

〔2〕　Schalock, R. L. （2001）. Outcome - based evaluation ［M］. New York: Kluwer Academic/Plenum Publishers, 11 - 25.

〔3〕　Fitzpatrick, J. L., Sanders, J. R., & Worthen, B. R. （2004）. Program evaluation: Alternative approaches and practical guidelines ［J］. Allyn and Bacon, 52 （3）.

续表

代表人物	评估分类
Schalock，R. L.（2001）	消费者模式、个人模式、功能模式、成就模式
Fitzpatrick，J. L.（2004）	目标导向模式、顾客导向模式、管理导向模式、专家导向模式、参与模式
斯塔弗尔比姆（2007）	假评估模式、问题/方法取向评估模式、改进/绩效问责评估模式、社会议题导向模式
范斌、张海（2014）	结果导向、过程导向、整合导向

由于社会服务评估模式的纷繁复杂，并与社会服务方法、评估类型交织在一起，导致社会服务评估模式的分类比较困难。根据 George F. Mdaus（2007）[1] 的定义，评估模式就是对如何挑出及处理评估进行时所遭遇问题的一种理想化或"模范式"的看法。而在现实的评估实践中，首先遇到的问题就是：评估者侧重目标还是侧重过程（系统），这两个导向构成了社会服务评估模式的基本分类标准。

"二战"后，随着欧美国家经济的持续发展，对社会服务的资金需求快速增长，政府对于社会服务评估做出了更加明确的目标要求。社会服务评估必须围绕效率与效能的目标进行，特别是1954年美国著名管理学者彼得·德鲁克提出了目标管理理论，这一理论迅速被社会服务评估领域所实践，目标导向的评估由此

---

〔1〕 ［美］斯塔弗尔比姆等. 评估模型［M］. 苏锦丽，邓国胜，译. 北京：北京大学出版社，2007：25.

兴起。正如 Hughes, O. E. (1998)[1] 指出"组织管理模式的变革主要是注重投入和产出，而非仅仅注重投入。管理改革强调个人和机构的绩效。机构需要开发绩效指标，将其作为测评组织委完成预期目标而制定的进度方式"。目标导向评估的目的是检视服务对象透过一连串活动后，目标的达成程度（Goal Accomplishment），评估重点是强调对已经订立的目标的检讨，至于用什么方式或介入过程并非重点。早期的标准化测验、目标本位研究，以及后来的绩效问责、成本—收益分析都属于这一导向下的评估模式。

随着社会服务评估活动的增加以及新知识的产生，学者们注意到"目标导向"评估存在很多问题，赖因哈德·施托克曼（2008）[2] 认为其存在问题是：①目标的描述很不准确，并且表现出一般性的特征；②官方目标与实际中所遵循的目标可以相互分离；③随着时间的推移，目标很多情况下会发生变化，所以就存在着只是根据完全不再相关的目标来对目标实现进行评价的风险；④在项目转化过程中有众多参与者，他们可以遵循各自不同的目标，这就出现了一个问题：应当按照哪些目标来测量所得的结果的困境；⑤如果从目标维度出发，就存在着非预期性效果有计划的消失的风险。基于"目标导向"评估中出现的问题，Am-

〔1〕 Hughes, O. E. (1998). Public management and administration [M]. Palgrave Macmillan, 36.

〔2〕 ［德］赖因哈德·施托克曼. 非营利机构的评估与质量改进：效果导向质量管理之基础 [M]. 唐以志，景艳海，译. 北京：中国社会科学出版社，2008：191 - 192.

bron, S. R. (1980)[1] 指出："对于评估来讲, 把重心放在一个项目是否达到了它的目标是不明智的。"在这种情况下, 系统导向评估模式开始形成并不断完善, 系统导向评估则集中探讨服务的提供机制与运作过程, 如资源投入、调配或者系统的协调性等方面, 服务最终能否达到目标亦非其最关注的, 其理念是如果我们能确保服务提供的机制符合要求, 服务绩效就能保证。

---

〔1〕 Ambron, S. R. , Dornbusch, S. M. , Hess, R. D. , Hornik, R. C. , Phillips, D. C. , Walker, D. F. , & Weiner, S. S. (1980). Toward reform of program evaluation [M]. San Francisco: Jossey - Bass Publishers, 5.

第三章
基于程序逻辑模式的社区居家养老服务
绩效评估模型构建

　　社区居家养老服务绩效评估指标体系的构建，是一个复杂的系统流程，它包括社区居家养老服务绩效评估指标的影响因素、绩效评估目标的分解、绩效指标维度的确立、绩效评估指标的构建、绩效评估指标的筛选、绩效评估指标权重的确定等环节，如图3-1所示。

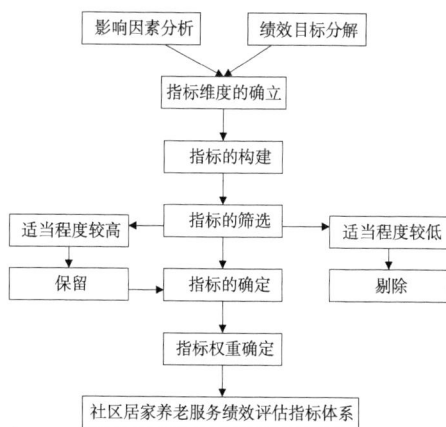

图3-1　社区居家养老服务绩效评估体系构建流程图

第一节　社区居家养老服务绩效及其绩效评估模式

一、社区居家养老服务及其绩效特征

正如我国台湾学者黄协源（2005）[1] 所言：服务不同于一般的产品，它具有诸多与一般产品不一样的特性，如无形性、及时性、不可分割性、异质性等。社区居家养老服务是一项专门为社区老年人提供的基本养老服务，属于典型的社会服务范围。此外，社区居家养老在我国老龄事业中的基础性地位，使其具有了准公共品属性；由于我国老年人口庞大以及"未富先老"的国情，居家养老无法完全以福利形式由政府向国人无偿提供，需要动员市场、社会、家庭、志愿者、民营机构、社区等多方面力量共同参与，因此社区居家养老服务属于准公共品性质的公共服务，或者称为"限价公共服务"（郭竟成，2016）[2]。作为一种为老年人服务的服务，除了具备一般服务产品无形性、及时性、异质性和不可贮存性等特点之外，还有自身独特的特性。

---

〔1〕 黄协源．民主观点社会服务的内涵与管理措施之探讨［J］．台大社工学刊，2005（11）：45–87．

〔2〕 郭竟成．居家养老研究：来自浙江的调查与思考［M］．北京：中国社会科学出版社，2016：25–26．

表3-1　社区居家养老服务与一般服务的区别

	社区居家养老服务	一般服务
服务对象	老年人	消费者
服务内容	多样化	具体化
目标追求	社会关怀、公平正义	利润
服务环境	不确定性	固定
服务主体	多元化	单一
测量特征	难以测量和标准化	易测量和标准化
服务输出	质量保证可能带来社会排斥	质量保证带来利润和满意度
利益相关者	政府、市场、家庭、社会，比较复杂	比较单一（市场）

如表3-1所示，在服务对象上，社区居家养老服务为老年人，一般服务为消费者；在服务内容上，社区居家养老服务包括了助餐、助洁、助医、康乐服务等内容，服务多样化，一般服务的内容非常具体、明确；在目标追求上，社区居家养老服务以关怀老年人和促进社会公平正义为目标，一般服务的目标就是利润；在服务环境上，社区居家养老服务面临的环境具有高度的不确定性，需要根据老年人的需求来改变，一般服务的环境基本上比较固定；在服务主体上，社工、社区居家养老服务人员、志愿者等都可以成为社区居家养老服务的主体，因此主体非常多元化，一般服务的服务主体相对单一；在测量特征上，社区居家养老服务很难进行标准化，而一般服务绩效测量比较容易，而且也

能标准化；在服务输出上，社区居家养老服务的质量保证可能带来社会排斥（张再云，2013）[1]，一般服务的质量保证可以带来消费者的满意度和增加商家的利润；在利益相关者上，社区居家养老服务涉及政府、家庭、社会、老年人等利益主体，比较复杂，而一般服务的利益主体比较单一。

社区居家养老服务的以上特点，决定了社区居家养老服务绩效的复杂性，这也直接影响了对社区居家养老服务的绩效评估：

第一，由于社区居家养老服务的"限价公共服务"性质，决定了社区居家养老服务在本质上不以盈利为目的，而以服务惠泽社群为核心价值。这种社会价值凌驾于单纯收益的模式，不能简单地套用商品的计量方式，给社区居家养老绩效衡量增加了难度。

第二，社区居家养老服务内容的多样化、供给主体多元性和服务享受人群的复杂性，对服务绩效标准的确定增加了不确定性。社区居家养老服务的绩效从提供资助的政府、输送的第三方或享受服务的老年人，评价不一，标准各异。

第三，社区居家养老的服务对象均为老年人，并且包括不少高龄或者行动不便的老年人，由于老年人本身的身体状况以及其自身的弱势地位，在评价社区居家养老服务绩效中，会出现老年人对服务绩效的评分与实际感知不一致的状况（章晓懿，2012）[2]，这

---

〔1〕 张再云. 社会服务品质评估的范式转换研究——从组织理性到制度公正[J]. 江汉学术，2013（3）：14-20.

〔2〕 章晓懿. 城市社区居家养老服务质量研究[D]. 镇江：江苏大学，2012：64.

就对社区居家养老服务绩效产生重要影响。

二、社区居家养老服务绩效评估内涵

由于社区居家养老服务的特殊性，再加上我国社区居家养老服务处于初期发展阶段，给社区居家养老服务绩效评估带来了很大困难。由于绩效评估是确定社区居家养老服务质量和价值的过程，正如威廉·N．邓恩（2011）[1]指出："评估的主要特征是促成了本身具有评价性的主张。这里的主要问题不是某个事实或某种行为，而是某种价值观念。"社区居家养老服务绩效评估"不仅仅是一项技术工作，作为一个领域，评估研究已经远远超出了学校社会科学的围墙"，[2]借助邓恩的分析，我们将社区居家养老服务绩效评估的内涵概括为以下四点：

第一，价值中心——评估关注对政策和项目有用性或价值的判断。社区居家养老服务的绩效评估主要是为了确定其价值或社会效用，而不是简单地收集预期的和非预期的结果方面的信息。

第二，价值—事实相互依赖——评估对事实的依赖与对价值的依赖一样多。社区居家养老服务绩效评估的价值判断，必须以事实依据为基础，因此，必须注重价值与事实间的互动。

第三，当前和过去的倾向——评估主张倾向于当前的和过去的结果，而不是未来的结果。社区居家养老服务绩效评估不同于政策倡议，其重点不仅在于未来的建议，更在于对过去与现在情

〔1〕［美］威廉·N．邓恩．公共政策分析导论（第4版）［M］．谢明，伏燕，朱雪宁，译．北京：中国人民大学出版社，2011：248.

〔2〕陈锦棠．香港社会服务评估与审核［M］．北京：北京大学出版社，2008：10.

况的分析。绩效评估要分析社区居家养老服务当前的发展状况，发展是否按照既定目标进行；同时，评估也需要收集过去发展的检验成果，才能进行比较完整的评估。

第四，价值的双重性。社区居家养老服务绩效评估所处理的价值具有双重性，既是目的也是手段，目的是内在的，而手段是外在的。社区居家养老服务的内在价值是不断提高老年人的生活质量，而老年人的生活质量又能反映出国家"尊老爱幼"这一外在价值。

三、社区居家养老服务绩效评估模式选择

由于社区居家养老服务的特殊属性，及其社区居家养老服务绩效的特点，社区居家养老服务绩效评估模式的选择，与一般服务绩效评估模式有很大的区别。

从现有的绩效评估理论来看，当前最流行的主要有"三 E"理论、"三 D"理论、服务质量理论和顾客满意度理论等，每一种理论的提出都依据于一定的背景和现实条件，都有其科学性和合理性，但也有其适用范围与局限性。然而，毫无疑问，构建我国社区居家养老服务绩效评估理论应当从中国的实际出发，只有这样才有可能对症下药，真正推动社区居家养老服务事业的发展。"三 E"理论虽然有助于提升服务提供者的效率，但在保证服务的公平性方面有一定的局限性；"三 D"理论虽然有助于提升服务的公平性，但在提高服务效率和保证服务质量方面有一定的局限性；服务质量理论虽然从质量角度探讨服务的绩效，但是其视角比较狭窄，不能涵盖社区居家养老服务的绩效面；顾客满意度理论虽然对提升服务品质有一定的作用，但在其他方面作用

较小。也就是说，现有的评估理论并不是非常适用于我国的社区居家养老服务绩效评估。我们应该采取什么评估模式，对社区居家养老服务绩效进行评估？正如美国学者斯塔弗尔比姆（2007）[1]所言："与其从我们本身偏好的方法着手，不如从可以且应该探讨的评估问题与议题以及可供使用的资源开始考量。每一个评估途径都有其特殊的优点，能启发方案的各个不同面向。"鉴于目标导向评估模式及其系统导向评估模式的缺陷，社区居家养老服务绩效评估必须采取其他模式进行评估。

在梳理目标导向评估模式及其系统导向评估模式的基础上，整合导向的评估模式以混合主义评估范式作为方法论支撑，结合了目标导向评估模式和系统导向评估模式的优点，使研究过程更加清晰，研究结果更全面、更完整展现事物的内部与外部逻辑。因此，整合导向的评估模式实际上是一种既关注服务结果也关注服务过程的评估模式，在评估方法上结合定量与定性。它强调对现实问题的解释与指导，因此，逐渐成为现阶段流行的评估模式。

就社区居家养老服务绩效评估而言，由于利益相关者的多元化，对其绩效评估我们不仅仅关注社区居家养老服务的结果和效益，也关注服务的生产过程，这都与整合导向的评估模式相吻合。此外，社区居家养老服务涉及政府、社区、家庭、社会组织、市场组织等众多主体，绩效评估如何反映这些多主体的需求也是评估的关键，而整合导向的评估模式"更加强调评估内容和评估

---

〔1〕　〔美〕斯塔弗尔比姆等. 评估模型〔M〕. 苏锦丽，邓国胜，译. 北京：北京大学出版社，2007：31.

过程与社会服务利益相关者们的关联"。(范斌、张海，2014)[1] 因此，社区居家养老服务绩效评估采用的模式是整合导向的评估模式。

第二节　社区居家养老服务绩效评估模型构建

一、程序逻辑模式的适用性分析

（一）程序逻辑模式的概念

程序逻辑模式（Program Logic Model）是一个协助活动推行者以逻辑分析其活动资源投放及其成效要求是否平衡。其运作可用简单图像方式（A Picture of the Program）来表达服务或计划不同环节的关系，其中展示了资源投放（inputs）、所提供的活动和服务（outputs）以及其成效（outcomes）之间的关系，而这种关系是一种逻辑性和合理性的因果关系（if – then relationship）。[2] 程序逻辑模式诞生于 20 世纪 70 年代的美国威斯康星州大学（University of Wisconsin – Extension – Cooperative Extension）。在 20 世纪 70 年代美国一片资源问责的前提下，美国威斯康星州大学开始实践程序逻辑模式协助活动推行者做服务计划及检讨，其重点是倡导活动及其成效的逻辑关系，从而确保活动于合理的条件

---

〔1〕 范斌，张海. 社会服务评估发展的历史性观察［J］. 理论月刊，2014 (3)：5 – 11.

〔2〕 陈锦堂. 社会服务成效评估：程序逻辑模式之应用［M］. 香港基督教女青年会，2006：43.

下能达到其预期的成效。让资源用得其所，成效达之有理。事实上，就其起源来看，私营部门、政府部门和公共部门的管理实践，与评估研究专业人员的实践，都对程序逻辑模式的发展起到了十分重要的促进作用（Taylor – Powell，2009)[1]。程序逻辑模式得到世界各地社会服务项目评估的采用，包括美国及我国台湾地区联合劝募会、香港儿童及青少年服务、台湾弱势家庭服务等。

（二）程序逻辑模式的要素

孔普法（Kumpfer）等人认为，程序逻辑模式通常包括问题阐述、针对这些问题的活动和干预、项目结果三个方面；而 Julian，D. A.（1995)[2]等将长远影响作为程序逻辑模式的第四个要素。上述要素虽然揭示了程序逻辑模式的图像表达，但是还需要进一步的细化，我们认为美国威斯康星州大学七个环节的划分更加合理，结构如图 3 - 2。

---

〔1〕Taylor – Powell, E. Ellen Henert. (2009). Developing a Logic Model: Teaching and Training Guide [EB/OL]. http://uwex/edu/ccs/pdandc.

〔2〕Julian, D. A. (1995). Open Systems Evaluation and the Logic Model: Program Planning and Evaluation Tools [J]. Evaluation and Program Planning, 18 (4): 333 - 341.

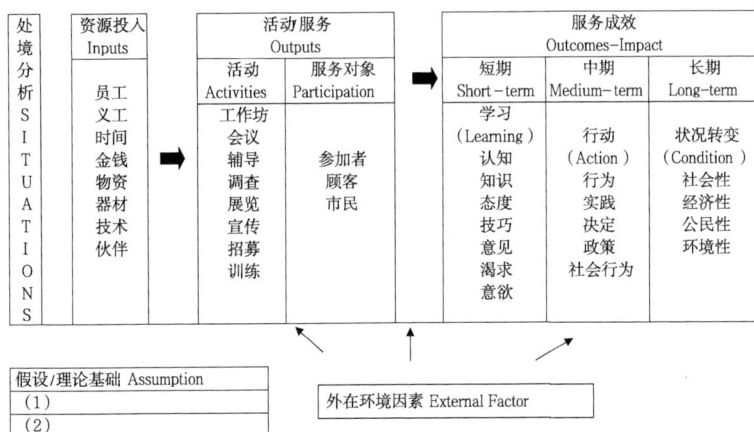

处境分析 S I T U A T I O N S	资源投入 Inputs	活动服务 Outputs		服务成效 Outcomes-Impact		
		活动 Activities	服务对象 Participation	短期 Short-term	中期 Medium-term	长期 Long-term
	员工 义工 时间 金钱 物资 器材 技术 伙伴	工作坊 会议 辅导 调查 展览 宣传 招募 训练	参加者 顾客 市民	学习 (Learning) 认知 知识 态度 技巧 意见 渴求 意欲	行动 (Action) 行为 实践 决定 政策 社会行为	状况转变 (Condition) 社会性 经济性 公民性 环境性

假设/理论基础 Assumption
(1)
(2)

外在环境因素 External Factor

图 3-2　成效导向的程序逻辑模式

资料来源：University of Wisconsin – Extension Cooperative Extension Program Development and Evaluation，2002.

从图 3-2 得知，程序逻辑模式包括以下七个要素：

第一，资源投入（Inputs）：是指在服务或活动中所投放的资源，其中包括时间、人力、财力、活动物资和设备等，这些将有助于服务或活动的发展。

第二，活动/服务（Outputs）：向服务对象提供的活动和服务，这些活动和服务数量的多少，则是成效的一部分。另外，活动/服务亦会关注谁是该服务的受众或谁该是受众才能达到活动的成效。

第三，服务成效（Outcomes – Impact）：是活动和服务为个人、家庭、组群、社区和机构所带来的益处和转变，甚至是一些比较长远的影响；其中所产生的转变可分为长、中及短期的成效，而这些成效所带来的转变可以是增长（如青少年认识吸烟的危害）或减少（如青少年吸烟次数逐步减少）的。短、中、长期的成效另一表达方式可以是学习（learning）、行动（actions）和状况的转变（conditions）。

第四，假设/理论基础（Assumptions）：是指在推行整个活动和服务计划时，对服务对象所持有的信念、活动过程中需要遵守的重要原则或达到成效的理论框架。假设/理论基础能指引员工如何订立整个活动和服务计划的方向，以及整个活动和服务计划的重点所在。

第五，处境分析（Situations）：是指活动和服务推行时的状况或背景因素，即社会工作介入时对问题的理解或需要的分析，这些分析便成为推行该项目活动或服务的依据所在。成效的订立与处境分析有着密切的关系，假如工作人员对处境分析不够全面或未能做出清晰而准确的判断，则容易造成订立一些不合理的成效或未能适切地响应服务对象的需要。

第六，外在环境因素（External Factors）：是指一些影响活动和服务成果的处境和外在的因素，这些因素是不可控制的，是推行活动时的一些限制性因素，而这些因素有机会影响活动的成功与否。

第七，各部分的逻辑关系（Logic Link）：程序逻辑模式理论依据是"成效为本，逻辑导向"及"有根有据，环环相扣"。①成效为本，逻辑导向。程序逻辑模式的各部分关系是以活动或服务成效为核心，意思是各部分的调协均是期望能达到活动或服务的成效；②有根有据，环环相扣。凡事均需要有根有据，最后方能证实活动的成效是基于该活动计划的推行。有时会因为部分内容的转变而导致其他部分的相互协调，这也是环环相扣的意思。

（三）程序逻辑模式的特点

程序逻辑模式以逻辑关系贯穿目标导向评估与系统导向评估两种方法，不单单只是全面度量活动成效（目标），还顾及成效与活动的服务量与资源投放的逻辑关系，令评估的范畴更全面，这是程序逻辑模式特点之一，即整合了目标导向评估与系统导向评估两种方法，使评估更加全面。

程序逻辑模式第二个特点是其评估焦点十分清晰。作为一种社会服务评估工具，程序逻辑模式评估的主要元素包括目标、焦点、层次、机制、程序和预期目的，其作为强化达到成效的工具，其目标和焦点是以"成效为本"，因此非常清晰。

程序逻辑模式第三个特点是其应用范围十分广泛。有活动层面（Program Level）、服务层面（Services Level）、单位层面（Unit Level）及机构层面（Agency Level）甚或更大的计划，例如城市规划。无论计划有多么大，逻辑联系（Logic Links）是不同环节的核心关系。这些逻辑联系可以是横向的（Vertical）也可以是纵向的（Horizontal），环环相扣，互相配合。因此，以逻辑关系来确定服务成效不单单只是应用于活动之内，还可以推广至服务计划、单位运作甚至整个机构。按逻辑关系，成功推行一连串的活动反映服务层面的成效，不同服务的整合及效益标志着单位层面的绩效；不同单位的理想表现则能营造机构层面的成效。

正是基于程序逻辑模式的以上特点，本研究采用程序逻辑模式，对社区居家养老服务绩效进行评估。程序逻辑模式与社区居家养老服务绩效评估的契合点在于：

第一，程序逻辑模式评估的目标、焦点、层次、机制、程序和预期目的这些主要元素中，在兼顾这些要素中，把焦点放在成效上。而社区居家养老服务的绩效评估，其绩效中效果性（成效）是排在第一位[1]，因此非常契合程序逻辑模式的"成效为本"。

第二，程序逻辑模式在以"成效为本"的同时，以逻辑联系贯穿活动推行过程和成效，是目标导向评估与系统导向评估并重。前文已经论述，社区居家养老服务绩效评估无论是采用目标导向评估方法或者系统导向评估方法，单一的方法都存在其缺陷，而程序逻辑模式整合了两种方法的优点，在强调实现既有目标的同时，也强调服务的过程与结果，而且社区居家养老服务绩效评估整个过程沿着"投入—产出"的逻辑关系展开，因此逻辑关系更加明晰。

第三，在评估机制及过程方面，程序逻辑模式包括了活动层面、服务层面、单位层面及机构层面等众多领域，而社区居家养老服务利益相关者众多，包括老年人、政府、家庭、社会等，因此，社区居家养老服务绩效评估就包括了政府投入环节、服务提供机构的过程质量控制环节、服务产出与老年人满意度等多个方面，因此，程序逻辑模式契合社区居家养老服务绩效评估。

二、程序逻辑模式的改进

社区居家养老服务作为一种典型的社会服务，程序逻辑模式

---

〔1〕 章晓懿. 社区居家养老服务绩效评估指标体系研究〔J〕. 统计与决策，2012（24）：73 – 75.

在"成效为本"的目标下，兼顾目标导向评估和系统导向评估优点，因此将程序逻辑模式运用于社区居家养老服务绩效评估研究具有科学性和合理性。

然而，社区居家养老服务也有其特殊性。首先，从性质上看，社区居家养老服务是为了满足老年人养老的基本需求，需要政府、老年人、家庭共同付费，具有一定福利性质的"限价公共服务"。[1] 其次，从服务对象看，社区居家养老服务不仅包括普通老年人，而且更加注重老年人中的贫困群体、高龄群体与独居群体。由于这些群体在很大程度上属于社会的弱势群体，在一定程度上对社区居家养老服务的绩效评估带来困难。由于服务性质与服务对象的特殊性，社区居家养老服务的发展过程、运作、收费等都必须在政府政策规制下进行。最后，程序逻辑模式中的成效要素中，把服务成效划分为短期、中期与长期成效，并通过学习、行动和状况的改变来观察成效。由于老年人群体的独特性，要想获得社区居家养老服务对其成效的影响比较困难，而服务的提供与老年人身体状况的改变是否有线性联系还有待观察，"项目产出并不必然意味着项目的目标对象已经实际发生变化或者项目已经导致他们以某些方式发生变化"。（彼得·罗希，2007）[2] 因此我们在采用程序逻辑模式的时候，对于成效指标，我们采用"老年人满意度"这一指标来代替。

---

〔1〕 郭竞成. 中国居家养老模式的选择［J］. 宁波大学学报（人文科学版），2010（1）：106－111.

〔2〕 ［美］彼得·罗希，马克·李普希，霍华德·弗里曼. 评估：方法与技术（第七版）［M］. 邱泽奇，译. 重庆：重庆大学出版社，2007：143.

三、绩效模型的确定

系统整合评估既能确保服务提供有规范的机制和程序，也能确保服务提供后各方（服务提供者、服务使用者、政府）目标能够达成（陈锦堂，2008）。[1] 结合社区居家养老服务的特点，以及程序逻辑模式的要求，本研究构建了一个"基于程序逻辑模式的社区居家养老服务绩效系统整合评估模型"，对社区居家养老服务绩效评估，如图 3-3 所示。

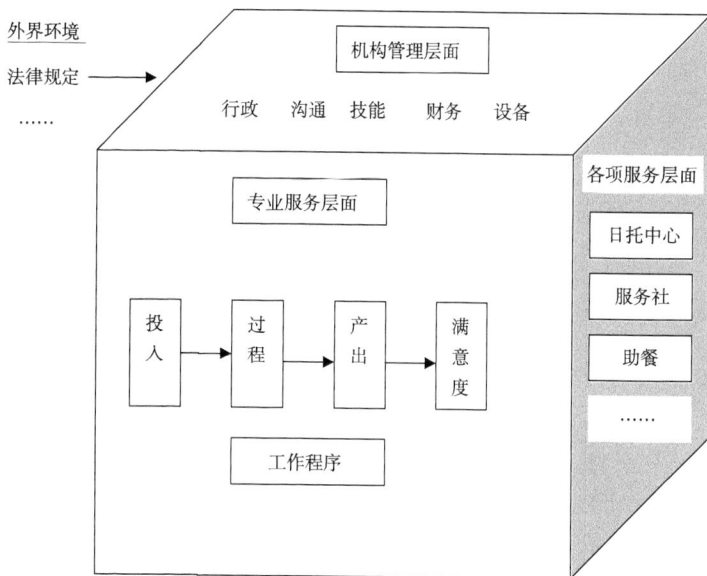

图 3-3 基于程序逻辑模式的社区居家养老服务绩效系统整合评估框架

---

〔1〕 陈锦堂. 香港社会服务评估与审核〔M〕. 北京：北京大学出版社，2008：206.

"基于程序逻辑模式的社区居家养老服务绩效系统整合评估模型"包括了评估的六个要素和四个层次，具体内容如下：

（一）六个要素

第一，目标：评估的目标包括内部监察，强调提升服务水平；外部问责，保证评估独立性并监督服务水平的提高。

第二，范畴：服务机构的使命、愿景、财务状况、服务流程、公信力等。

第三，层次：包括机构生存的政治经济的宏观环境，机构管理的中观环境和社区居家养老服务开展的微观环境。

第四，机制：服务机构的运行、监督与保障机制。

第五，过程：评估过程的原则、程序以及评估方式。

第六，预期结果：对利益相关者的交代或责任。

专业服务层面：强调服务的程序，例如，与服务对象的接触、提供服务及其评估服务的绩效。

（二）四个层次

第一，机构层面：强调资源的运用和管理，其中包括人员、财务、流程、行政、设备等。

第二，各项服务层面：由于不同服务对象有不同的需求，所以各项服务（助餐、助洁、助医、精神慰藉等）也要因不同服务目标、特性做出调整。

第三，各项服务对象层面：由于不同服务对象有不同的需求，所以各项服务业要因不同的服务目标、特性和需要做出调整。

第四，外界环境：由于经济社会的发展、法制的完善等，民众对服务的意识提升了，他们对本身的权益、法律授予的权利也需要保障。

此外，这一模型也包括了专业服务层面：强调服务的程序，例如，与服务对象的接触、提供服务及其评估服务的绩效。

第三节 社区居家养老服务绩效评估指标设计

什么是指标？指标源自拉丁语中的"indicare"，原意是指明、说明的意思。Fitz – Gibbon（1990）[1] 认为：指标是指一种具体代表系统表现的等距（interval）资讯项目。所谓等距资讯即是统计学上关于变项的一种分类，指该变项具有可以区分种类、大小及具有相同单位的特征；赖因哈德·施托克曼（2008）[2] 认为：指标就是"运用经验的方法将不能直接测定的现象清楚明白地表现出来。指标通常说明某种状况（例如对服务的满意度、使用的特性、仪器的状态灯）、表明某种绩效（例如速度、考试分数、产量等）或测定某种状态（例如油耗、能耗、有害物质排放等）"。因此，指标应该有"参照点"才具有比较意义。常用的"参照点"分为三类：常模参照——以其他的个体、地区或制度为参照点；标准参照——以讨论所设定的标准为

---

〔1〕 Fitz – Gibbon，C. T.（Ed）.（1990）. Performance indicators（Vol. 2），Multilingual Matters.

〔2〕 ［德］赖因哈德·施托克曼. 非营利机构的评估与质量改进：效果导向质量管理之基础［M］. 唐以志，景艳燕，译. 北京：中国社会科学出版社，2008：234–235.

参照点；自我参照——与过去的表现相对照，就社区居家养老服务绩效评估而言，本书以标准参照为主。

指标设计必须防止"绩效悖论"（Performance Paradox）的出现，绩效悖论是指衡量绩效的指标和真实的绩效之间联系微弱，其产生的原因是因为绩效指标有随着时间的变化而过时的趋势。他们会失去作为衡量绩效尺度的价值。Meyer、Gupta（1994）[1]指出：这种情况由四个过程引起，第一个过程叫正面学习（positive learning），指随着绩效的改善，绩效衡量指标失去了灵敏性；第二个过程是歪曲性学习（perverse learning），即尽管机构的绩效在改善，但是实际上没有真正改善，甚至可能在恶化；第三个过程是挑选（selection），指用好的执行人代替差的执行人，以减少绩效的差别；第四个过程是绩效掩盖（suppression），指忽视绩效的差别，为解决这一问题，他们建议应该使用大量的、互不关联的，但是具有可比性的指标来评价它们的绩效。从图3-3的评估框架，我们通过"专业服务层面"进行设计，通过"服务投入——服务过程——服务产出——服务满意度"的逻辑方式，对社区居家养老服务的绩效评估指标进行设计。在确定了四个一级指标后，二级指标与三级指标的确立就是本书研究的一个重点与难点。

一、初始研究服务投入层面指标

虽然社区居家养老服务具有一定的福利性质，属于"限价公

---

[1] Meyer, M. W. Gupta, V. (1994). The performance paradox [J]. Research in Organizational Behavior, 16: 309-369.

共服务"，但是由于中国老年人口基数庞大且增长速度较快，从我国现有的基本国情来看，完全通过政府筹资的方式，向老年人免费提供服务是不现实的，也不具有可持续性，因此，社区居家养老服务的投入必须多元化，由政府、家庭、老年人等共同分担。资金的多少在一定程度上也影响到社区居家养老服务的发展质量，正如苏珊·特斯特（2002）[1] 所言："就服务供给而言，资金的水平、数量，以及资金的来源渠道将影响福利体系的结构及服务的质量和数量。对于需要照顾的老人来说，能否求助于其他福利并得到这些服务，取决于他们是否得到诸如退休金、补助金和其他资金的资助"。

从服务投入层面上看，社区居家养老服务的投入是指国家、社会与家庭老年人对社区居家养老服务的投入，主要包括人力、财力、物力投入三个方面。在人力投入方面，主要选取了：社区居家养老管理人员数、社区居家养老社工人数、服务社服务人员数、日托中心服务人员数、志愿者总人数、合作伙伴（与服务社、日托中心、助餐点有关）数量等七个指标。在财力投入方面，主要选取了：社区居家养老服务政府总投入，老年人获得政府补贴总额，社会捐助总额，服务收费总额，日托中心、助餐点、社区居家养老服务中心（含服务社）运营补贴总额，社区居家养老服务人员业务培训投入六个指标。在物力投入方面，主要选取了助餐点、日托中心、社区居家养老服务中心（含服务社）服务用房面积总和，老年人服务（活动）设施（老年活动

---

〔1〕〔英〕苏珊·特斯特. 老年人社区照顾的跨国比较〔M〕. 周向红，张小明，译. 北京：中国社会出版社，2002：33.

室、爬楼机等）价值两个指标。初始研究服务投入层面指标如表3-1所示。

表3-1 初始研究服务投入层面指标

A1 服务投入层面指标
B1 人力投入
C1 社区居家养老管理人员数与接受服务老年人数之比 C2 社区居家养老社工数与接受服务老年人数之比 C3 服务社服务人员数与接受服务老年人数之比 C4 助餐点服务人员数与接受服务老年人数之比 C5 日托中心服务人员数与接受服务老年人数之比
C6 志愿者总人数与接受服务老年人数之比 C7 合作伙伴（与服务社、日托中心、助餐点有关） 数量与接受服务老年人数之比
B2 财力投入
C8 社区居家养老服务政府总投入与区域社会保障支出之比 C9 老年人获得政府补贴总额与获得补贴老年人数之比 C10 社会捐助总额与区域老年人数之比 C11 社区居家养老服务收费总额与区域老年人数之比 C12 日托中心、助餐点、社区居家养老服务中心（含服务社） 运营补贴总额与区域老年人数之比 C13 社区居家养老服务人员业务培训投入与服务人员数之比
B3 物力投入

续表

C14 助餐点、日托中心、社区居家养老服务中心（含服务社）
服务用房面积总和与接受服务老年人数之比
C15 社区标准化老年活动室价值与接受服务老年人数之比

二、初始研究服务过程层面指标

朱利安·勒·格兰德（2010）[1] 指出："对公共服务的真正用户来说最重要的可能有两个，一个是与过程有关的定义，尤其是对待用户的礼貌和周到。"社区居家养老服务的服务过程，也就是服务的输送过程，对社区居家养老服务过程的评估，在一定程度上弥补了很多学者先前对过程的忽视。社区居家养老服务的输送在很大程度上决定了社区居家养老服务的质量，也影响到了老年人的服务满意度，因此，我们必须重视社区居家养老服务的过程及其过程评估，美国学者尼古拉斯·亨利（2002）也说过："过程评估有助于确定特定项目对其顾客群体的影响，……而且也能够有助于回答责任问题"。[2] 由于上海市社区居家养老服务采用服务外包的方式，政府把社区居家养老服务外包给第三方机构（主要包括有官方背景的社会组织、草根民间组织、民非等），因此，社区居家养老服务过程绩效的衡量主要是指对这些服务输送机构及其相关服务队伍的绩效评价。服务输送过程就是

〔1〕［英］朱利安·勒·格兰德. 另一只无形的手：通过选择与竞争提升公共服务［M］. 韩波，译. 北京：新华出版社，2010：3.

〔2〕［美］尼古拉斯·亨利. 公共行政与公共事务（第八版）［M］. 张昕，译. 北京：中国人民大学出版社，2002：326.

把服务产品输送给老年人的过程（王莉莉，2013)[1]，服务输送质量的高低也就决定了服务过程绩效的大小，我们借鉴程龙生(2011)[2] 的服务质量理论，把社区居家养老服务输送质量概括为：服务支撑能力与服务交互质量。

机构支撑能力反映的是服务机构如何为服务人员的服务提供支撑条件，机构支撑能力能改进人员信息沟通、优化资源配置，这对于提升组织内部效率以及外部形象具有重要意义。对于社区居家养老服务机构而言，其对社区居家养老服务人员的支撑主要体现在：行政管理、信息沟通、服务流程、财务管理、设备管理等方面。在此，我们选取了以下五个指标——流程规范：建立完善的服务流程制度；信息系统：建立完善的数据信息系统；财务管理：订立明确的服务收费方式、标准及开列收费收据；设备管理：拥有提供服务的相关器材设备；设备管理：器材设备定期维修保养，并适时地更新。

而服务交互质量是指顾客在接受服务的过程中对服务人员、事件处理和信息的感知，正如菲利普·海恩斯（2008)[3] 所言："公共部门的工作人员在开发积极的、创造性的和有效的交互过程以及结果中也扮演着重要角色"。服务交互质量主要是从服务人员角度来评价服务过程绩效，在这里我们采用 PZB 提出的 SE-

---

〔1〕 王莉莉. 基于"服务链"理论的居家养老服务需求、供给与利用研究[J]. 人口学刊，2013 (2): 49 – 59.

〔2〕 程龙生. 服务质量评价理论与方法 [M]. 北京：中国标准出版社，2011：53 – 54.

〔3〕 [英] 菲利普·海恩斯. 公共服务管理的复杂性 [M]. 孙健，译. 北京：清华大学出版社，2008：176.

RVQUAL 模型。A. Parasuraman、Valarie A. Zeithaml 和 Leonard L. Berry 三人基于服务的无形性、异质性、同时性等特征，于 1985 年提出十项决定服务质量的因素，包括：可靠性、响应性、胜任性、接近性、礼貌性、沟通性、可信性、安全性、理解性、有形性；在 1988 年的进一步研究中，他们把十个要素精简为五个：有形性、可靠性、响应性、保证性、移情性。SERVQUAL 模型五个维度说明如下：

（1）有形性。有形性是指有形的设施、设备、人员以及沟通材料的外表。有形的环境条件是服务人员对顾客照顾和关心的具体表现。

（2）可靠性。可靠性就是服务机构可靠地、准确地履行服务承诺的能力，可靠的服务行动是顾客所希望的，它意味着服务以相同的方式、无差错地准时完成。

（3）响应性。响应性是指服务人员愿意且主动协助顾客解决问题，并迅速提升顾客需要的服务。让顾客等待，特别是无原因的等待，会对交互质量造成消极的影响。

（4）保证性。保证性是指员工具有的知识、礼节以及表达出自信和可信的能力。保证性有以下特征：完成服务的能力、对顾客的礼貌和尊敬、与顾客有效地沟通以及将顾客最关心的问题放在心上的态度等。

（5）移情性。移情性是指机构设身处地的为顾客着想，并对顾客给予特别的关注，其特征包括：接近顾客的能力、有效地理解顾客的需求等。

在社区居家养老服务的交互质量指标的选取上，我国学者章晓懿教授（2011）[1] 在这方面有深入的研究，她根据社区居家养老服务的特点，把 SERVQUAL 五维度中的"有形性"改为"可感知性"，并指出老年人更加在意服务的直接感知，老年人不仅仅通过视觉，也通过味觉、触觉和听觉等多种感官来感知服务质量。因此，我们在社区居家养老服务的交互质量中，借鉴章晓懿教授的观点，采用可感知性、可靠性、响应性、保证性、移情性五个维度进行设计。

服务交互质量五个维度指标为——可感知性：服务人员服务周到细致；可靠性：拥有相应专业上岗证，并保证质量地完成服务项目；保证性：服务人员工作准时，不拖拉；响应性：服务人员服务态度诚恳、有礼貌；移情性：服务人员设身处地地关心老年人，给予人性化的服务。

综合以上分析，社区居家养老服务过程层面指标如表3-2所示。

表3-2　初始研究服务过程层面指标

A2 服务过程层面指标
B4 机构支撑能力
C16 流程规范：建立完善的服务流程制度
C17 信息系统：建立完善的数据信息系统
C18 财务管理：订立明确的服务收费方式、标准及开列收费收据
C19 设备管理：拥有提供服务的相关器材设备
C20 设备管理：器材设备定期维修保养，并适时地更新

〔1〕　章晓懿，刘邦成．社区居家养老服务质量模型研究——以上海市为例〔J〕．中国人口科学，2011（3）：83-92．

B5 服务交互质量
C21 可感知性：服务人员服务周到细致
C22 可靠性：拥有相应专业上岗证，并保证质量地完成服务项目
C23 保证性：服务人员工作准时，不拖拉
C24 响应性：服务人员服务态度诚恳、有礼貌
C25 移情性：服务人员设身处地地关心老年人，给予人性化的服务

三、初始研究服务产出层面指标

根据英国学者朱利安·勒·格兰德（2010）[1] 的观点，良好的公共服务至少包含五个基本属性，即"良好的公共服务应该具备高品质，高效的运行和管理，对用户的需要和需求做出积极反应，而且与此同时向纳税人负责，最后，但并不是最次要的，良好的公共服务应当具备公平性"。因此，衡量社区居家养老服务的产出，不仅要看服务机构活动所产生的所有输出，也要看服务供给的公平性。在本研究中，社区居家养老服务的产出主要通过服务机构提供的服务以及接受服务人群两个方面来衡量。

如表3-3所示，在机构提供服务方面，主要通过以下四个指标体现：服务社每月平均上门服务老年人次；日托中心每月平均接受服务老年人数；助餐点每月平均服务客数；志愿者每月平均服务小时数。在享受人群方面，主要通过以下六个指标体现：通过社区居家养老服务评估的老年人数；接受社区居家养老服务

---

〔1〕［英］朱利安·勒·格兰德.另一只无形的手：通过选择与竞争提升公共服务［M］.韩波，译.北京：新华出版社，2010：2.

的老年人数；社区居家养老服务中低保、低收入家庭老年人数；社区居家养老服务中独居、高龄老年人数；获得政府补贴老年人数；获得政府补贴老年人中中度、重度失能老年人数。

表 3-3 初始研究服务产出层面指标

A3 服务产出层面指标
B6 机构提供服务
C26 服务社每月平均上门服务老年人次与区域老年人数之比
C27 日托中心每月平均接受服务老年人数与区域老年人数之比
C28 助餐点每月平均服务客数与区域老年人数之比
C29 志愿者每月平均服务小时数与区域老年人数之比
B7 享受人群
C30 通过社区居家养老服务评估的老年人数与区域老年人数之比
C31 接受社区居家养老服务的老年人数与区域老年人数之比
C32 获得政府补贴老年人数与区域老年人数之比
C33 接受社区居家养老服务的老年人中低保、低收入家庭老年人所占比例
C34 接受社区居家养老服务的老年人中独居、高龄老年人所占比例
C35 获得政府补贴老年人中中度、重度失能老年人数所占比例

四、初始研究服务满意度层面指标

作为程序逻辑模式中"成效"指标的替代指标，"老年人服务满意度"指标对于社区居家养老服务绩效非常关键，正如学者陆杰华、汤澄（2015）[1] 所言：在中国的老龄政策中，不能仅仅关注指标的完成率，而更应该关注老年人的满意度与幸福感。Dutka（1995）[2] 则指出：100 个满意的顾客可以带来 25 个新顾客，而收到一个投诉，代表有 20 个顾客也有相同的感受，只是他们没有做出行动去投诉。因此，如何维持和提升顾客的满意度，便成为服务机构成功的要素，正如奥斯本、盖布勒（2006）[3] 所言："顾客驱使的制度迫使服务提供者对他们的顾客负有责任，因为顾客可以去别的地方办他们的事，提供者必须不断寻求有关他们需要的反馈，然后采取必要的行动满足他们。"顾客导向的最终目的是为了扩大民众对公共服务的发言权，提高公共服务供应者对民众的回应性，使责任更明确同时也更为直接。

在上海市社区居家养老服务发展过程中，各项服务的发展程度是不均衡的，因此，在服务满意度指标的设计方面，选取的服务项目不仅要体现服务的发展程度，也需要考虑老年人的主要服务需求。基于以上考虑，本研究的老年人满意度主要是针对社区居家养老服务中的助餐、助洁、助医与康乐四项服务进行调查（如表 3 - 4），这四项服务包括了老年人急需的物质（助餐与助洁）、医疗（助医）和精神（康乐）三方面的服务，涵盖面比较

〔1〕　陆杰华，汤澄．公平视域下的中国老龄政策体系探究［J］．中国特色社会主义研究，2015（1）：76－82．

〔2〕　Dutka, A. F.（1995）．AMA handbook for customer satisfaction［M］．NTC Business Book.

〔3〕　［美］戴维·奥斯本，特德·盖布勒．改革政府：企业家精神如何改革着公共部门［M］．周敦仁，译．上海：上海译文出版社，2006：131－132．

广，而且这几项服务在上海发展相对比较成熟。

服务满意度层面指标，我们主要从服务投诉与老年人满意度两方面进行设计。在服务投诉上，我们选取：老年人服务投诉数量；在老年人满意度方面，我们选取：助餐服务满意度、助洁服务满意度、助医服务满意度、康乐服务满意度四个指标。

表 3-4　初始研究服务满意度层面指标

A4 服务满意度层面指标
B8 服务投诉
C36 老年人服务投诉数量
B9 老年人满意度
C37 助餐服务满意度 C38 助洁服务满意度 C39 助医服务满意度 C40 康乐服务满意度

五、初始研究社区居家养老服务绩效评估指标体系

通过以上研究，我们初步构建出了第一轮社区居家养老服务绩效评估指标体系，如表 3-5 所示。第一轮指标体系包括：服务投入、服务过程、服务产出和服务满意度四个准则层指标，在四个准则层指标下面设置了人力投入、财力投入、物力投入、机构支撑能力、服务交互质量、机构提供服务、服务享受人群、服务投诉、老年人满意度九个因素层指标，以及 40 个单项指标层指标。

表 3-5 社区居家养老服务绩效评估第一轮指标体系 X^1

目标层 (O)		
社区居家养老服务绩效评估		
准则层 (A)	因素层 (B)	指标层 (C)
服务投入 (A1)	人力投入 (B1)	C1 社区居家养老管理人员数与接受服务老年人数之比
		C2 社区居家养老社工人数与接受服务老年人数之比
		C3 服务社服务人员数与接受服务老年人数之比
		C4 助餐点服务人员数与接受服务老年人数之比
		C5 日托中心服务人员数与接受服务老年人数之比
		C6 志愿者总人数与接受服务老年人数之比
		C7 合作伙伴（与服务社、日托中心、助餐点有关）数量与接受服务老年人数之比
	财力投入 (B2)	C8 社区居家养老服务政府总投入与区域社会保障支出之比
		C9 老年人获得政府补贴总额与获得补贴老年人数之比
		C10 社会捐助总额与区域老年人数之比
		C11 社区居家养老服务收费总额与区域老年人数之比
		C12 日托中心、助餐点、社区居家养老服务中心（含服务社）运营补贴总额与区域老年人数之比
		C13 社区居家养老服务人员业务培训投入与服务人员数之比
	物力投入 (B3)	C14 助餐点、日托中心、社区居家养老服务中心（含服务社）服务用房面积总和与接受服务老年人数之比
		C15 社区标准化老年活动室价值与接受服务老年人数之比

服务过程（A2）	机构支撑能力（B4）	C16 流程规范：建立完善的服务流程制度
		C17 信息系统：建立完善的数据信息系统
		C18 财务管理：订立明确的服务收费方式、标准及开列收费收据
		C19 设备管理：拥有提供服务的相关器材设备
		C20 设备管理：器材设备定期维修保养，并适时地更新
	服务交互质量（B5）	C21 可感知性：服务人员服务周到细致
		C22 可靠性：拥有相应专业上岗证，并保证质量地完成服务项目
		C23 保证性：服务人员工作准时，不拖拉
		C24 响应性：服务人员服务态度诚恳、有礼貌
		C25 移情性：服务人员设身处地地关心老年人，给予人性化的服务
服务产出（A3）	机构提供服务（B6）	C26 服务社每月平均上门服务老年人次与区域老年人数之比
		C27 日托中心每月平均接受服务老年人数与区域老年人数之比
		C28 助餐点每月平均服务客数与区域老年人数之比
		C29 志愿者每月平均服务小时数与区域老年人数之比
	享受人群（B7）	C30 通过社区居家养老服务评估的老年人数与区域老年人数之比
		C31 接受社区居家养老服务的老年人数与区域老年人数之比
		C32 获得政府补贴老年人数与区域老年人数之比

服务产出（A3）	享受人群（B7）	C33 接受社区居家养老服务的老年人中低保、低收入家庭老年人所占比例
		C34 接受社区居家养老服务的老年人中独居、高龄老年人所占比例
		C35 获得政府补贴老年人中中度、重度失能老年人数所占比例
服务满意度（A4）	服务投诉（B8）	C36 老年人服务投诉数量
	老年人满意度（B9）	C37 助餐服务满意度
		C38 助洁服务满意度
		C39 助医服务满意度
		C40 康乐服务满意度

第四节　社区居家养老服务绩效评估指标的筛选

由于第一轮社区居家养老服务绩效评估指标存在一定的主观性，因而需要对其进行客观筛选，尽可能地消除主观因素影响。比较理想的评价指标体系应该满足以下要求：指标的维度覆盖要完整；筛选出重要且最关键的指标；指标间需要相互独立，交叉内容较小；筛选出的指标鉴别力强，能较好地评估出差异状况

（陈明亮等，2014）。[1]

一、研究方法及专家筛选

指标筛选的方法比较多，主要包括主成分分析法、因子分析法、德尔菲法、灰色关联度分析法等。由于社区居家养老服务项目较多，覆盖人群较广，再加上现阶段也没有可供参考的数量指标，因此，在本研究中，我们采用德尔菲法，对社区居家养老服务绩效评估指标进行筛选。德尔菲法是20世纪60年代由美国兰德公司与道格拉斯协作创立的专家咨询法，它是一种结合了会议与问卷调查优点的研究方法，由该领域若干的专家，以非面对面的方式，通过问卷形式进行沟通，并逐步达成共识。德尔菲法实施的程序是：

（1）设计问卷，发给咨询专家，以便让他们通过填写问卷提出解决问题的方案。

（2）专家以独立、匿名的方式完成问卷的填写。

（3）在综合专家意见的基础上，修改问题设置，再一次发给每一位专家。

（4）经过多次专家意见后，形成具有普遍意见的政策。

德尔菲法现在被广泛应用于各类议题的研究，但是其缺点就是在实施上有时间较长方面的限制。因此，在考虑到时间、空间、人力与经费等主客观因素，需要对德尔菲法进行修改，而"修正型德尔菲法"应运而生，其要点是：

---

〔1〕 陈明亮，邱婷婷，谢莹. 微博主影响力评价指标体系的科学构建〔J〕. 浙江大学学报（人文社会科学版），2014（2）：53-63.

　　第一，省略第一回合开放式咨询步骤。我们依据文献中相关研究以及研究者的经验，初步拟出绩效评估的各项指标，然后再邀请各位专家依据初步拟出的指标进行问卷，以提高问卷回收率。

　　第二，合并第三与第四回合问卷。将第二回合整理的结果寄给各位专家，请他们再次对指标进行"重要性"评价，减少一次专家再次审视意见的机会。

　　对于社区居家养老服务绩效评估指标的筛选，限于时间、人力、财力等因素的制约，我们采用修正型德尔菲法，进行两次德尔菲问卷调查。

　　专家的遴选是影响德尔菲法研究质量的重要因素。根据学者Vincent W. Mitchell（2007）[1] 的观点，德尔菲法运用过程中，专家人数达到 13 人以上误差降幅才不明显，本研究我们选取了14 位专家，因此符合误差最小化的要求。14 位专家来自三方面，一方面是来自学术界专门从事社区居家养老服务研究的学者 10人，他们具有非常深厚的学理研究；一方面是来自上海市社区居家养老服务相关职能部门专家 3 人；最后是提供服务的服务机构人员 1 人，他们不仅实践经验丰富，而且对社区居家养老服务具有自己独特的想法与理解。

二、第一次德尔菲法问卷调查

　　2014 年 11 月 – 2015 年 1 月进行了第一轮德尔菲法专家咨询。我们将第一轮构建好的社区居家养老服务绩效评估指标制成

---

　　〔1〕　Mitchell, V. W. (2007). The Delphi Technique: An Exposition and Application. Technology Analysis & Strategic Management, 3 (4): 333 –358.

咨询问卷，把咨询问卷发送给各位专家，请专家根据自身的专业知识与实践经验，对各项指标的重要程度进行判断。我们采用指标的适当程度进行 5 分制打分方法，1 分代表非常不适当，2 分代表不适当，3 分代表一般，4 分代表比较适当，5 分代表非常适当；此外，咨询问卷还设计了"其他意见"内容，邀请专家提出自己的看法。

1. 准则层、因素层指标统计分析

14 位专家对社区居家养老服务绩效评估指标中的准则层、因素层指标适当程度进行了打分，如表 3-6 与 3-7 所示。

表 3-6　准则层指标适当程度

准则层指标	专家填写分数人数					描述项		
	1 分	2 分	3 分	4 分	5 分	众数	平均数	标准差
服务投入	0	0	0	8	6	4	4.42	0.513
服务过程	0	0	2	7	5	4	4.21	0.699
服务产出	0	0	1	6	7	5	4.42	0.646
服务满意度	0	0	2	8	4	4	4.14	0.663

如表 3-6 所示，准则层指标适当程度平均值都大于 4（代表比较适当），除了"服务产出"指标的众数为 5，其他三个指标的众数均为 4，四个指标的标准差都小于 1。四个准则层指标中，专家认为"比较适当"的比例为 51.7%，认为"非常适当"的比例达到 39.2%，两者合计达到 90.9%。准则层四个指标都处于专家高度认可的指标，专家意见已经达成一致，因此，四个

准则层指标全部保留，并且在下一轮问卷中不再对准则层进行专家咨询。

从表 3-7 可以看出，九个因素层指标只有"服务投诉"的平均值低于 4（3.78），也是这一指标的众数为 3，其他八个指标的众数均为 4（代表比较适当）或者 5（代表非常适当）；各个指标的标准差都小于 1。因素层指标中选择 4 和 5 的比例合计达到 91.2%，选择 3 的比例仅仅为 8.8%。相对于准则层指标，专家对因素层指标的认识有一定的离散程度，主要原因在于"服务投诉"指标均值与众数都偏小。由于"服务投诉"指标在指标层下仅仅设置了一个指标，因此，我们在进一步观察指标层的数据，来决定是否删除因素层"服务投诉"指标。

表 3-7　因素层指标适当程度

因素层指标	专家填写分数人数					描述项		
	1 分	2 分	3 分	4 分	5 分	众数	平均数	标准差
人力投入	0	0	0	8	6	4	4.42	0.513
财力投入	0	0	0	4	10	5	4.71	0.468
物力投入	0	0	0	8	6	4	4.42	0.513
机构支撑能力	0	0	3	6	5	4	4.14	0.77
服务交互质量	0	0	2	4	8	5	4.42	0.756
机构提供服务	0	0	0	3	11	5	4.78	0.425
享受人群	0	0	0	6	8	5	4.57	0.513
服务投诉	0	0	6	5	3	3	3.78	0.801
老年人满意度	0	0	1	7	6	4	4.35	0.633

2. 指标层指标统计分析

首先，我们分析指标层指标的适当程度。经回收专家的问卷及整合各项指标的重要性程度，并统计了集中数当中的众位数、中位数、平均数及标准差，如表3-8。

表3-8 指标层指标适当程度集中数统计表

指标	众数	平均数 M1	标准差 SD1	指标	众数	平均数 M1	标准差 SD1
C1	4	3.86	0.86	C21	5	4.64	0.63
C2	5	4.35	0.93	C22	5	4.57	0.76
C3	5	4.57	0.85	C23	5	4.64	0.63
C4	4	4	0.78	C24	5	4.57	0.76
C5	5	4.36	0.74	C25	5	4.5	0.94
C6	4	3.5	0.94	C26	5	4.28	0.82
C7	2, 3	2.85	1.16	C27	5	4.36	1.01
C8	5	4.29	0.83	C28	5	4.07	0.99
C9	5	4.35	0.93	C29	3	3.79	0.97
C10	4	3.64	1.08	C30	3, 5	3.57	1.34
C11	4	4	0.78	C31	5	4.64	0.63
C12	4, 5	4.07	0.83	C32	5	4.71	0.47
C13	4, 5	4	0.96	C33	5	4.71	0.47
C14	4	4.14	0.77	C34	3, 5	4	0.87

指标	众数	平均数 M1	标准差 SD1	指标	众数	平均数 M1	标准差 SD1
C15	4	3.71	0.82	C35	5	4.57	0.75
C16	5	4.28	0.82	C36	5	3.64	1.33
C17	4, 5	4	0.96	C37	5	4.57	0.51
C18	4, 5	4.28	0.72	C38	5	4.43	0.64
C19	4	4.28	0.61	C39	5	4.71	0.46
C20	3	3.64	1.15	C40	5	4.5	0.65

从表3-8中得知指标层40个单项指标适当程度的集中数统计结果，除了第7、10、20、27、30条指标的标准差大于1（C7，C10，C20、C27、C30）之外，其他35条指标的标准差均小于1，这表示专家对于指标层指标的适当性程度共识性较高。在所有指标的众数中，共有23个指标的众数为5（代表非常适当），4个指标的众数为4与5，8个指标的众数为4（代表适当），因此40个指标中有35个指标达到适当程度，占所有指标的87.5%，仅仅5个指标的众数为其他数（如2和3、3、3和5等）。而在平均数中，大于等于4的指标有32个，大于3小于4的指标有8个，小于3的指标有1个（C1、C6、C7、C10、C15、C20、C29、C30、C36）。由于有部分专家对于上述指标提出修改意见，我们结合标准差、众数与平均数等标准，把C1、C6、C7、C10、C15、C20、C29、C30、C36等9个指标列入删除的考虑，

并在第二次问卷调查结果后加以处理。

其次，我们需要分析指标层指标专家意见修正情况。经回收问卷以及专家建议，在指标层指标部分，修正情形主要包括增删文字、增加内容措辞、名词替换、修改名词一致性等。在德尔菲法第一次问卷回收的基础上，整理各专家意见后，指标层指标修改的前后对照，如表3-9所示。

表3-9 专家修改意见及其指标修改前后对照表

修改前指标	专家意见	修改后指标	说明
C6 志愿者总人数与接受服务老年人数之比	增加文字："年度""服务"；修改文字："总人数"修改为"总人次"	C6 年度提供社区居家养老服务的志愿者服务总人次与接受服务老年人数之比	文字增加、文字修改
C8 社区居家养老服务政府总投入与区域财政支出之比	概念撤换	C8 社区居家养老服务政府总投入与区域财政支出之比	增加内容描述
C9 老年人获得政府补贴总额与获得补贴老年人数之比	修改文字："获得政府补贴总额"修改为"服务补贴总额"	C9 老年人服务补贴总额与获得补贴老年人数之比	文字修改
C10 社会捐助总额与区域老年人数之比	增加文字："各界对社区居家养老服务的"	C10 社会各界对社区居家养老服务的捐助总额与区域老年人数之比	增加内容描述、文字增加

续表

修改前指标	专家意见	修改后指标	说明
C12 日托中心、助餐点、社区居家养老服务中心（含服务社）运营补贴总额与区域老年人数之比	增加主语，增加文字"建设投入"	C12 市、区、街道三级财政对日托中心、助餐点、社区居家养老服务中心（含服务社）的建设投入和运营补贴总额与区域老年人数之比	增加内容描述、文字增加
C15 社区标准化老年活动室价值与接受服务老年人数之比	名词替换，把"活动室价值"修改为"活动室面积"	C15 社区标准化老年活动室面积与接受服务老年人数之比	名词替换
C18 财务管理：订立明确的服务收费方式、标准及开列收费依据。	增加文字："社区居家养老"与结算规范、公开与透明"	C18 财务管理：社区居家养老服务的收费与结算规范、公开与透明	文字增加、内容描述增加
C23 保证性：服务人员工作准时，不拖拉	修改文字："工作"修改为"服务"；删除文字："不拖拉"；增加文字："与服务到位"	C23 保证性：服务人员服务准时与服务到位	文字修改、文字删除、文字增加

修改前指标	专家意见	修改后指标	说明
C24 响应性：服务人员服务态度诚恳，有礼貌	删除文字："有礼貌"；增加文字："礼仪得当，有求必应"	C24 响应性：服务人员服务态度诚恳，礼仪得当，有求必应	文字删除、文字增加
C27 日托中心每月平均接受服务老年人数与区域老年人数之比	删除文字："接受"	C27 日托中心每月平均服务老年人数与区域老年人数之比	文字删除
C32 接受社区居家养老服务的老年人中低保、低收入家庭老年人所占比例	文字精确与修改："低保、低收入家庭"修改为"低保与低收入家庭"	C32 接受社区居家养老服务的老年人中低保与低收入家庭老年人所占比例	文字修改
C33 接受社区居家养老服务的老年人中独居、高龄老年人所占比例	文字精确与修改："独居、高龄老年人"修改为"独居与高龄老年人"	C33 接受社区居家养老服务的老年人中独居与高龄老年人所占比例	文字修改
C35 获得政府补贴老年人中中度、重度失能老年人数所占比例	增加文字："与失智"	C35 获得政府补贴老年人中中度、重度失能与失智老年人数所占比例	文字增加

修改前指标	专家意见	修改后指标	说明
C36 老年人服务投诉数量	增加文字："及其家属每月"	C36 老年人及其家属每月服务投诉数量	文字增加
C37 助餐服务满意度	增加文字："老年人"	C37 老年人助餐服务满意度	文字增加
C38 助洁服务满意度	增加文字："老年人"	C38 老年人助洁服务满意度	文字增加
C39 助医服务满意度	增加文字："老年人"	C39 老年人助医服务满意度	文字增加
C40 康乐服务满意度	增加文字："老年人"	C40 老年人康乐服务满意度	文字增加

三、第二次德尔菲法问卷调查

2015 年 2 月—2015 年 4 月，我们进行了德尔菲法第二次问卷调查。调查内容为第一次德尔菲法问卷中的 40 个指标层指标，经过专家意见重新修订，并在修改处以底线呈现。在问卷中我们将第一次问卷得到的众数与平均数附上，供各位专家参考，再次邀请 14 位专家对指标适当程度进行评价并提出修改意见，其中 C1、C6、C7、C10、C15、C20、C29、C30、C36 等 9 个指标，因为在第一次德尔菲法问卷中指标适当程度的平均值小于 4，将依照专家意见修改并列入删除的考虑，在第二次问卷调查结果加以处理。

（一）专家第二次问卷指标适当程度统计

经回收专家问卷调查的 40 项指标层指标的适当程度，并统计集中量数（包括众数、平均数、标准差），如表 3 - 10 所示。在 40 个指标中，众数为 5（代表非常适当）的指标有 26 个指，众数为 4 和 5 的指标有 1 个，众数为 4（代表适当）的指标有 9 个，因此指标程度达到合适的为 36 个，占总指标数的 90%，比第一次问卷有一定提高，说明专家的意见更加趋于一致。在平均数中，有 36 个指标大于等于 4，远远超过第一次问卷的 32 个，而平均数小于 4 的指标为 4 个。在标准差方面，大于 1 的指标有 4 个（包括 C7、C20、C30、C36），而小于 1 的指标共有 36 个，说明专家对于指标适当性程度共识性非常高。

表 3 - 10　德尔菲法第二次问卷指标适当程度集中数统计表

指标	众数	平均数 M2	标准差 SD2	指标	众数	平均数 M2	标准差 SD2
C1	4	4.07	0.73	C21	5	4.71	0.47
C2	5	4.43	0.75	C22	5	4.64	0.63
C3	5	4.64	0.63	C23	5	4.79	0.43
C4	4	4.14	0.77	C24	5	4.64	0.74
C5	5	4.5	0.65	C25	5	4.57	0.76
C6	4	4	0.78	C26	5	4.35	0.74
C7	3	3.14	0.95	C27	5	4.5	0.76
C8	5	4.43	0.76	C28	5	4.21	0.89
C9	5	4.43	0.85	C29	4	4	0.78
C10	4	4.14	0.66	C30	3，5	3.86	1.03

指标	众数	平均数 M2	标准差 SD2	指标	众数	平均数 M2	标准差 SD2
C11	4	4.14	0.66	C31	5	4.71	0.47
C12	5	4.42	0.8	C32	5	4.78	0.42
C13	5	4.28	0.82	C33	5	4.78	0.42
C14	4	4.35	0.63	C34	4, 5	4.07	0.82
C15	5	4.21	0.8	C35	5	4.64	0.63
C16	5	4.35	0.74	C36	3, 5	3.93	1.07
C17	4	4.14	0.77	C37	5	4.71	0.47
C18	5	4.43	0.64	C38	5	4.57	0.51
C19	4	4.35	0.49	C39	5	4.78	0.42
C20	3	3.79	1.05	C40	5	4.64	0.49

（二）两次德尔菲法问卷的比较

为了深入检验德尔菲法第一次与第二次问卷指标适当程度集中量数的改变情况，我们计算了各指标结果两次问卷中平均数和标准差的变化情况。如果第二次平均数比第一次的平均数增加了，或者第二次的标准差比第一次的标准差降低了，都说明第二次德尔菲法的指标适当程度已经进一步改善，则可以保留此指标，改变情况如表3－11所示。

表 3-11 德尔菲法第一、二次问卷指标适当程度集中数量
改变情况统计表

指标	平均值变化 M2 - M1	标准差变化 SD2 - SD1	指标	平均值变化 M2 - M1	标准差变化 SD2 - SD1
C1	0.21	-0.13	C21	0.07	-0.16
C2	0.08	-0.18	C22	0.07	-0.13
C3	0.07	-0.22	C23	0.14	-0.2
C4	0.14	-0.01	C24	0.07	-0.02
C5	0.14	-0.09	C25	0.07	-0.18
C6	0.5	-0.16	C26	0.06	-0.08
C7	0.29	-0.21	C27	0.14	-0.25
C8	0.14	-0.07	C28	0.14	-0.1
C9	0.08	-0.08	C29	0.21	-0.19
C10	0.5	-0.44	C30	0.29	-0.31
C11	0.14	-0.12	C31	0.07	-0.17
C12	0.14	-0.03	C32	0.06	-0.05
C13	0.28	-0.14	C33	0.07	-0.05
C14	0.21	-0.14	C34	0.07	-0.06
C15	0.5	-0.02	C35	0.08	-0.08
C16	0.07	-0.08	C36	0.29	-0.24
C17	0.14	-0.19	C37	0.15	-0.04
C18	0.15	-0.08	C38	0.14	-0.13

指标	平均值变化 M2 - M1	标准差变化 SD2 - SD1	指标	平均值变化 M2 - M1	标准差变化 SD2 - SD1
C19	0.07	- 0.12	C39	0.07	- 0.04
C20	0.15	- 0.1	C40	0.14	- 0.16

同时，为了增加判断指标适当程度是否达到保留水准的准确性，我们计算了德尔菲法第一、二次问卷指标适当程度的平均值与标准差的改善系数，如表 3 - 12 所示，即第二次问卷指标适当程度的平均值与标准差之比（S2 = M2/SD2），与第一次问卷指标适当程度的平均值与标准差之比（S1 = M1/SD1）的改变值。如果第二次问卷的 S2 比第一次问卷的 S1 增加时，代表第二次德尔菲法的指标适当程度已有改善，则可以保留此指标。

表 3 - 12　德尔菲法第一、二次问卷指标适当程度平均值与标准差的改善系数 V

指标	S1 = M1/SD1	S2 = M2/SD2	V = S2 - S1	指标	S1 = M1/SD1	S2 = M2/SD2	V = S2 - S1
C1	4.48	5.57	1.09	C21	7.36	10	2.64
C2	4.67	5.9	1.23	C22	6.01	7.36	1.35
C3	5.37	7.36	1.99	C23	7.36	11.14	3.78
C4	5.12	5.37	0.25	C24	6	6.26	0.26
C5	5.89	6.92	1.03	C25	4.78	6.09	1.31
C6	3.72	5.12	1.4	C26	5.22	5.87	0.65

指标	S1 = M1/SD1	S2 = M2/SD2	V = S2 - S1	指标	S1 = M1/SD1	S2 = M2/SD2	V = S2 - S1
C7	2. 45	3. 3	0. 85	C27	4. 31	5. 92	1. 61
C8	5. 16	5. 82	0. 66	C28	4. 11	4. 73	0. 62
C9	4. 67	5. 21	0. 54	C29	3. 9	5. 12	1. 22
C10	3. 37	6. 27	2. 9	C30	2. 66	3. 74	1. 08
C11	5. 12	6. 27	1. 15	C31	7. 36	10. 02	2. 66
C12	4. 9	5. 26	0. 36	C32	10. 02	11. 38	1. 36
C13	4. 16	5. 22	1. 06	C33	10. 02	11. 38	1. 36
C14	5. 37	6. 9	1. 53	C34	4. 59	4. 96	0. 37
C15	4. 52	5. 25	0. 73	C35	6. 09	7. 36	1. 27
C16	5. 22	5. 87	0. 65	C36	2. 73	3. 67	0. 94
C17	4. 16	5. 37	1. 21	C37	8. 96	10. 02	1. 06
C18	5. 94	6. 92	0. 98	C38	6. 92	8. 96	2. 04
C19	7. 01	8. 87	1. 86	C39	10. 23	11. 38	1. 15
C20	3. 16	3. 61	0. 45	C40	6. 92	9. 47	2. 55

（三）第二次问卷指标适当程度改变情况与删除不适当指标

为了准确判断各指标适当程度是否达到保留水平，本研究对原40项判断指标保存与否的标准为符合下列条件：指标适当程度的平均值大于4；指标适当程度的标准差小于1；第二次问卷平均数增加，且标准差得到收敛；第二次问卷指标适当程度平均值与标准差的改善系数大于0。

从平均值看，低于4的指标有4个，包括C7的3.14、C20

的 3.79、C30 的 3.86 和 C36 的 3.93，其他 36 个指标的平均值都大于 4。在 36 个平均值大于 4 的指标中，大于等于 4.5 的指标达到 16 个，包括 C3、C5、C21、C22、C23、C24、C25、C27、C31、C32、C33、C35、C37、C38、C39、C40，其他 20 个指标的平均值为 4 – 4.5 之间。

从标准差来看，大于 1 的指标共有 3 个，包括 C20 的 1.05、C30 的 1.03 和 C36 的 1.07，其他 37 个指标的标准差均小于 1。在 37 个标准差小于 1 的指标中，有 9 个指标的标准差小于 0.5，包括 C19、C21、C23、C31、C32、C33、C37、C39、C40，这说明了专家意见达到高度一致。

从平均值与标准差的变化方向看，第二次问卷中 40 个指标的平均值和标准差均有一定程度的改善，其中平均值变化超过 0.2 且标准差下降 0.1 以上的指标包括 C1、C7、C10、C13、C14、C29、C30、C36 等 8 项。

从平均值与标准差之比（V）来看，40 个指标中 S2 均大于 S1，说明第二次问卷得到了改善，其中 V 大于 1 的指标有 26 个，小于 1 的指标有 14 个。

综合以上条件，本研究删除第 7、20、30、36 条指标（C7、C20、C30、C36），保留 36 个指标。

四、评估指标的确定

德尔菲法是一种结合会议与问卷调查两种方法，通过匿名的方式，让专家不必面对面即可发表意见并逐渐形成共识（Gupta，

& Clarke，1996)[1]。德尔菲法被广泛应用于各类议题的讨论与意见的整理，但是实施上仍然有时间较长的限制，因此，本研究在考虑了时间、空间、人力等客观因素后，采用了"修正型德尔菲法"，省略了第一轮开放式问卷。我们通过文献检索与实地调查等方式设计了初始的指标。

经过回收专家问卷的各指标的适当程度，首先统计集中量数。其次，为了深入检验德尔菲法两次调查的指标适当程度的改变情况，我们计算了两次的平均数、标准差的变化情况，根据一定标准，优化的指标则给予保留。因此，本研究以修正型德尔菲法对 40 个指标进行了两轮的德尔菲问卷，并删掉 4 项指标，最终保留了 36 项指标。德尔菲法修正后建构的社区居家养老服务绩效评估指标，如表 3 - 13 所示。

表 3 - 13　社区居家养老服务绩效评估最终指标 X^2

目标层（Object）			
社区居家养老服务绩效评估指标			
准则层 （A）	因素层 （B）	指标层 （C）	量纲 （D）
服务投入 （A1）	人力投入 （B1）	C1 社区居家养老管理人员数与接受服务 老年人数之比	人/万人

〔1〕 Gupta, U. G., Clarke, R. E. (1996). Theory and applications of the Delphi Technique: A bibliography (1975 - 1994). Technological Forecasting & Social Change, 53 (2): 185 - 211.

服务投入（A1）	人力投入（A1）	C2 社区居家养老社工人数与接受服务老年人数之比	人/万人
		C3 服务社服务人员数与接受服务老年人数之比	人/万人
		C4 助餐点服务人员数与接受服务老年人数之比	人/万人
		C5 日托中心服务人员数与接受服务老年人数之比	人/万人
		C6 年度提供社区居家养老服务的志愿者服务总人次与接受服务老年人数之比	人次/万人
	财力投入（B2）	C7 社区居家养老服务政府总投入与区域财政支出之比	%
		C8 老年人服务补贴总额与获得补贴老年人数之比	万元/人
		C9 社会各界对社区居家养老服务的捐助总额与区域老年人数之比	元/万人
		C10 社区居家养老服务收费总额与区域老年人数之比	元/人
		C11 市、区、街道三级财政对日托中心、助餐点、社区居家养老服务中心（含服务社）的建设投入和运营补贴总额与区域老年人数之比	元/人
		C12 社区居家养老服务培训费用与服务人员数之比	元/人

服务投入（A1）	物力投入（B3）	C13 助餐点、日托中心、社区居家养老服务中心（含服务社）服务用房面积总和与接受服务老年人数之比	平方米/人
		C14 社区标准化老年人活动室面积与接受服务老年人数之比	平方米/人
服务过程（A2）	机构支撑能力（B4）	C15 流程规范：建立完善的服务流程制度	分
		C16 信息系统：建立完善的数据信息系统	分
		C17 财务管理：社区居家养老服务的收费与结算规范、公开与透明	分
		C18 设备管理：拥有提供服务的相关器材设备	分
	服务交互质量（B5）	C19 可感知性：服务人员服务周到细致	分
		C20 可靠性：拥有相应专业上岗证，并保证质量地完成服务项目	分
		C21 保证性：服务人员工作准时与服务到位	分
		C22 响应性：服务人员服务态度诚恳，礼仪得当，有求必应	分
		C23 移情性：服务人员设身处地地关心老年人，给予人性化的服务	分

续表

服务产出（A3）	机构提供服务（B6）	C24 服务社每月平均上门服务老年人次与区域老年人数之比	次/万人
		C25 日托中心每月平均服务老年人数与区域老年人数之比	%
		C26 助餐点每月平均服务客数与区域老年人数之比	客/人
		C27 志愿者每月平均服务小时数与区域老年人数之比	小时/人
	享受人群（B7）	C28 接受社区居家养老服务的老年人数与区域老年人数之比	%
		C29 获得政府补贴老年人数与区域老年人数之比	
		C30 接受社区居家养老服务的老年人中低保与低收入家庭老年人所占比例	%
		C31 接受社区居家养老服务的老年人中独居与高龄老年人所占比例	%
		C32 获得政府补贴老年人中度、重度失能与失智老年人数所占比例	%
服务满意度（A4）	老年人满意度（B8）	C33 老年人助餐服务满意度	分
		C34 老年人助洁服务满意度	分
		C35 老年人助医服务满意度	分
		C36 老年人康乐服务满意度	分

第五节 社区居家养老服务绩效评估指标权重的确定

一、评估指标权重设计的方法

指标的权重，也就是各项指标在绩效评估指标体系中相对重要性的数量表示，权重确定得是否合理，对绩效评估结果与评估质量有着决定性的影响。评价指标的赋权方法很多，在实践中，常用的方法主要有模糊综合评价法、层次分析法、主成分分析法、密切值法等，虽然指标赋权方法形式多样，但是从本质上看可以分为两类：主观赋权法、客观赋权法。主观赋权法是专家根据主观经验或判断，来设计各项指标权重的一种定性分析法；客观赋权法是根据指标体系中各项指标的内在联系，运用多元统计分析方法，确定各项指标权重的一种定量分析法（范柏乃、阮连法，2012）[1]。对于社区居家养老服务绩效评估指标体系权重的制定，我们采用层次分析法（AHP）与专家问卷调查法，其中层次分析法（AHP）主要用于准则层指标权重的确定，专家问卷调查法适用因素层与指标层指标权重的确定。

层次分析法（AHP）是 20 世纪 70 年代美国匹兹堡大学教授 T. L. Saaty 提出的。在层次分析法（AHP）诞生的 40 多年时间里，许多学者把该理论应用到多个方面，收到了良好的效果。层

---

[1] 范柏乃，阮连法. 干部教育培训绩效的评估指标、影响因素及优化路径研究 [M]. 杭州：浙江大学出版社，2012：116.

次分析法（AHP）是用相对标度把人的主观判断进行客观量化、将定性问题进行定量分析的一种简单而又实用的多准则评价方法。

运用层次分析法（AHP）确定指标权重的主要步骤如下（张炳江，2014）[1]：

（1）对于同一层次的各项构造判断矩阵，并从高层次到低层次依次展开。

（2）评定某一层次中各相关元素的相对重要性，构建判断矩阵，如表3－14。其中b_{ij}表示对于A_K而言，元素B_i对B_j的相对重要性的判断值。

表3－14　判断矩阵事例

A_K	B_1	B_2	...	B_n
B_1	b_{11}	b_{12}	...	b_{1n}
B_2	b_{21}	b_{22}	...	b_{2n}
...	...	...	...	...
B_n	b_{n1}	b_{n2}	...	b_{nn}

B_{ij}一般取1，3，5，7，9五个等级，如表3－15所示，其意义为：1表示B_i与B_j同等重要；3表示B_i比B_j重要一点；5表示B_i比B_j重要得多；7表示B_i比B_j更重要；9表示B_i比B_j极端重要。而2，4，6，8表示相邻判断的中间值，而i与j比较的

---

〔1〕　张炳江. 层次分析法及其应用案例［M］. 北京：电子工业出版社，2014：15－16.

标度为 C_{ij}，则因素 j 与 i 比较的标度为 $I_{ji} = 1/I_{ij}$。

表 3 - 15　相对重要性等级表

标　度	含　义
1	表示两个元素相比，具有同样的重要性
3	表示两个元素相比，前者比后者略微重要
5	表示两个元素相比，前者比后者明显重要
7	表示两个元素相比，前者比后者强烈重要
9	表示两个元素相比，前者比后者极端重要
2，4，6，8	表示上述相邻判断的中间值
倒数	若元素 i 与 j 的重要性之比为 I_{ij}，则 j 与 i 重要性之比为 $I_{ji} = 1/I_{ij}$

（3）层次单排序。确立本层次与之有联系的元素重要性次序的权重值，可通过计算判断矩阵的特征根和特征向量来解决。在具体确定权重时，我们采用近似方法求解特征根，具体步骤为：计算判断矩阵每一行元素的乘积 M_i；计算 M_i 的 n 次方根；将向量归一化，得到特征向量；计算最大特征根。

（4）层次总排序。利用同一层次中所有层次单排序的结果，就可以计算针对上一层次而言的本层次所有元素的重要性权重值。层次总排序需要从上到下逐层顺序进行。

二、评估体系指标权重计算过程

我们采用德尔菲法，发放给 10 位专家问卷，其中收回 8 位专家关于指标权重判断的咨询表。下面以专家 G 评判的一级指标为例，说明指标权重计算步骤。表 3 - 16 是专家 G 给出的准则层指标的相对重要程度。

表 3 - 16　专家 G 一级指标相对重要性比较表

指标	投入 W1	过程 W2	产出 W3	满意度 W4
服务投入 W1	1	5	1	3
服务过程 W2	1/5	1	1/5	2
服务产出 W3	1	5	1	4
服务满意度 W4	1/3	1/2	1/4	1

通过 AHP 法对专家 G 一级指标权重计算过程如表 3 - 17 所示。

表 3 - 17　专家 G 准则层指标计算过程

指标	投入 W1	过程 W2	产出 W3	满意度 W4	M_i	T_i	综合
投入 W1	1	5	1	3	15	1. 968	0. 39
过程 W2	1/5	1	1/5	2	2/25	0. 531	0. 1
产出 W3	1	5	1	4	20	2. 114	0. 42
满意度 W4	1/3	1/2	1/4	1	1/24	0. 451	0. 09
Σ						5. 064	1

首先，分别计算 W1、W2、W3、W4 各因素的乘积，分别为 15、2/25、20、1/24；计算 M_i 的 4 次方根得到各因素的 T_i，分别为 1. 968、0. 531、2. 114、0. 451，然后加总 T_i，得到 5. 064。

其次，通过矩阵的归一化一级计算，专家 G 给出的一级指标权重为 W1∶W2∶W3∶W4 =（0.39，0.1，0.42，0.09）。

再次，计算判断矩阵的一致性指标 CI。$CI = \dfrac{\lambda_{m}ax - n}{n - 1}$（其中 λ_{max} 为矩阵的最大特征值），当一致性指标 CI 的值越大，说明判断矩阵偏离完全一致性的程度越大；CI 的值越小，表明判断矩阵越接近于完全一致性。在检验一致性指标的时候，首先需要计算出判断矩阵的最大特征值 λ_{max}，计算公式如下：

$$\lambda_{max} = \frac{1}{n} \sum_{j=1}^{n} \frac{\sum_{j=1}^{n} a_{ij} * w_j}{w_i}$$

通过以上数据计算得到

$$\sum_{j=1}^{n} a_{ij} w_j = \begin{bmatrix} 1.58 \\ 0.442 \\ 1.67 \\ 0.375 \end{bmatrix}$$

把它代入公式得到 $\lambda_{max} = \dfrac{1}{4} \times \left(\dfrac{1.58}{0.39} + \dfrac{0.442}{0.1} + \dfrac{1.67}{0.42} + \dfrac{0.375}{0.09} \right) =$ 4.1534，因此 CI =（4.1534 - 4）/3 = 0.0511。

最后，进行一致性检验。如果判断矩阵的阶数小于 3 时，判断矩阵永远具有完全一致性，当判断矩阵阶数大于等于 3 时，就需要引入平均随机一致性指标 RI 进行检验。随机一致性比率 CR 是判断矩阵的一致性指标 CI 与同阶平均随机一致性指标 RI 之比，记为 $CR = \dfrac{CI}{RI}$。

当 CR < 0.1 时，认为判断矩阵具有可以接受的一致性；当 CR≥0.1 时，就需要对判断矩阵做适当修改。

当 n = 4 时，RI = 0.89，因此，CR = 0.0511/0.89 = 0.0574 < 0.1。由于 IR 小于 0.1，因此可以判断 Z 专家的判断矩阵具有可以接受的一致性，因此，G 专家一级指标权重可信。

根据专家 G 的算法，计算出其他 7 位专家准则层指标比例，专家准则层指标权重比例如表 3 – 18 所示。

表 3 – 18　专家准则层指标权重比例

指标	专家序号								权重均值
	1	2	3	4	5	6	7	8	
U1	0.39	0.31	0.41	0.34	0.28	0.37	0.33	0.29	0.34
U2	0.1	0.16	0.12	0.2	0.18	0.15	0.2	0.22	0.17
U3	0.42	0.4	0.36	0.32	0.33	0.38	0.35	0.36	0.37
U4	0.09	0.13	0.11	0.14	0.21	0.1	0.12	0.13	0.12

其他 7 位专家指标权重的判断，均按照以上方法计算，最后将 8 位专家的评分算数平均，就得到了社区居家养老服务绩效准则层指标的权重。如表 4 – 20 所示，投入、过程、产出、满意度分别为：（0.34∶0.17∶0.37∶0.12）。

对于社区居家养老服务绩效因素层指标，以及指标层指标权重的确定，我们采用专家问卷调查法来确定权重。这里的专家问卷调查法是指将指标列出，请专家直接给出权重，按照8位专家给出的数值，进行标准差（SD）的检验，如果标准差小于1，则认为专家给出的权重合适，并计算8位专家的平均值作为某项指标的最终权重。如果标准差大于1，则我们进一步反馈信息给专家，重新给出合适的权重，直到标准差小于1为止。

三、评估指标权重的确定

通过以上方法，最终确定了社区居家养老服务绩效指标的权重，如表3-19所示。

表3-19　社区居家养老服务绩效评估指标权重分配　单位:%

目标层	准则层	权重	因素层	权重	指标层	权重
社区居家养老服务绩效评估	服务投入	34	人力投入	12	C1	3
					C2	2
					C3	2
					C4	2
					C5	2
					C6	1
			财力投入	16	C7	4
					C8	3
					C9	3
					C10	2
					C11	3
					C12	1
			物力投入	6	C13	4
					C14	2

目标层	准则层	权重	因素层	权重	指标层	权重
社区居家养老服务绩效评估	服务过程	17	机构支撑能力	7	C15	3
					C16	2
					C17	1
					C18	1
			服务交互质量	10	C19	2
					C20	2
					C21	2
					C22	2
					C23	2
	服务产出	37	机构提供服务	20	C24	6
					C25	6
					C26	6
					C27	2
			享受人群	17	C28	4
					C29	3
					C30	3
					C31	4
					C32	3
	服务满意度	12	老年人满意度	12	C33	3
					C34	3
					C35	3
					C36	3

第四章

社区居家养老服务绩效评估实证研究
——以上海为例

社区居家养老服务绩效的实证调查与统计分析，是科学、客观评价社区居家养老服务实际绩效的主要环节。我们构建社区居家养老服务绩效评估指标体系，目的就是为了评价实践中社区居家养老服务的绩效，实证检测的结果，是我们进一步完善社区居家养老服务指标体系的重要参考依据。

第一节 研究方法

一、TOPSIS 法概述

TOPSIS（Technique for Order Preference by Similarity to Ideal Solution）法也称为逼近理想解排序法，意为与理想方案相似性的顺序选优技术，是系统工程中有限方案多目标决策分析的一种常用方法，可用于效益评价、卫生决策、公共事业管理等多个领域。

TOPSIS 法的基本思路是：基于归一化后的数据矩阵，找出有限方案中的最优方案和最劣方案（分别用最优向量和最劣向量表示），然后分别计算诸评价对象与最优方案和最劣方案间的距离，获得各评价对象与最优方案的相对接近程度，以此作为评价优劣的依据（孙振球、徐勇勇，2010)[1]。相对接近程度的取值范围在 0 与 1 之间，如果该值愈接近 1，则表示该评价对象越接近最优水平；反之，如果该值愈接近 0，则表示评价对象越接近最劣水平。

假设有 n 个评价对象，m 个评价指标，原始数据如表 4 - 1 所示。

表 4 - 1　原始数据表

评价对象	指标 1	指标 2	...	指标 m
对象 1	x_{11}	x_{12}	...	x_{1m}
对象 2	x_{21}	x_{22}	...	x_{2m}
...	...	...	...	...
对象 n	x_{n1}	x_{n2}	...	x_{nm}

利用 TOPSIS 法进行绩效评估时，由于其对样本量指标的多少、数据分布等都没有严格限制，因此，TOPSIS 法不仅仅适用于小样本资料分析，也适用于多个评价单元、多个指标的大系统

---

〔1〕　孙振球，徐勇勇. 医学统计学（第三版）［M］. 北京：人民卫生出版社，2010：422.

资料分析，既可以做多单位之间的横向对比，也可以做用于不同
年度的纵向分析，具有直观、真实、可靠的优点。因此，本研究
采用 TOPSIS 法，来分析上海社区居家养老服务的绩效水平。

二、TOPSIS 法步骤

（一）建立原始数据矩阵

根据原始数据，建立矩阵。根据表 4 - 1，可以形成由 n 个
对象 m 个指标构成的 n×m 的空间矩阵 X。

$$X = \begin{bmatrix} x_{11} & x_{12} & \cdots & x_{1m} \\ x_{21} & x_{22} & \cdots & x_{2m} \\ \cdots & \cdots & \cdots & \cdots \\ x_{n1} & x_{n2} & \cdots & x_{nm} \end{bmatrix}$$

（二）评价指标同趋势化

由于原始决策矩阵中各指标值具有不同的量纲，有些是高优
指标（数据越高越好），有些是低优指标（数据越低越好），这
给综合评价研究带来不便。因此，运用 TOPSIS 法进行评价的时
候，要求所有指标变化方向一致，也就是所谓的同趋势化，即将
高优指标转化为低优指标，或者将低优指标转化为高优指标，通
常情况下采用的是将低优指标转化为高优指标。转换方法常用倒
数法，即令原始数据中低优指标 x_{ij}（i = 1，2，…n；j = 1，2，…
m），通过 $y_{ij} = \dfrac{1}{x_{ij}}$ 变换而转变成高优指标 y_{ij}，然后建立同趋势
化的原始数据表。

（三）对同趋势化后的原始数据矩阵进行归一化处理，并建立相应矩阵

$$a_{ij} = \begin{cases} \dfrac{x_{ij}}{\sqrt{\sum\limits_{i=1}^{n} x_{ij}^2}} & (\text{原高优指标}) \\[4mm] \dfrac{x_{ij}}{\sqrt{\sum\limits_{i=1}^{n} y_{ij}^2}} & (\text{原低优指标}) \end{cases} \qquad (\text{公式 } 4-1)$$

公式 4 – 1 中，x_{ij} 表示第 i 个评价对象第 j 个指标上的取值，y_{ij} 表示经过倒数转换后的第 i 个评价对象第 j 个指标上的取值。

由此得到经过归一化处理后的矩阵 A 为：

$$A = \begin{bmatrix} a_{11} & a_{12} & \cdots & a_{1m} \\ a_{21} & a_{22} & \cdots & a_{2m} \\ \cdots & \cdots & \cdots & \cdots \\ a_{n1} & a_{n2} & \cdots & a_{nm} \end{bmatrix}$$

如果指标有权重，需要构建加权的决策矩阵。各个指标的权重，且 $W_1 + W_2 + \cdots + W_m = 1$，则为加权后的规范化矩阵 B。

$$B = A \times W, B = \begin{bmatrix} b_{11} & b_{12} & \ldots & b_{1m} \\ b_{21} & b_{22} & \ldots & b_{2m} \\ \ldots & \ldots & \ldots & \ldots \\ b_{n1} & b_{n2} & \ldots & b_{nm} \end{bmatrix}$$

（四）根据矩阵 B 得到最优值向量和最劣值向量，即有限方案中的最优方案和最劣方案为

最优方案 $B^+ = (b_{i1}^+, b_{i2}^+, \ldots, b_{im}^+)$

最劣方案 $B^- = (b_{i1}^-, b_{i2}^-, \ldots, b_{im}^-)$ （公式 4 - 2）

在公式 4 - 2 中，i = 1，2，…，n；j = 1，2，…，m。b_{ij}^+ 与 b_{ij}^- 分别表示现有评价对象在第 j 个评价指标上的最大值与最小值。

（五）分别计算各评价对象与最优方案和最劣方案的距离 D_i^+ 与 D_i^-

$$D_i^+ = \sqrt{\sum_{j=i}^{m} (b_{ij}^+ - b_{ij})^2}$$

$$D_i^- = \sqrt{\sum_{j=1}^{m} (b_{ij}^- - b_{ij})^2} \quad （公式 4 - 3）$$

公式 4 - 3 中，D_i^+ 与 D_i^- 分别表示第 i 个评价对象与最优方案及最劣方案的距离；b_{ij} 表示某个评价对象 i 在第 j 个指标的取值。

（六）计算各评价对象最优方案的接近程度 C_i

$$C_i = \frac{D_i^-}{D_i^+ + D_i^-} （公式 4 - 4）$$

C_i 在 0 与 1 之间取值，愈接近 1，表示该评价对象愈接近最优水平；反之，愈接近 0，表示该评价对象愈接近最劣水平。

（七）按 C_i 大小将各评价对象排序，C_i 值越大，表示绩效越好

第二节　调查选取区域概况

在本研究中，我们选取上海市 PD 新区、YP 区、XH 区、HK 区等四个区作为研究对象，这四个区的主要情况如表 4 - 2 所示。

PD 新区是上海市区域面积最大、户籍人口最多的区，也是上海经济最发达的区，2015 年 GDP 达到 7898 亿元，占上海市 GDP 的 31.4%，人均 GDP 达到 22 400 美元，达到发达国家人均 GDP 水平；2015 年 PD 新区户籍人口 291.87 万人，占上海市户籍人口比例为 20.36%，其中户籍老年人口达到 82.31 万人，老年人口是上海各区老年人最多的区，占全区户籍人口比例为 28.2%，老龄化程度比较高。YP 区 2015 年 GDP 为 1581.47 亿

元，人均 GDP 为 19 182 美元，也达到发达国家平均水平，老年人口 33.75 万人，占户籍人口比例的 31.11%。XH 区为上海市的老城区，经济比较发达，2015 年 GDP 达到 1300 亿元，财政收入达到 151.08 亿元，户籍人口 91.97 万人，其中老年人为 28.18 万人，占户籍人口比例的 30.64%。HK 区相对比较小，下辖八个街道，户籍人口 77.25 万人，老年人口 25.94 万人，无论是户籍人口还是老年人口都是四个区中人口最少的，但是老年人口占户籍人口比例却是四个区最高的，达到 33.57%，而且人口密度也是四个区最高的，每平方公里达到 34 501 人，远高于其他三个区，2015 年 GDP 为 800 亿元，人均 GDP 达到发达国家水平。

从养老床位来看，YP 区最多，达到 7825 张，每千名老年人拥有床位 23 张；HK 区拥有床位 6389 张，每千名老年人拥有床位 24 张，比例最高；XH 区拥有床位 5632 张，每千名老年人拥有床位 20 张；PD 新区拥有床位 4945 张，每千名老年人拥有床位 6 张，比例是四个区里最低的。总体来看，每千名老年人拥有床位数都较低，没有达到国家平均水平的 30.3 张。从社会保障支出来看，PD 新区为 64.67 亿元，占财政支出比例为 7.02%；YP 区支出 13.58 亿元，占财政支出比例为 8.3%；XH 区支出为 12.54 亿元，占财政支出比例为 7.2%；HK 区支出为 10.61 亿元，占财政支出比例为 8.3%。

表4-2 2015年选取对象各区概况

区域	PD 新区	YP 区	XH 区	HK 区
区域面积（KM^2）	1210.41	60.61	54.8	23.48
所辖街镇（个）	36	12	13	8
常住人口（万）	547.49	131.52	108.91	80.94
人口密度（人/KM^2）	4523	21657	19889	34501
户籍人口（万）	291.87	108.48	91.97	77.25
老年人口（万）	82.31	33.75	28.18	25.94
老年人口比（%）	28.2	31.11	30.64	33.57
独居老人（万）	4.68	1.55	1.74	1.27
GDP（亿）	7898	1581.47	1300	800
人均 GDP（美元）	22400	19182	18809	15324
财政收入（亿）	788.19	95.77	151.08	90.14
财政支出（亿）	920.22	162.76	173.32	126.82
养老床位（张）	4945	7825	5632	6389
社保支出（亿）	64.67	13.58	12.54	10.61

数据来源：《上海统计年鉴》（2016），各区 2015 年国民经济与社会发展统计公报。

我们之所以选择上海市的区级政府作为研究对象，原因主要在于：

第一，上海市社区居家养老服务主要由区级政府统筹，其承担了主要的资金来源、服务提供、老年人身体评估、服务质量监管等职能。

第二，老年人对于社区居家养老服务的评价，更在意其在本区域内发展的状况，在满意度方面更有发言权。

第三，上海市民政局 2008 年对社区居家养老服务做了一次比较全面的调查，为了能够与之比较，我们也选取了区级政府层面作为调查区域。

我们之所以选择这四个区，是因为它们在上海市社区居家养老服务发展中具有一定的代表性。PD 新区作为上海经济最发达的区，其经济实力与财政能力首屈一指，与此同时，它也是上海常住人口规模最大、老年人口最多的区，老龄化比例达到 28.2%；此外，PD 新区社会组织比较发达，政府购买社区居家养老服务的运作流程和方式比较先进和透明，社区居家养老服务信息化管理方面比较成熟，服务理念比较先进，PD 新区社区居家养老服务的发展水平在上海各区中处于前列地位。YP 区是上海的老工业区以及高校集中区域，老年人口较多且居住集中，与此同时，YP 区也是上海社区居家养老服务最早试点的区域，经过 10 多年的发展，已经形成了一套较为完善的管理规范和运行机制；XH 区作为上海的中心城区，经济比较发达，城镇居民人均可支配收入相对较高，但是居民间收入差距也比较大，高收入家庭与困难家庭都比较多，老龄化程度较高且增长迅速，此外，XH 区独居老年人口比例是上海各区中最高的；HK 区为上海的老城区，作为上海人口密度最高的区域，人口老龄化、高龄化特征明显，区内以中等收入的居民居多，HK 区构建了"五位一体"的网络服务体系，即生活照料网、紧急援助网、医疗保健网、精神慰藉网及法律援助网，"五位一体"的居家养老网络服务体系，将过去"碎片化"的服务资源进一步整合，更加贴近老年人的实际生活需求，这种"没有围墙的服务"在上海市社区居家养老服务中也具有很强的代表性。

第三节　数据来源与样本描述

一、数据的获取

在调查区域确定后，数据获取就显得非常关键。在社区居家养老服务绩效评估的指标中，服务投入指标方面（人力、财力与物力），以及服务产出指标中的服务机构提供服务、享受人群等，这些数据的获取，主要是从上海市民政局、上海市社会福利处，以及被调查区域的区民政局及其区的社区居家养老服务中心获取。社区居家养老服务老年人满意度方面的数据，需要调查人员对老年人的服务满意度进行统计，这些数据的获取，我们委托给专业从事为老服务的上海海阳集团，主要是利用该集团先进的电话系统进行操作。在 2015 年 4 月，我们在四个选定区中，各选择两个老龄化程度较高的街镇，每个街镇选取 100 位老年人（总共 800 位老年人），对社区居家养老服务中的助餐、助洁、助医、精神慰藉四项服务进行满意度调查，获取老年人的满意度数据。

对于社区居家养老服务中服务过程指标中的数据，通过对区级社区居家养老服务中心以及提供社区居家养老服务的典型服务实体，进行实地调研获取。对服务机构的服务支撑能力，如流程规范、信息系统、财务管理、设施设备等方面，通过助餐点、服务社与日托中心的实地调查、领导与员工访谈等方式来获取。而服务的交互质量，如服务的可感知性、服务的可靠性、服务的保证性、服务的响应性和服务的移情性等，主要是通过海阳集团对老年人的满意度调查一并获得。

二、样本描述性分析

由于数据需要调查 800 位老年人满意度，以及服务过程中的交互质量感受，因此，需要对老年人样本进行描述分析。

（一）样本分布与特征分析

本次电话调查总人数为 800 人，实际获取 807 人，应答率为100.8%，分布在 PD、YP、XH、HK 等四个区。其中 PD 新区200 人，占样本总数的 24.78%；YP 区 205 人，占样本总数的25.4%；XH 区 202 个，占样本总数的 25.03%；HK 区 200 人，占样本总数的 24.78%。

样本的基本信息包括了老年人的基本情况，如年龄、性别、婚姻状况、居住状况、生活自理能力、经济来源、经济收入、是否享受补贴等，具体数据如表 4 - 3 所示，其中：

（1）性别比例。由于女性寿命相对更长，本次样本中女性占据了绝大多数，共 582 人，比例达到 72.1%，男性 225 人，占样本总数的 27.9%。

（2）年龄分布。80 - 89 岁之间的 340 人，占样本总数的42.1%，其次为 90 岁及其以上老年人为 281 人，占样本总数的34.8%，70 - 79 岁之间的老人为 140 人，占到 17.3%，样本最少的是 60 - 69 岁之间的老人，为 46 人，比例仅仅为 5.8%。

（3）婚姻状况。样本中，丧偶的老年人最多，为432人，占总数的53.5%，其次为已婚老年人，为355人，占44%，未婚与离婚老年人比较少，分别为11人与9人，比例仅仅为1.3%和1.2%。

（4）经济来源。样本中老年人的经济来源最主要的是来自养老金收入，为565人，占70%；子女补贴为138人，占17.1%；亲友资助的仅仅为2人，比例最低，为0.3%，来自其他补贴的为102人，占12.6%。

（5）居住状况。与子女生活的老年人为350人，占43.3%，比例最高；独居的老年人为271人，占33.5%，超过1/3，而与配偶生活的老人为178人，占22%，以上两者之和被称为"纯老家庭"老人，占调查老年人总比例的55.5%，由此可见，社区居家养老服务的重点人群是"纯老家庭"的老年人；与亲戚朋友同住的老年人为8人，比例最少，为1.2%。

（6）生活自理能力。轻度依赖照料的老年人最多，为299人，比例为37%；其次为中度依赖照料的老年人，为187人，占23.1%；完全自理，而不需要依赖照料的老年人为172人，比例为21.3%；而重度依赖照料的老年人为149人，占18.6%。

（7）是否享受政府补贴。上海市社区居家养老服务补贴对象主要是"低保"、低收入家庭中的老年人，80岁以上老年人以及独居或纯老家庭中本人月养老金低于全市城镇企业月平均养老金的老年人。根据2014年上海市民政局、财政局《关于调整本市社区居家养老服务相关政策的通知》，年补贴标准为根据评估结果的照料等级从轻度依赖到中度、重度依赖分别为每人每月

450 元、680 元和 1000 元。根据调查数据，绝大多数老年人获得了政府补贴，人数为 537 人，占样本比例的 66.5%，未获得补贴的为 270 人，占 33.5%。

表 4-3 样本特征统计

变量	分类	人数	比例	合计
性别	男	225	27.9%	100%
	女	582	72.1%	
年龄	60-69 岁	46	5.8%	100%
	70-79 岁	140	17.3%	
	80-89 岁	340	42.1%	
	90 岁以上	281	34.8%	
婚姻状况	未婚	11	1.3%	100%
	已婚	355	44%	
	丧偶	432	53.5%	
	离婚	9	1.2%	
经济来源	养老金	565	70%	100%
	子女补贴	138	17.1%	
	亲友资助	2	0.3%	
	其他补贴	102	12.6%	
居住状况	与子女生活	350	43.3%	100%
	与配偶生活	178	22%	
	与亲友同住	8	1.2%	
	独居	271	33.5%	

变量	分类	人数	比例	合计
生活自理能力	正常	172	21.3%	100%
	轻度依赖	299	37%	
	中度依赖	187	23.1%	
	重度依赖	149	18.6%	
是否享受补贴	是	537	66.5%	100%
	否	270	33.5%	

（二）样本服务状况分析

如表4-4所示，四项社区居家养老服务，涵盖了老年人需要的生活照顾、医疗护理和精神慰藉三个领域，其中助餐和助洁服务为生活照顾领域，助医服务属于医疗护理领域，康乐服务属于精神慰藉服务。从表4-4可以看出，老年人对"助洁服务"需求比例最高，达到96.2%，其次为"助医服务"，比例为94.7%，反映了老年人对医疗服务需求程度；"康乐服务"比例为84%，而受制于老年人收入状况，选择最少的是"助餐服务"，比例仅为64.3%。

表4-4　样本服务项目分布表

服务内容	所在区域				合计	占总数比例（%）
	P区	Y区	X区	H区		
助餐服务	120	160	155	84	519	64.3
助洁服务	171	205	201	200	777	96.2

服务内容	所在区域				合计	占总数比例（%）
	P 区	Y 区	X 区	H 区		
助医服务	191	199	176	199	765	94.7
康乐服务	181	190	176	131	678	84

第四节　上海社区居家养老服务绩效分析

一、社区居家养老服务总体绩效结果分析

（一）根据实地调查数据，建立原始矩阵 X

首先将四个区中单个区在各个指标上的数据作为行向量，行向量为 I_1—I_{36}，四个区在一个指标上的数值为列向量，列向量的区域分别为 PD 新区、YP 区、XH 区、HK 区，构造社区居家养老服务绩效原始矩阵：$X = (x_{nm})_{4 \times 36} =$

$$
\begin{bmatrix}
13.02 & 1.02 & 717.62 & 68.55 & 65.13 & 0.05 & 0.17 & 0.59 & 0.51 & 14.70 & 98.84 & 108.93 \\
20.15 & 1.21 & 564.35 & 42.32 & 146.33 & 0.26 & 0.14 & 0.51 & 1.71 & 14.69 & 61.75 & 96.36 \\
13.32 & 1.66 & 859.97 & 56.61 & 14.15 & 0.16 & 0.09 & 0.51 & 2.15 & 27.77 & 51.60 & 93.91 \\
8.62 & 1.56 & 549.06 & 34.09 & 8.62 & 1.80 & 0.25 & 0.36 & 1.41 & 28.97 & 42.19 & 106.77
\end{bmatrix}
$$

$$
\begin{bmatrix}
1.38 & 1.37 & 4.00 & 3.50 & 3.00 & 4.50 & 3.49 & 3.57 & 3.58 & 3.84 & 3.18 & 0.21 \\
0.53 & 2.00 & 4.50 & 4.50 & 4.00 & 5.00 & 3.88 & 4.09 & 4.18 & 4.06 & 3.84 & 0.62 \\
0.66 & 2.51 & 3.50 & 4.00 & 4.00 & 4.00 & 3.72 & 3.80 & 3.75 & 3.75 & 3.29 & 0.11 \\
0.49 & 1.67 & 4.50 & 4.50 & 3.50 & 4.50 & 3.21 & 3.55 & 3.48 & 3.50 & 3.32 & 0.33
\end{bmatrix}
$$

$$
\begin{bmatrix}
0.27 & 0.02 & 0.41 & 7.49 & 3.03 & 25.21 & 32.45 & 21.94 & 3.30 & 3.80 & 3.42 & 3.60 \\
2.49 & 0.02 & 0.02 & 7.73 & 1.05 & 7.25 & 16.55 & 8.80 & 3.68 & 4.22 & 3.70 & 3.66 \\
0.62 & 0.02 & 0.90 & 8.91 & 0.97 & 4.51 & 11.65 & 4.57 & 3.52 & 3.70 & 3.31 & 3.42 \\
2.34 & 0.01 & 0.18 & 10.28 & 2.23 & 6.55 & 70.68 & 6.19 & 3.32 & 3.44 & 3.21 & 3.32
\end{bmatrix}
$$

（二）根据（公式 4-1），对原始矩阵 X 中的各指标进行归一化处理

指标体系中的 36 个指标均是高优指标，因此无需进行同趋势化处理。但是由于上述指标具有不同的量纲，因此，我们通过（公式 4-1）对指标的原始数据进行归一化处理。

例如，PD 新区 I_1 指标归一化值由如下方法求得：

$$a_{11} = \frac{x_{11}}{\sqrt{\sum_{i=1}^{4}(x_{i1})^2}} = \frac{13.02}{\sqrt{13.02^2 + 20.15^2 + 13.32^2 + 8.62^2}}$$

$$= \frac{13.02}{28.76} = 0.4527$$

其他 35 个指标也通过这一公式计算，得到最终的归一化矩阵，矩阵值见表 4-5。

表 4-5　归一化矩阵值

指标	P 区	Y 区	X 区	H 区	指标	P 区	Y 区	X 区	H 区
C1	0.4527	0.7006	0.4631	0.2997	C19	0.4874	0.5419	0.5195	0.4483
C2	0.3682	0.4368	0.5992	0.5631	C20	0.4753	0.5446	0.506	0.4727
C3	0.5241	0.4122	0.6281	0.401	C21	0.4767	0.5566	0.4993	0.4633
C4	0.6579	0.4061	0.5433	0.3272	C22	0.5066	0.5356	0.4947	0.4617
C5	0.4044	0.9087	0.0878	0.0535	C23	0.4656	0.5622	0.4817	0.4861
C6	0.0274	0.1428	0.0879	0.989	C24	0.2837	0.8378	0.1486	0.4459

续表

指标	P 区	Y 区	X 区	H 区	指标	P 区	Y 区	X 区	H 区
C7	0.5	0.4117	0.2647	0.7353	C25	0.0775	0.7155	0.1781	0.6724
C8	0.5959	0.5151	0.5151	0.3636	C26	0.5555	0.5555	0.5555	0.2777
C9	0.1629	0.5463	0.6869	0.4504	C27	0.41	0.02	0.9	0.18
C10	0.3253	0.325	0.6145	0.641	C28	0.4319	0.4558	0.5138	0.5928
C11	0.7362	0.4599	0.3843	0.3142	C29	0.7537	0.2612	0.2413	0.5547
C12	0.5355	0.4737	0.4617	0.5249	C30	0.9197	0.2645	0.1645	0.2389
C13	0.8165	0.3136	0.3905	0.2899	C31	0.4038	0.2059	0.1449	0.8795
C14	0.3549	0.5181	0.6502	0.4326	C32	0.8829	0.3541	0.1839	0.2491
C15	0.4825	0.5428	0.4222	0.5428	C33	0.4775	0.5325	0.5094	0.4804
C16	0.4222	0.5428	0.4825	0.5428	C34	0.5	0.5552	0.4868	0.4526
C17	0.4115	0.5487	0.5487	0.4801	C35	0.5014	0.5425	0.4853	0.4706
C18	0.4989	0.5543	0.4434	0.4989	C36	0.5142	0.5228	0.4885	0.4742

由于各个指标均有权重，因此需要构建加权的决策矩阵。根据上一章的表3-19得知，社区居家养老服务指标的权重，分别计算各个指标数据，可以得到加权后的规范化矩阵B。经过加权处理以后的归一化数据，如表4-6所示。

表4-6　变量加权归一化处理结果

指标	P区	Y区	X区	H区	指标	P区	Y区	X区	H区
C1	1.3581	2.1018	1.3893	0.8991	C19	0.9748	1.0838	1.039	0.8966
C2	0.7364	0.8736	1.1984	1.1262	C20	0.9506	1.0892	1.012	0.9454
C3	1.0482	0.8244	1.2562	0.802	C21	0.9534	1.1132	0.9986	0.9266
C4	1.3158	0.8122	1.0866	0.6544	C22	1.0132	1.0712	0.9894	0.9234
C5	0.8088	1.8174	0.1756	0.107	C23	0.9312	1.1244	0.9634	0.9722
C6	0.0274	0.1428	0.0879	0.989	C24	1.7022	5.0268	0.8916	2.6754
C7	2	1.6468	1.0588	2.9412	C25	0.465	4.293	1.0686	4.0344
C8	1.7877	1.5453	1.5453	1.0908	C26	3.333	3.333	3.333	1.6662
C9	0.4887	1.6389	2.0607	1.3512	C27	0.82	0.04	1.8	0.36
C10	0.6506	0.65	1.283	1.282	C28	1.7276	1.8232	2.0552	2.3712
C11	2.2086	1.3797	1.1529	0.9426	C29	2.2611	0.7836	0.7239	1.6641
C12	0.5355	0.4737	0.4617	0.5249	C30	2.7591	0.7935	0.4935	0.7167
C13	3.266	1.2544	1.562	1.1596	C31	1.6152	0.8236	0.5796	3.518
C14	0.7098	1.0362	1.3004	0.8652	C32	2.6487	1.0623	0.5517	0.7173
C15	1.4475	1.6284	1.2666	1.6284	C33	1.4325	1.5975	1.5282	1.4412
C16	0.8444	1.0856	0.965	1.0856	C34	1.5	1.6656	1.4604	1.3578
C17	0.4115	0.5487	0.5487	0.4801	C35	1.5042	1.6275	1.4559	1.4118
C18	0.4989	0.5543	0.4434	0.4989	C36	1.5426	1.5684	1.4655	1.4226

（三）根据表4-6中的数据，可以得到36个指标的最优值向量与最劣值向量，即最优值向量 B^+，和最劣值向量 B^-

B^+ =（2.1018，1.1984，1.2562，1.3158，1.8174，0.989，2.9412，1.7877，2.0607，1.283，2.2086，0.5355，3.266，1.3004，1.6284，1.0856，0.5487，0.5543，1.0838，1.0892，1.1132，1.0712，1.1244，5.0268，4.293，3.333，1.8，2.3712，2.2611，2.7591，3.518，2.6487，1.5975，1.6656，1.6275，1.5684）；

B^- =（0.8991，0.7364，0.802，0.6544，0.107，0.0274，1.0588，1.0908，0.4887，0.65，0.9426，0.4617，1.1596，0.7098，1.2666，0.8444，0.4115，0.4434，0.8966，0.9454，0.9266，0.9234，0.9312，0.8916，0.465，1.6662，0.04，1.7276，0.7239，0.4935，0.5796，0.5517，1.4325，1.3578，1.4118，1.4226）。

（四）综合36个评价指标值，根据公式4-3，分别求得四个区距 B^+ 和 B^- 的距离 D_i^+ 和 D_i^-，例如 P 区

$$D_1^+ = \sqrt{\sum_{j=1}^{36}\left(b_{1j}^+ - b_{1j}\right)^2}$$
$$= \sqrt{(2.1018 - 1.3581)^2 + (1.1984 - 0.7364)^2 + \cdots + (1.5684 - 1.5426)^2}$$
$$= 6.1513$$

$$D_1^- = \sqrt{\sum_{j=1}^{36}\left(b_{1j}^- - b_{1j}\right)^2}$$
$$= \sqrt{(0.8991 - 1.3581)^2 + (0.7364 - 0.7364)^2 + \cdots + (1.4226 - 1.5426)^2}$$
$$= 5.0715$$

其他三个区的数据也通过这一公式计算，四个区的数值如表

4-7 所示。从表 4-7 看，P 区、Y 区、X 区和 H 区的 D_i^+ 值分别为 6.1513、5.2537、7.737、5.5923；而四个区的 D_i^- 值分别为 5.0715、6.4901、3.3056、5.6989。

表 4-7　4 个区采用 TOPSIS 评价的结果

区域	D_i^+	D_i^-	C_i	排序结果
P 区	6.1513	5.0715	0.4518	3
Y 区	5.2537	6.4901	0.5526	1
X 区	7.737	3.3056	0.2993	4
H 区	5.5923	5.6989	0.5029	2

（五）根据公式（4-4）计算各评价对象与最优方案的接近程度，四个区的结果，如表 4-7 所示

P 区：

$$C_1 = \frac{D_1^-}{D_1^+ + D_1^-} = \frac{5.0715}{6.1531 + 5.0715} = 0.4518$$

Y 区：

$$C_2 = \frac{6.4901}{5.2537 + 6.4901} = \frac{6.4901}{11.7438} = 0.5526$$

X 区：

$$C_3 = \frac{3.3056}{7.737 + 3.3056} = \frac{3.3056}{11.0426} = 0.2993$$

H 区：

$$C_4 = \frac{5.6589}{5.5923 + 5.6589} = \frac{5.6589}{11.2512} = 0.5029$$

（六）依据 C_i 对四个区进行排序，如表 4-7 所示

从 Ci 值来看，上海市 Y 区社区居家养老服务绩效最优，Ci 值为 0.5526，排名第一；排名第二的是 H 区，Ci 值为 0.5029；排名第三的为 P 区，Ci 值为 0.4518；X 区的绩效为四个区域中最差的，Ci 值为 0.2993。

二、社区居家养老服务绩效准则层面横向比较分析

以上研究是对社区居家养老服务绩效体系的指标层进行比较分析，为了更深入的显示四个区社区居家养老服务绩效的水平，在此，我们继续采用 TOPSIS 法，分别对准则层的四个指标：服务投入、服务过程、服务产出和服务满意度进行横向比较与排序，以此来进一步分析与判断上海市四个区在不同准则层方面存在的差异，帮助各区找到自身面临的问题与不足，为提出更有针对性的建议提供保证。

1. 服务投入

表 4-8　服务投入评价

区域	D^+	D^-	C_i	排序结果
P 区	2.6185	2.9355	0.5285	1

区域	D^+	D^-	C_i	排序结果
Y 区	2.895	2.5708	0.4703	2
X 区	3.4195	2.1185	0.3825	4
H 区	3.4984	2.4065	0.4075	3

在服务投入这一准则层方面，从表 4 - 8 中我们可以看出，在社区居家养老服务绩效指标中的服务投入这一指标上，P 区 > Y 区 > H 区 > X 区。服务投入绩效表现最好的为 P 区，其指数为0.5285，其次为 Y 区，其指数为 0.4703，第三为 H 区，指数为0.4075，而 X 区则排名最后，指数为 0.3825，与排名第一的 P 区差距比较大，差距为 0.146。排名靠前的 P 区与 Y 区，说明政府、社会与家庭对社区居家养老服务比较重视，人财物投入比较大；排名靠后的 H 区和 X 区，在一定程度上，说明政府、社会与家庭对社区居家养老服务的投入相对不足，原因可能是政府投入过少，或者家庭购买服务能力不足等因素。

2. 服务过程

表 4 - 9　服务过程评价

区域	D^+	D^-	C_i	排序结果
P 区	0.4568	0.2247	0.3297	4
Y 区	0	0.6079	1	1
X 区	0.4599	0.2613	0.3623	3
H 区	0.3781	0.4453	0.5408	2

在服务过程这一准则层方面，从表 4-9 看，在社区居家养老服务绩效指标中的服务过程这一指标上，Y 区 > H 区 > X 区 > P 区。排名第一的为 Y 区，其指数为 1，在四个区中服务过程指标表现最好；排名第二的为 H 区，其指数为 0.5408，第三为 X 区，其指数为 0.3623，排名最后的是 P 区，其指数仅仅为 0.3297，与排名第一的 Y 区差距非常大，差距达到 0.6703。排名靠前的 Y 区与 H 区，说明社区居家养老服务的输送机构无论是在组织支撑能力，还是在服务当中的服务人员与老年人交互过程中，这两个区的表现都非常好；排名靠后的 X 区和 P 区，说明其在服务过程方面存在一定差距，需要在组织管理、信息化、服务的感知质量方面进一步提高。

3. 服务产出评价

在服务产出这一准则层方面，从表 4-10 可以看出，在社区居家养老服务绩效指标中的服务产出这一指标上，Y 区 > H 区 > P 区 > X 区。排名第一的仍然为 Y 区，其指数为 0.5742，在四个区中服务产出指标绩效最高；排名第二的为 H 区，其指数为 0.5412，排在第三位的是 P 区，其指数为 0.4267；排名最后的是 X 区，其指数仅仅为 0.2671，与排名第一的 Y 区差距比较大，差距为 0.3071。排名靠前的 Y 区与 H 区，说明社区居家养老服务机构的服务能力比较强，服务的覆盖人群都比较高，表现非常好；排名靠后的 P 区和 X 区，在一定程度上说明其在服务机构产出以及人群覆盖、人群瞄准方面存在一定差距。

表4－10　服务产出评价

区域	D⁺	D⁻	Cᵢ	排序结果
P区	5.5409	4.1242	0.4267	3
Y区	4.3841	5.9122	0.5742	1
X区	6.9122	2.5194	0.2671	4
H区	4.325	5.1024	0.5412	2

4. 服务满意度评价

表4－11　服务满意度评价

区域	D⁺	D⁻	Cᵢ	排序结果
P区	0.2653	0.2076	0.4389	2
Y区	0	0.4354	1	1
X区	0.4233	0.1526	0.2649	3
H区	0.4322	0	0	4

在服务满意度这一准则层方面，从表4－11中我们可以看出，在社区居家养老服务绩效指标中的服务满意度这一指标上，Y区＞P区＞X区＞H区。排名第一的依然是Y区，其指数为1，在服务满意度指标上，其表现是四个区中最高的；排名第二的为P区，其指数为0.4389，排在第三位的是X区，其指数为0.2649，而表现最差的是H区，其指数为0，与排名第一的Y区的状况刚刚相反，也说明H区在满意度下的四个指标层指标表现都是四个区最低的。排名靠前的Y区与P区，说明老年人对社区居家养老服务机构提供的四类服务，满意度较高；排名靠后的

X区和H区，在四类服务的满意度方面，还存在一定程度上的差距。

从上海市四个区社区居家养老服务绩效准则层面横向比较来看，在四个准则层指标中，表现最好的是Y区，其在服务过程、服务产出与服务满意度三个指标上都排名第一，而服务投入也排在第二。P区与H区的表现一般，P区由于其经济实力的强大，以及老年人购买服务的需求比较旺盛，因此，其在服务投入指标方面的表现首屈一指，在服务满意度上，表现也比较抢眼，排名第二，在服务产出方面，P区排名第三，但是在服务过程方面，却是表现最差的，排在四个区中的末尾，因此，P区需要在服务过程方面，进一步挖掘潜力；H区在服务过程和服务产出方面表现比较好，均排在第二的位置，但是服务投入与服务满意度却不尽人意，分别排在第三和第四，特别是服务满意度，是四个区中最低的。表现最差的是X区，在服务投入与服务产出两个指标上，都是排名最后，而服务过程与服务满意度指标也仅仅是排名第三，因此，X区在四个准则层方面都需要进一步提高其绩效。

第五节　本章小结

本章以上海市P区、Y区、X区和H区等四个区为研究对象，采用TOPSIS法从区级政府这一中观层次，对四个区的社区居家养老服务绩效水平进行了研究。从研究结果来看，上海市四个区中，社区居家养老服务绩效总体排序结果为：Y区＞H区＞

P 区＞X 区，Y 区绩效最高，H 区次之，P 区表现一般，X 区表现最差。与此同时，我们也对四个区的四个准则层方面：服务投入、服务过程、服务产出和服务满意度进行了分析，研究发现，四个区在这四个准则层方面的表现有较大的差别，其中 Y 区在四个准则层指标方面表现均比较好，P 区和 H 区表现一般，而 X 区在四个准则层方面的表现都比较差。因此，对于服务投入表现比较差的区域，需要不断提高政府对社区居家养老服务的投入，不断提高老年人的退休待遇，使更多老年人可以购买服务，同时也要加强宣传，引导更多人士关心关爱社区居家养老服务事业的发展；对于服务过程比较差的区域，需要进一步提高员工队伍的素质和服务机构的组织支撑能力，优化组织的信息、财务等制度；对于服务产出比较差的区域，则需要进一步提高机构的服务能力，扩大服务市场，另外一方面，政府需要把覆盖面进一步扩大，并进一步优化服务的瞄准度，该保则保；而对于满意度较差的区域，由于服务过程与服务满意度息息相关，因此需要加强服务过程的管理，使老年人切实感受到服务的高质量与人性化，在提高社区居家养老服务的服务过程中不断提高老年人的满意度。

第五章

社区居家养老服务绩效影响因素分析

社区居家养老服务绩效的高低，在很大程度上影响了老年人的生活服务质量，也影响到社区居家养老服务的可持续发展。因此，准确地了解社区居家养老服务绩效的影响因素，有利于进一步优化和完善社区居家养老服务。

第一节　研究方法

一、障碍度模型

在社区居家养老服务绩效评估中，不仅要度量各区域社区居家养老服务的绩效，明确其绩效水平的高低，更加重要的是需要透过绩效水平的度量，寻找出不同区域社区居家养老服务绩效的影响因素，以便对社区居家养老服务风险进行诊断。影响社区居家养老服务绩效的因素众多，在社区居家养老服务绩效评估系统中，服务投入、服务过程、服务产出与服务满意度如何作用于社区居家养老服务，影响程度到底如何，则是需要我们进一步深入研究的。

因此，本研究将障碍度模型引入到社区居家养老服务绩效影响因素的研究当中，试图进一步寻找影响社区居家养老服务绩效水平的因素。在障碍度模型中，我们采用因子贡献度、指标偏离度和障碍度三个指标，以此来建立社区居家养老服务绩效障碍度判定模型，其中：

因子贡献度（W_{ij}）代表指标层单个指标对总目标的影响程度，也就是单项指标的权重；指标偏离度（O_{ij}）是指单项指标与社区居家养老服务绩效总目标之间的差值，用公式表示为：

$$O_{ij} = 1 - X_{ij}（公式 5 - 1）$$

在公式（5-1）中，X_{ij}为单项指标的估计值，在这里我们采用标准化值。

障碍度包括：单项指标障碍度（C_{ij}）、因素层指标障碍度（F_{ij}）和准则层指标障碍度（U_{ij}），其中，C_{ij}代表单项指标对社区居家养老服务绩效的影响度，计算公式为：

$$I_{ij} = \frac{O_{ij}W_{ij}}{\sum\limits_{j=1}^{36} O_{ij}W_{ij}} \times 100\%（公式 5 - 2）$$

在对各单项指标因子障碍程度分析的基础上，需要进一步研究各因素层与准则层指标对社区居家养老服务绩效的障碍度。F_{ij}代表因素层指标对社区居家养老服务绩效的障碍度，计算公式为：

$$F_{ij} = \sum I_{ij}(公式\ 5-3)$$

U_{ij} 代表准则层指标对社区居家养老服务绩效的影响度，计算公式为：

$$U_{ij} = \sum F_{ij}(公式\ 5-4)$$

其中，I_{ij} 为第 i 个对象第 j 项准则层对应的各项指标的障碍度。

二、LSE 方法

LSE 方法（Least Square Error）也就是最小方差法，它能够反映样本中数据离散程度的大小。LSE 方法由美国经济地理学家 John C. Weaver 提出，其后在我国的农业分区（张耀光，1986)[1]、土地利用分区（姚晓军等，2005)[2] 以及水污染分析（孙才志等，2014)[3] 等多个领域得到应用。本研究引入 LSE 方法，对上海市社区居家养老服务绩效的阻力类型进行分

〔1〕 张耀光. 最小方差在农业类型（或农业区）划分中的应用——以我国粮食作物结构类型划分为例 [J]. 经济地理，1986（1）：49-55.

〔2〕 姚晓军等. 最小方差法在甘肃省土地利用分区中的应用 [J]. 甘肃科学学报，2005（1）：48-52.

〔3〕 孙才志，董璐，郑德凤. 中国农村水贫困风险评价、障碍因子及阻力类型分析 [J]. 经济地理，2014（5）：895-905.

析，其计算公式如下：

$$S^2 = \frac{1}{n} \sum_{i=1}^{n} (x_i - \bar{x})^2 （公式 5 - 5）$$

公式 5 - 5 中，S^2 为方差，x_i 为样本数据，$\bar{x}$ 为样本均值，n 为样本数。方差反映了样本数据 x_i 围绕样本均值 $\bar{x}$ 的变化情况，方差越小，说明数据越靠近平均值，离散程度也越小。由于社区居家养老服务绩效指标中有四个准则层系统，因此，理论上说，社区居家养老服务绩效的阻力模式有四种类型，即"单系统阻力模式""双系统阻力模式""三系统阻力模式"和"四系统阻力模式"。

根据 LSE 方法，"单系统阻力模式"的最理想标准是：只有一个子系统得分且为满分 100 分，其他三个子系统得分为 0；"双系统阻力模式"就是只有两个子系统得分，且各为 50 分，其他两个子系统得分为 0；"三系统阻力模式"就是三个子系统得分，且各系统分数为 33.33 分；"四系统阻力模式"就是四个子系统都得分，且各系统分数为 25 分（孙才志，2012）[1]。从社区居家养老服务绩效障碍因素得分来看，其构成并不符合上述分析中的任何一种，但是，我们可以将障碍度的实际分值与上述阻力模式的分值进行比较，哪个方差最小，就说明其距离理论分布标准最近，则可定为属于该理论上的"单系统阻力模式""双系

---

〔1〕 孙才志，王雪妮，邹玮. 基于 WPI - LSE 模型的中国水贫困测度及空间驱动类型分析 [J]. 经济地理，2012，32 (3)：9 - 15.

统阻力模式""三系统阻力模式"或者"四系统阻力模式"。

根据上述所定标准，社区居家养老服务绩效阻力模式的 LSE 方法计算步骤如下：

（一）准则层系统障碍度得分排序

分别求出四个区四个准则层的障碍度，然后按照所占百分比由大到小顺序，其计算公式如下：

$$P_{ij} = \frac{A_{ij}}{A_i} \times 100\% \, (j = 1,2,3,4) \, (公式 5 - 6)$$

其中，A_{ij} 为第 i 区第 j 类准则层障碍度，A_i 为第 i 区全部障碍度；P_{ij} 就是第 i 区第 j 类百分比数值。

（二）建立分类假设百分比矩阵

为确定某区社区居家养老服务绩效阻力类型，还需要按照社区居家养老服务绩效阻力组合的假设百分比分布，以此来建立相关矩阵，以便对社区居家养老服务绩效阻力类型进行划分。由于前面我们提出了四种阻力类型划分，因此，在建立分类假设中也设置四种，其组合结构分类的假设百分比矩阵，如表 5 -1 所示。

表 5 -1　社区居家养老服务绩效阻力类型分类假设百分比分布矩阵（％）

类型	四种类型的假设百分比 P'_{ij}			
1	100	0	0	0
2	50	50	0	0

类型	四种类型的假设百分比 P'_{ij}			
3	33.33	33.33	33.33	0
4	25	25	25	25

注：P'_{ij} 为 i 区第 j 类阻力类型的假设百分比。

（三）运用 LSE 方法进行计算

利用方差公式 5-5，计算各个区每类准则层组合结构假设百分比分布，与实际百分比分布之差的方和，计算公式为：

$$N = \sum (P'_{ij} - P_{ij})^2 （公式 5-7）$$

通过公式 5-7，计算每个区的 N 值，每个区都有 4 个 N 值。当 N 值越接近 0 时，说明该区社区居家养老服务绩效阻力类型的实际分布最接近于该种理论分布，因此，最小值（minN）决定了区社区居家养老服务绩效阻力的组合类型。在此基础上，将计算结果与各个区准则层的实际障碍度进行对比分析，从而得出社区居家养老服务绩效阻力类型的分类结果。

第二节　社区居家养老服务绩效指标层障碍因子诊断

社区居家养老服务绩效评估体系是一个复杂系统，包括了

36 个指标，并且隶属于投入系统、过程系统、产出系统和满意度系统四个子系统。社区居家养老服务绩效是在 36 个因素共同作用下产生的结果，为了发现社区居家养老服务绩效影响因素，以及发展阻力，就必须对指标层（C_i）中 36 个指标障碍度进行研究与测算。

一、指标层因子障碍度分析

利用上一章中表 4 – 5 中的归一化矩阵值，根据公式 5 – 1，指标偏离度 $O_{ij} = 1 - X_{ij}$，得出四个区 36 个指标的指标偏离度，如表 5 – 2 所示。

表 5 – 2　社区居家养老服务绩效系统指标层指标偏离度

指标	P 区	Y 区	X 区	H 区	指标	P 区	Y 区	X 区	H 区
C1	0.5473	0.2994	0.5369	0.7003	C19	0.5126	0.4581	0.4805	0.5517
C2	0.6318	0.5632	0.4008	0.4369	C20	0.5247	0.4554	0.494	0.5273
C3	0.4759	0.5878	0.3719	0.599	C21	0.5233	0.4434	0.5007	0.5367
C4	0.3421	0.5939	0.4567	0.6728	C22	0.4934	0.4644	0.5053	0.5383
C5	0.5956	0.0913	0.9122	0.9465	C23	0.5344	0.4378	0.5183	0.5139
C6	0.9726	0.8572	0.9121	0.011	C24	0.7163	0.1622	0.8514	0.5541
C7	0.5	0.5883	0.7353	0.2647	C25	0.9225	0.2845	0.8219	0.3276
C8	0.4041	0.4849	0.4849	0.6364	C26	0.4445	0.4445	0.4445	0.7223
C9	0.8371	0.4537	0.3131	0.5496	C27	0.59	0.98	0.1	0.82
C10	0.6747	0.675	0.3855	0.359	C28	0.5681	0.5442	0.4862	0.4072

指标	P 区	Y 区	X 区	H 区	指标	P 区	Y 区	X 区	H 区
C11	0.2638	0.5401	0.6157	0.6858	C29	0.2463	0.7388	0.7587	0.4453
C12	0.4645	0.5263	0.5383	0.4751	C30	0.0803	0.7355	0.8355	0.7611
C13	0.1835	0.6864	0.6095	0.7101	C31	0.5962	0.7941	0.8551	0.1205
C14	0.6451	0.4819	0.3498	0.5674	C32	0.1171	0.6459	0.8161	0.7509
C15	0.5175	0.4572	0.5778	0.4572	C33	0.5225	0.4648	0.4906	0.5196
C16	0.5778	0.4572	0.5175	0.4572	C34	0.5	0.4448	0.5132	0.5474
C17	0.5885	0.4513	0.4513	0.5199	C35	0.4986	0.4575	0.5147	0.5294
C18	0.5011	0.4457	0.5566	0.5011	C36	0.4858	0.4772	0.5115	0.5258

利用公式 5 - 2, 我们计算四个区 36 个指标的障碍度, 例如 P 区 C1 的障碍度为:

$$I_{11} = \frac{0.5473 \times 3}{\sum\limits_{j=1}^{36} (0.5473 \times 3) + (0.6318 \times 2) + \cdots + (0.4858 \times 3)}$$

$$= \frac{1.6419}{51.7217} = 0.03174$$

同理, P 区的其他 35 个指标, 以及 Y 区、X 区和 H 区的 36 个指标的障碍度, 均按照这样的方法计算, 最终我们得到上海市 P 区、Y 区、X 区、H 区四个区的社区居家养老服务绩效单项指标障碍度, 如表 5 - 3 所示。

表5-3　上海市四个区社区居家养老服务绩效单项指标障碍度（%）

指标	障碍度				指标	障碍度			
	P 区	Y 区	X 区	H 区		P 区	Y 区	X 区	H 区
C1	3. 174	1. 794	2. 739	3. 925	C19	1. 982	1. 83	1. 634	2. 061
C2	2. 443	2. 25	1. 363	1. 632	C20	2. 028	1. 819	1. 68	1. 97
C3	1. 84	2. 348	1. 265	2. 238	C21	2. 023	1. 771	1. 703	2. 005
C4	1. 322	2. 372	1. 553	2. 514	C22	1. 908	1. 855	1. 718	2. 011
C5	2. 303	0. 364	3. 102	3. 567	C23	2. 066	1. 749	1. 762	1. 92
C6	1. 88	1. 712	1. 551	0. 02	C24	8. 309	1. 944	8. 687	6. 211
C7	3. 866	4. 7	5. 001	1. 978	C25	10. 701	3. 41	8. 386	3. 672
C8	2. 343	2. 906	2. 473	3. 567	C26	5. 156	5. 327	4. 535	8. 097
C9	4. 855	2. 719	1. 597	3. 08	C27	2. 281	3. 915	0. 34	3. 064
C10	2. 609	2. 696	1. 311	1. 341	C28	4. 393	4. 348	3. 307	3. 043
C11	1. 53	3. 236	3. 141	3. 844	C29	1. 428	4. 427	3. 87	2. 496
C12	0. 898	1. 051	0. 915	0. 887	C30	0. 465	4. 407	4. 262	4. 266
C13	1. 419	5. 484	4. 146	5. 307	C31	4. 61	6. 345	5. 816	0. 9
C14	2. 494	1. 925	1. 138	2. 12	C32	0. 679	3. 871	4. 163	4. 209
C15	3. 001	2. 74	2. 947	2. 562	C33	3. 03	2. 785	2. 503	2. 912
C16	2. 234	1. 826	1. 76	1. 708	C34	2. 9	2. 665	2. 618	3. 068
C17	1. 137	0. 901	0. 767	0. 971	C35	2. 892	2. 741	2. 626	2. 967
C18	0. 968	0. 89	0. 946	0. 936	C36	2. 833	2. 877	2. 675	2. 931

二、典型影响因子障碍度分析

由于社区居家养老服务绩效指标体系包括了 36 个单项指标，因此，这一体系中涉及的指标非常多。为了探究社区居家养老服务绩效主要障碍因素，本研究按照指标层单个指标障碍度的大小，根据表 5－3 中数据，筛选出障碍度大于 2.80 的障碍因子，如表 5－4 所示。

分区域来看，P 区障碍度大于 2.80 的因子包括：C25、C24、C26、C9、C31、C28、C7、C1、C33、C15、C34、C35、C36 共 13 个指标；Y 区障碍度大于 2.80 的因子包括：C31、C13、C26、C7、C29、C30、C28、C27、C32、C25、C11、C8、C36 共 13 个指标；X 区障碍度大于 2.80 的因子包括：C24、C25、C31、C7、C26、C30、C32、C13、C29、C28、C11、C5、C15 共 13 个指标；H 区障碍度大于 2.80 的因子包括：C26、C24、C13、C30、C32、C1、C11、C25、C5、C8、C9、C34、C27、C28、C35、C36、C33 共 17 个指标。四个区中，障碍度高于 2.80 的 P 区、Y 区和 X 区都为 13 个，唯独 H 区有 17 个。

表 5－4　社区居家养老服务绩效指标层主要障碍因子

及其障碍度　单位:%

障碍因子排序	P 区		Y 区		X 区		H 区	
	障碍因素	障碍度	障碍因素	障碍度	障碍因素	障碍度	障碍因素	障碍度
1	C25	10.701	C31	6.345	C24	8.687	C26	8.097
2	C24	8.309	C13	5.484	C25	8.386	C24	6.211
3	C26	5.156	C26	5.327	C31	5.816	C13	5.307

续表

障碍因子排序	P 区		Y 区		X 区		H 区	
	障碍因素	障碍度	障碍因素	障碍度	障碍因素	障碍度	障碍因素	障碍度
4	C9	4.855	C7	4.7	C7	5.001	C30	4.266
5	C31	4.61	C29	4.427	C26	4.535	C32	4.209
6	C28	4.393	C30	4.407	C30	4.262	C1	3.925
7	C7	3.866	C28	4.348	C32	4.163	C11	3.844
8	C1	3.174	C27	3.915	C13	4.146	C25	3.672
9	C33	3.03	C32	3.871	C29	3.87	C5	3.567
10	C15	3.001	C25	3.41	C28	3.307	C8	3.567
11	C34	2.9	C11	3.236	C11	3.141	C9	3.08
12	C35	2.892	C8	2.906	C5	3.102	C34	3.068
13	C36	2.833	C36	2.877	C15	2.947	C27	3.064
14							C28	3.043
15							C35	2.967
16							C36	2.931
17							C33	2.912

针对指标层包含的 36 个单项指标，在表 5-4 的基础上，我们制作了社区居家养老服务绩效障碍指标区域频数图，如图 5-1 所示。

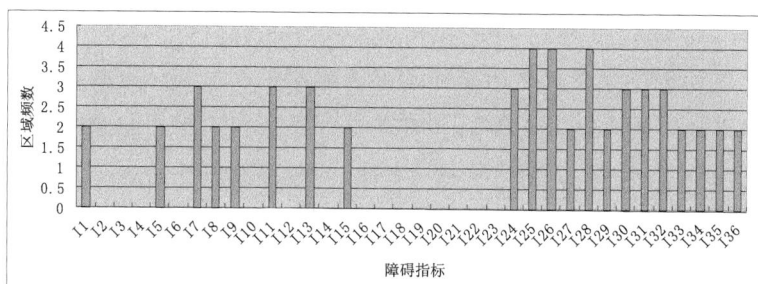

图 5-1　社区居家养老服务绩效障碍指标区域频数分布图

由图 5-1 我们可以看出，在影响社区居家养老服务绩效的众多指标中，存在一定的具有普遍影响作用的障碍因子，其中，社区居家养老管理人员数与接受服务老年人数之比（C1）、日托中心服务人员数与接受服务老年人数之比（C5）、社区居家养老服务政府总投入与区域财政支出之比（C7）、老年人服务补贴总额与获得补贴老年人数之比（C8）、社会各界对社区居家养老服务的捐助总额与区域老年人数之比（C9）、市、区、街道三级财政对日托中心、助餐点、社区居家养老服务中心（含服务社）的建设投入和运营补贴总额与区域老年人数之比（C11）、助餐点、日托中心、社区居家养老服务中心（含服务社）服务用房面积总和与接受服务老年人数之比（C13）、流程规范：建立完善的服务流程制度（C15）、服务社每月平均上门服务老年人次与区域老年人数之比（C24）、日托中心每月平均服务老年人数与区域老年人数之比（C25）、助餐点每月平均服务客数与区域老年人数之比（C26）、志愿者每月平均服务小时数与区域老年人数之比（C27）、接受社区居家养老服务的老年人数与区域老年人数之比（C28）、获得政府补贴老年人数与区域老年人数之比（C29）、接受社区居家养老服务的老年人中低保与低收入家庭老年人所占比例（C30）、接受社区居家养老服务的老年人中独居与高龄老年人所占比例（C31）、获得政府补贴老年人中中度、重度失能与失智老年人数所占比例（C32）、老年人助餐服务满意度（C33）、老年人助洁服务满意度（C34）、老年人助医服务满意度（C35）、老年人康乐服务满意度（C36），这21个指标的频数分布比较高，频数分别为2、2、3、2、2、3、3、2、3、4、4、2、4、2、3、3、3、2、2、2、2；特别是C7、C11、C13、C24、C25、C25、C28、C30、C31、C32，这10个指标，频数分布至少在三个区域。这些共同性障碍因子中，来自服务投入的指标有7个，占33.33%，来自服务过程的为1个，占4.76%，来自服务产出的为9个，占42.85%，来自服务满意度的为4个，占19.06%。

上海市四个区的社区居家养老服务绩效障碍因子，不仅仅存在普遍性的问题，同时存在一定的差异性。按照指标层单项指标障碍度大小排序，我们选取障碍度排序前八位的障碍因子来分析。

P区障碍度排序前八位的障碍因子分别是C25、C24、C26、C9、C31、C28、C7、C1，其中三个指标来自服务投入方面，五个指标来自服务产出方面，八个因子的贡献度达到了45.064，是四个区中首位度最明显的区域；C25的障碍度高达10.701，远远高于P区其他指标的障碍度，也高于其他区域中的最高指标障碍度，C25在Y区中排在前八之外，在H区仅仅排第八；C9在

P区障碍度排名第四，为4.855，这一指标是其他三个区域前八所没有的指标。

Y区障碍度排序前八位的障碍因子分别是C31、C13、C26、C7、C29、C30、C28、C27，其中两个指标来自服务投入方面，六个指标来自服务产出方面，八个因子的贡献度为38.953，是四个区中首位度最差的区域；C31的障碍度为6.345，是四个区域中首位影响因子障碍度最低的，C31在P区排名第五，在X区排名第三，在H区则未进入前八；C27在Y区障碍度排名第八，为3.915，这一指标是其他三个区域前八所没有的指标。

X区障碍度排序前八位的障碍因子分别是C24、C25、C31、C7、C26、C30、C32、C13，其中一个指标来自服务投入方面，七个指标来自服务产出方面，八个因子的贡献度达到44.996，首位度比较明显，在四个区中排第二；C24与C25的障碍度比较高，均超过8，达到8.687和8.386，而C32这一指标是P区与Y区前八名所没有的，障碍度为4.163。

H区障碍度排序前八位的障碍因子分别是C26、C24、C13、C30、C32、C1、C11、C25，其中三个指标来自服务投入方面，五个指标来自服务产出方面，八个因子的贡献度达到39.531，首位度仅仅高于Y区0.578；C26的障碍度为8.097，高于排名第八的C25（3.672）；突出C11在H区的重要性，这一指标是其他三个区域前八名所没有的。

第三节 社区居家养老服务绩效因素层障碍因子诊断

我们通过以上对 36 个指标层的障碍因子分析，不同区域社区居家养老服务绩效的障碍因素既有共同的地方，也有比较大的差异，在此基础上，我们利用公式 5－3，分别计算出四个区域中在人力投入（B1）、财力投入（B2）、物力投入（B3）、机构支撑能力（B4）、服务交互质量（B5）、机构提供服务（B6）、享受人群（B7）、老年人满意度（B8）八项因素层指标的障碍度，如表 5－5 所示。

表 5－5 上海市社区居家养老服务绩效因素层指标障碍度 单位:%

因素层指标	障碍度			
	P 区	Y 区	X 区	H 区
B1	12.962	10.84	11.573	13.896
B2	16.101	17.308	14.438	14.697
B3	3.913	7.409	5.284	7.427
B4	7.34	6.357	6.42	6.177
B5	10.007	9.024	8.497	9.967
B6	26.447	14.596	21.948	21.044
B7	11.575	23.398	21.418	14.914
B8	11.655	11.068	10.422	11.878

一、分指标比较

从表 5-5 我们可以看出，八个因素层指标在各个区域的障碍度是不一样的，有的因素层指标的障碍度差距非常大，有的因素层指标障碍度差距不明显，其中：

在 B1（人力投入）方面，H 区的障碍度最大，为 13.896%，P 区以 12.962% 紧追其后，排名第二，X 区与 Y 区分别为 11.573%、10.84% 居最后 2 位；在 B2（财力投入）方面，Y 区的障碍度最大，为 17.308%，其次为 P 区的 16.101%，H 区以 14.697% 排在第三位，最后是 X 区的 14.348%；在 B3（物力投入）方面，H 区与 Y 区分别以 7.427%、7.409% 排在前两位，第三为 X 区的 5.284%，最后是 P 区，仅仅为 3.913%，比排名第一的 H 区少 3.514%；

在 B4（机构支撑能力）方面，P 区最高，为 7.34%，X 区、Y 区、H 区三个区的数值都比较接近，分别为 6.42%、6.357%、6.177%；在 B5（服务交互质量）方面，最高的仍然为 P 区的 10.007%，其次是 H 区的 9.967%，Y 区和 X 区分别以 9.024%、8.497% 排名第三与第四；

在 B6（机构提供服务）方面，各区的数值差距更大，排名第一的是 P 区，达到 26.447%，其次是 X 区的 21.948%，第三位的是 H 区的 21.044%，最后是 Y 区，仅仅为 14.596%，与排名第一的 P 区差距为 11.881%；

在 B7（享受人群）方面，各区差距依然比较大，Y 区以 23.398% 排在第一位，其次是 X 区的 21.418%，第三为 H 区的 14.914%，最后是 P 区，仅仅为 11.575%，比 Y 区少 11.823%；

在 B8（老年人满意度）方面，障碍度相对比较均衡，差距不是很大，H 区排名第一，为 11.878%，第二为 P 区的 11.655%，Y 区与 X 区分别以 11.068% 和 10.422% 排在第三与第四位。

二、分区域比较

分区域来看，各区在各因素层的障碍度，对社区居家养老服务绩效的贡献度也有很大的不同，如图 5-2。

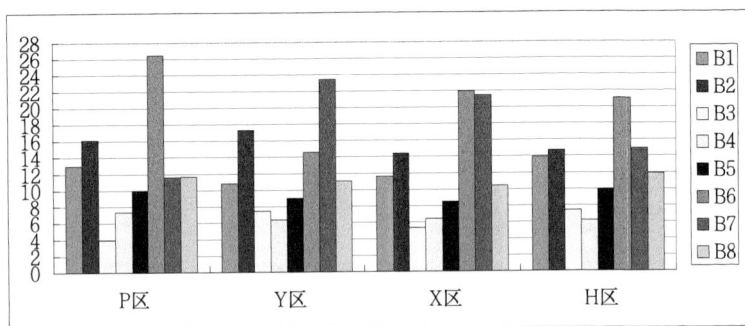

图 5-2 上海市 4 个区社区居家养老服务绩效因素层指标障碍度排序

P 区因素层障碍度最大的为 B6（机构提供服务），障碍度达到 26.447%，远远超过其他三个区 B6 对所在区域的影响，B2（财力投入）的障碍度排在第二，为 16.101%，排在第三的是 B1（人力投入），障碍度为 12.962%，排名前三位的因素层因子障碍度超过 50%，达到 55.51%；

　　Y 区因素层障碍度最大的为 B7（享受人群），障碍度达到 23.398%，是四个区中最大障碍度唯一一个不是 B6（机构提供服务）的区域，障碍度排在第二位的是 B2（财力投入）为 17.308%，第三的是 B6（机构提供服务），障碍度为 14.596%，排名前三位的因素层因子障碍度超过 50%，达到 55.302%；

　　X 区则属于"双塔"阻碍模式，障碍度排名第一的 B6（机构提供服务）与第二的 B7（享受人群）比较接近，分别为 21.948%、21.418%，障碍度排在第三是 B2（财力投入），为 14.438%，排名前三位的因素层因子障碍度超过 50%，达到 57.804%，首位度是四个区中最大的；

　　H 区因素层障碍度最大的为 B6（机构提供服务），障碍度为 21.044%，排名第二的是 B7（享受人群），障碍度为 14.914%，排名第三的是 B2（财力投入），障碍度为 14.697%，排名前三位的因素层因子障碍度超过 50%，达到 50.655%，首位度也比较明显，但是与其他三个区相比，排名末尾。

第四节　社区居家养老服务绩效准则层障碍因子诊断

一、准则层障碍因子诊断

　　我们通过以上对 36 个指标层和八个因素层的障碍因子分析发现，不同区域社区居家养老服务绩效的障碍因素既有共同的地方，也存在比较大的差异。在此基础上，我们利用公式 5-5，计算四个区域中在服务投入、服务过程、服务产出、服务满意度四个准则层方面的障碍度，如表5-6所示。

表5-6　上海市社区居家养老服务绩效准则层指标障碍度 单位:%

区域	服务投入	服务过程	服务产出	服务满意度
P区	32.976	17.347	38.022	11.655
Y区	35.557	15.381	37.994	11.068
X区	31.295	14.917	43.366	10.422
H区	36.02	16.144	35.958	11.878
平均值	33.962	15.947	38.835	11.255

（1）分准则层指标来看，各个指标在各区的障碍度是不一样的。从服务投入这一准则层来看，障碍度最高的是H区，达到36.02%，其次为Y区，障碍度为35.557%，两个区服务投入的障碍度均超过均值；第三为P区，障碍度为32.976%，排名最后的是X区，障碍度为31.295%，两个区服务投入的障碍度均低于均值。

从服务过程这一准则层来看，障碍度最高的是P区，达到17.347%，其次为H区，障碍度为16.144%，两个区服务过程的障碍度均超过均值；第三为Y区，障碍度为15.381%，排名最后的是X区，障碍度为14.917%，两个区服务过程的障碍度均低于均值。

从服务产出这一准则层来看，障碍度最高的是X区，达到43.366%，高于均值4.531%，也是四个区中唯一的一个高于均值的区域；其次为P区，障碍度为38.022%，第三为Y区，障碍度为 37.994%，排名最后的是 H 区，障碍度为 35.958%，低于均值 2.877 个百分点。

从服务满意度这一准则层来看，障碍度最高的是 H 区，达到 11.878%，其次为 P 区，障碍度为 11.655%，两个区服务满意度的障碍度均超过均值；第三为 Y 区，障碍度为 11.068%，排名最后的是 X 区，障碍度为 10.422%，两个区服务满意度的障碍度均低于均值。

（2）从最高障碍度分析看，H 区包揽了服务投入与服务满意度两项最高值，反映了这两项准则层指标对 H 区的影响非常大；P 区在服务过程上的障碍度最高，说明其在服务过程方面需要进一步提升质量；X 区在服务产出这一准则层上的障碍度最高，远远超过了其他三个区的障碍度，也说明了这一准则层对于 X 区的影响最大。从最低障碍度分析看，X 区在服务投入、服务过程与服务满意度三项上得分都是四个区中最低的，说明这三项指标对于 X 区社区居家养老服务绩效的障碍度相对比较低；H 区在服务产出方面得分最低，说明 H 区服务产出对于社区居家养老服务绩效的影响不及其他三个区在服务投入的大。

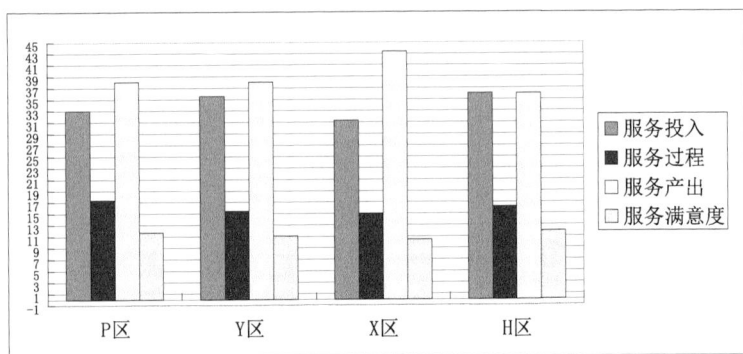

图5-3　上海市四个区社区居家养老服务绩效准则层指标障碍度排序

（3）从区域障碍度来看，如表5-6所示，P区、Y区、X区与H区，在社区居家养老服务绩效准则层指标障碍度上，其特点均表现为服务产出＞服务投入＞服务过程＞服务满意度，服务产出是影响四个区域社区居家养老服务绩效最大的障碍因素，四个区均超过35％，其次为服务投入，四个区均超过30％，第三为服务过程，四个区的分值在15％-20％左右，最后为服务满意度，四个区的分值在10％左右，这是四个区相同一面的表现。

此外，四个区在准则层的障碍度方面也有一定的差异，如图5-3所示。首先是服务产出准则层方面，X区的障碍度明显高于其他三个区，高于P区5.344％，高于Y区5.368％，高于H区7.408％，标准差为3.1715，变异系数为0.0816，无论标准差还是变异系数都是四个指标里最高的；其次是服务投入准则层方面，H区的障碍度与Y区差不多，但是高于P区和X区，标准差为 2.2259，变异系数为 0.0655；在服务过程这一准则层方面，障碍度最高的 P 区高于最低的 X 区 2.43 个百分点，标准差为 1.0614，变异系数为 0.0665，排在第二；相对来说，服务满意度比较均衡，最高的 H 区高于最低的 X 区 1.45%，标准差为 0.6524，变异系数为 0.0579，都是最低的。

二、准则层障碍阻力模式分析

为了更好地分析社区居家养老服务绩效的阻力类型，我们通过最小方差法，对四个区的阻力类型进行研究。根据公式 5－7 我们计算得出了各区的 N 值，如表 5－7。

表 5－7　四个区的 N 值

阻力类型	P 区	Y 区	X 区	H 区
单系统阻力模式	1341.35	1367.02	1129.47	1447.02
双系统阻力模式	181.64	177.95	181.24	198.57
三系统阻力模式	103.35	161.2	138.12	112.64
四系统阻力模式	117.45	141.72	172.77	123.02

从表 5－7 我们可以看出，P 区 N 值最接近 0 的为 103.35，因此，其阻力模式属于三系统阻力模式；Y 区 N 值最接近 0 的为 141.72，因此，其阻力模式为四系统阻力模式；X 区 N 值最接近 0 的为 138.12，因此，其阻力模式也属于三系统阻力模式；H 区 N 值最接近 0 的为 112.64，因此，其阻力模式同样为三系统阻力模式。

表5-8　上海市社区居家养老服务绩效阻力贡献率及其阻力类型

阻力类型	区域	阻力贡献率（%）			
		投入系统	过程系统	产出系统	满意度系统
四系统阻力模式	Y区	29.78	19.65	34.23	16.34
三系统阻力模式	P区	32.85	15.32	51.78	5
	X区	19.65	18.23	61.36	0.75
	H区	24.67	24.4	34.98	15.95

　　从四个区的N值，以及四个区其实际障碍度情况进行比较分析，最终得出各区在准则层方面的阻力贡献率，如表5-8所示。Y区属于四系统阻力模式，四个系统的阻力贡献率比较均衡，差距不是很大，产出系统贡献率为34.23%，投入系统的贡献率为29.78%，过程系统的贡献率为19.65%，满意度系统的贡献率为16.34%；P区、X区和H区都属于三系统阻力模式，且这三个系统都来自产出系统、投入系统和过程系统，P区产出系统贡献率为51.78%，投入系统的贡献率为32.85%，过程系统的贡献率为15.32%，X区产出系统贡献率为61.36%，投入贡献率为19.65%，过程贡献率为18.23；而H区产出系统的贡献率为34.98%，投入系统的贡献率为24.67%，过程系统的贡献率为24.4%，相对于P区与X区，三系统阻力模式更加稳定。

第五节　本章小结

　　本章利用障碍度模型，分别研究了社区居家养老服务绩效的

36 个单项指标的指标层、八个因素层以及四个准则层的障碍度。研究结果显示，在单项指标层方面，各项指标对总体绩效的影响程度既有普遍性的地方，也有差异性的地方，从普遍性方面来看，C1、C5、C7、C8、C9、C11、C13、C15、C24、C25、C26、C27、C28、C29、C30、C31、C32、C33、C34、C35、C36，这21 个指标的频数比较高，特别是 C25、C26、C28 三个指标的频数达到 4；从差异性来看，某些指标对某一地区的障碍度比较高，而其他地区却未必体现，如 C9 在 P 区障碍度排名第四，为4.855，这一指标是其他三个区域前八所没有的指标。从因素层指标来看，B2（财力投入）、B6（机构提供服务）、B7（享受人群）是影响四个区域的重要因素，B3（物力投入）、B4（机构支撑能力）影响程度较小。从准则层来看，服务投入与服务产出是影响绩效的最重要因素，服务过程与服务满意度的重要性相对减少；在差异方面，服务产出在 X 区的障碍度非常高，远超过其他区域，且这一指标的标准差和变异系数都是四个指标中最高的；从阻碍力模式来分析，Y 区属于四系统阻力模式，四个系统的障碍度贡献率比较均衡，差距不是很大，而 P 区、X 区和 H 区都属于三系统阻力模式，且这三个系统都来自产出系统、投入系统与过程系统。

第六章

社区居家养老服务绩效的优化路径

第一节　加强社区居家养老服务的顶层设计

"顶层设计"在 2010 年 10 月中共中央关于"十二五"规划的建议中首次出现。2013 年党的十八届三中全会更是明确提出："必须更加注重改革的系统性、整体性、协同性，……加强顶层设计和摸着石头过河相结合，整体推进和重点突破相促进，……形成改革合力。"改革开放 30 多年来，我国改革步入了攻坚期和深水区，加强改革顶层设计，增强改革的系统性、整体性、协调性成为社会各界共识（王东京，2014）[1]。社区居家养老服务作为公共服务的一个重要组成部分，也是一项重要的民心与民生工程，关系到我们每一个人的未来。

---

〔1〕 王东京. 顶层设计的动力、主体与政府改革［J］. 改革，2014（5）：6 - 7.

一、明确政府在社区居家养老服务中的职能定位

近年来，政府在引导企业和社会组织参与社区居家养老服务的提供方面，由于政府购买服务机制不完善、财政支持不足、监管不到位等因素的制约，出现了种种问题。此外，在家庭养老方面政府通过法律形式强调家庭在赡养老年人的责任，但由于家庭规模小型化、核心化与空巢化[1]，家庭养老功能不断减弱。因此，重新调整政府在社区居家养老服务中的职责是政策不可或缺的内容。在社区居家养老服务发展过程中，政府的职能定位是要为整个社区居家养老服务发展提供良好的政策与制度环境，提供必要的资金支持，并做好服务质量的监督评估，确保养老服务市场的健康发展；与此同时，政府还需要保障所有老年人获得最基本的养老服务。

（一）政策的制定者

政策制定是社区居家养老服务制度推行的必要前提，这为社区居家养老服务的具体实施提供规范指导（同春芬、汪连杰，2015)[2]。在此，政府需要制定出更加具体、明确且针对性更强的社区居家养老服务规划与政策，为社区居家养老服务的发展营造良好的环境。比如：如何培育和鼓励更多草根性质的社会组织参与社区居家养老服务，如何进一步规范政府购买社区居家养老服务政策；制定服务机构进入与退出社区居家养老服务政策、优

---

〔1〕　尚潇滢.我国城市独生子女家庭养老模式选择意愿及影响因素分析［J］.宁夏社会科学，2014（3）：64 – 72.

〔2〕　同春芬，汪连杰.福利多元主义视角下我国居家养老服务的政府责任体系构建［J］.西北人口，2015（1）：73 – 79.

化社区居家养老服务专业队伍技能培训和职称评审政策、建立家庭照料者补贴制度，给予家庭照料者一定的经济补贴等。

（二）市场的培育者

社区居家养老服务的可持续发展，离不开养老市场的培育与壮大。在社区居家养老服务市场的培育中，政府需要进一步加强政策宣传工作，学者李放（2013）证实，老年人对社区居家养老服务政策越了解，其更加愿意选择社区居家养老服务。此外，逐步改变老年人的消费观念，提高他们"购买服务"的意识，只有这样才能把老年人的潜在需求转化为有效需求。为此，政府必须进一步完善社会保障制度，不断提高老年人退休待遇；完善社区居家养老服务市场准入制度，对进入社区居家养老服务市场的组织机构进行资格评定、等级划分。

（三）财力的支持者

可持续的财力投入是社区居家养老服务发展的重要条件，也是政府责任的具体体现。各级政府要加大对社区居家养老服务基础设施建设的资金支持力度，进一步完善对机构日常运作补贴与老年人服务补贴；对各类市场主体进入社区居家养老服务领域的，都要给予一定的财政税收优惠和政策支持。

（四）公共利益与服务合同的监管者

社区居家养老服务主要通过政府购买服务的方式进行，具体服务由各类社会组织提供。在这种情况下，政府如何向社会组织购买、购买哪个组织的服务、购买是否实现了公共利益等问题，就显得十分重要了。由于提供服务的社会组织与购买服务的政府存在依附关系[1]，社区居家养老服务组织的竞争机制也就很难建立，"需要依赖市场却不需要市场竞争，这就存在将私人目标置于公共目标之上的危险，而且还有可能为了其他利益而在不知不觉中牺牲某些公共利益"。[2] 此外，政府在购买服务的过程中，要重视社区居家养老服务的合同管理。政府购买服务虽然减弱了其直接生产服务的责任，但是政府的监管职能需要进一步加强，特别是管理合同的监管责任，只有这样才能做一个精明的买主，正如美国学者菲利普·库珀（2007）[3] 指出的"为公众做个好交易不只是取决于是否要签个合同、合同给谁，而是取决于合同从头到尾整个过程的管理。事实上，大多数这样的过程是在辩论是否要签约之后开始，而不只是一个简单的投标。好的交易不是由一种标准衡量的"。

（五）服务质量的监管者

现阶段，政府通过政府购买的方式，将社区居家养老服务主要通过社会组织输送到老年人手中，如何保障服务的质量就显得非常重要，"地方政府曾经是社会服务的主要提供者。虽然有时委托民间机构提供服务，但民间团体受到了公共部门的严格控制"。[4] 在供给主体多元化的当下，确保社区居家养老服务的质

〔1〕 郭小聪，聂勇浩．服务购买中的政府、非营利组织关系：分析视角及研究方向［J］．中山大学学报（社会科学版），2013（4）：155－162.

〔2〕 ［美］唐纳德·凯特尔．权力共享：公共治理与私人市场［M］．孙迎春，译．北京：北京大学出版社，2009：16.

〔3〕 ［美］菲利普·库珀．合同制治理——公共管理者面临的挑战与机遇［M］．竺乾威，卢毅，陈卓霞，译．上海：复旦大学出版社，2007：5.

〔4〕 ［日］武川正吾．福利国家的社会学：全球化、个体化与社会政策［M］．李莲花，等译．北京：商务印书馆，2011：128.

量就成为政府的重要职责，政府的监管职责需要引进新的规制，"不仅规制的范围在扩大，其方法也在变化。规制的内容从统制到诱导，从禁止或限制到调整，进而向创造条件转变"。[1]

二、基于公平原则实现社区居家养老服务的全覆盖

改革开放以来，我国由总体性社会向个体化社会转变，在个体化社会中，个体开始不断分化，并逐渐成为社会问题的根源，正如德国著名学者乌尔里希·贝克（2003）[2] 所言："在个体化过程的消极影响中有个体从传统支持网络（比如家庭或者邻里）中的脱离，补充性收入来源的消失（比如部分时间耕种），以及与此相应地在所有生活领域中对报酬和消费的依赖性的增加。在这种新的生活状况下，收入的主要保障，亦即稳定的工作——不管有没有社会保障——都丧失了，人们突然间面临一个深渊。"在西方国家个体化过程中，文化民主和完善的社会福利制度起到了重要支撑作用，然而，我国的个体化过程却并非如此，我国个体化"在愈需要个体自我依靠时，个人却往往只能通过家庭主义或关系主义化解风险和不确定性"。[3]

与此同时，我国也进入了风险社会，风险社会的兴起也彻底改变了我们的生存方式。由于我国老年群体处于弱势地位，在个体化社会的背景下，其面临的社会风险更加突出，也更加容易受

---

〔1〕 ［日〕武川正吾. 福利国家的社会学：全球化、个体化与社会政策 ［M］. 李莲花，等译. 北京：商务印书馆，2011：128.

〔2〕 ［德〕乌尔里希·贝克. 风险社会 ［M］. 何博闻，译. 南京：译林出版社，2003：113–114.

〔3〕 王建民. 转型社会中的个体化与社会团结——中国语境下的个体化议题 ［J］. 思想战线，2013（3）：79–83.

到经济社会的影响，正如郑永年、黄彦杰（2012）[1] 所指出的：
"中国式风险社会的特点，并不在于其内容和形式，而在于人为的分布体系。……不同社会群体之间的风险分配不均衡是各国的常态，但像中国这样的极度不均衡恐怕也属异类。很难想象，为中国经济运行承担最大风险的，例如像农民工和农民这样的'弱势群体'，同时也是社会保险覆盖最小的群体。换而言之，中国式的'风险社会'似乎并不是贝克定义的那种代替了阶级社会的新型组织，因为中国的风险分配格局几乎复制了社会阶层的分布格局，对任何个体而言，风险与权力和财富完全成反比。"

在个体化与风险社会的双重冲击下，处于弱势地位的老年人养老处境更加艰难。由于上海老年人口基数庞大、增长快速，以及基于当时财力可承受能力的考量，在建立社区居家养老服务之初，主要把基点放在城市，覆盖人口主要为城市贫困老年人、高龄独居老人、对社会有一定贡献的老年人等，这在当时有一定的合理性。但是，随着上海市经济社会的发展，2016 年人均 GDP超过 17 000 美元，达到发达国家水平，继续采用"补缺模式"的福利制度，不利于社区居家养老服务的发展，特别是在当下，个体化的老年人面临的各种风险基本一致，因此，覆盖所有老年人是社区居家养老服务发展的必然，因为"一个文明的社会应该为全体居民提供有保障的生活水平，即使那些没有对经济生产做

---

〔1〕 郑永年，黄彦杰．风险时代的中国社会［J］．文化纵横，2012（10）：50－56.

出实际贡献者，也应该享有这样的生活水平"。[1] 也只有不断扩大服务面，实现老年服务均等化，才能更好地推动我国建设"社会服务国家"（林闽钢，2015)[2]。因此，政府在完善社区居家养老服务的过程中，必须坚持"权利优先、先有后好"的原则，统筹城乡发展，逐步扩大社区居家养老服务的覆盖范围，使社区居家养老服务覆盖到需要帮助的每一位老年人，并不断提高服务的质量和水平，正如英国学者朱利安·勒·格兰德（2010）所言："良好的公共服务应该广泛地向所有人提供平等的机会，不管社会或者经济地位，抑或其他差异，都不影响他们对公共服务的需要，这样的观点既至关重要，也相对来说无可争议"。[3]

第二节　加大对社区居家养老服务投入力度

服务投入是影响社区居家养老服务绩效的重要因素，因此，要提高社区居家养老服务的绩效，需要保障社区居家养老服务能够获得稳定而持续的财力支持。财力投入不仅要明确政府的投入责任，更要实现投入主体的多元化，拓宽社区居家养老服务经费渠道，最终建立一个多层次、多途径、多渠道的投资发展模式。

---

〔1〕 Tilton, Tim (1990). The Political Theory of Swedish Social Democracy: Through the Welfare State to Socialism〔M〕. Oxford: Clarendon, 51–62.

〔2〕 林闽钢. 中国社会福利发展战略：从消极走向积极〔J〕. 国家行政学院学报, 2015 (2): 73–78.

〔3〕〔英〕朱利安·勒·格兰德. 另一只无形的手：通过选择与竞争提升公共服务〔M〕. 韩波, 译. 北京：新华出版社, 2010: 8.

一、政府加大对社区居家养老服务的支出力度

2000 年以来，虽然上海市对社区居家养老服务的投入增长了上百倍，但是与上海市的公共财政支出相比，社区居家养老服务支出所占比例较小（张歌，2014）[1]。为了更好地应对深度老龄化社会，政府必须加大对社区居家养老服务的支出力度，此外，从上海市的财政能力来看，加大对社区居家养老服务财政支出力度，完全处于政府可承受范围之内。

第一，确立社区居家养老服务的预算制度以及财政资金动态管理机制，把社区居家养老事业纳入政府工作计划，安排专项经费支持，使社区居家养老服务成为一种制度性安排。

第二，建立可持续的动态增长的公共财政投入保障机制，建议政府对社区居家养老服务投入增长率不低于经常性财政收入增长率，并在当年社区居家养老事业发展中予以明确规定（张歌，2015）[2]。

第三，建立社区居家养老服务的受益面与人均补助标准双增长机制。近年来上海社区居家养老服务补贴人数基本上在 13 万左右，不仅人数增长缓慢，覆盖面还比较窄，并且覆盖面呈现不断下降的趋势[3]，到 2014 年获得补贴老年人占户籍老年人比例仅仅为 3.14%，远远低于澳大利亚的 24% 和香港的 30%；与

---

〔1〕　张歌. 政府公共支出视角下的居家养老服务资金发展研究——以上海市为例〔J〕. 兰州学刊，2014（12）：108－113.

〔2〕　张歌. 居家养老服务资金的政策效果分析——以上海市为例〔J〕. 河南大学学报（社会科学版），2015（2）：75－82.

〔3〕　2009 年以来，获得政府补贴的老年人比例不断下降，2009 年为 4.08%、2010 年为 3.92%、2011 年为 3.82%、2012 年为 3.43%、2013 年为 3.36%。与

此同时，人均补助资金 2012 年比 2011 年还低，因此建立稳定的补助增长机制非常必要。

第四，进一步加大对社区居家养老服务设施的投入，根据《民政事业发展第十二个发展规划》，到 2015 年，社区综合服务设施覆盖率达到 90％，上海社区服务设施覆盖率离这一目标还有很大差距，因此，加大对社区居家养老服务设施的公共支出，势在必行。

第五，探索建立政府向老年人家庭成员购买养老服务制度，在此可以借鉴上海市长风二村的经验，居委会一方面安排老年人的子女照顾老年人，一方面每个月发放子女照顾老年人的费用，这不仅可以解决老年人照料问题，也可以在一定程度上解决子女就业问题，弘扬了家庭养老的传统。

二、规范政府对社区居家养老服务机构投入制度

上海市对社区居家养老服务的投入主要包括两方面，一是服务补贴，二是机构的基础设施支出，机构基础设施方面，又包含了建设费与运营费，如表 6－1。在社区居家养老服务基础设施支出方面，不同的建设项目涉及部门不同，其资金来源也各异，有市区（县）财政、市区（县）福利彩票公益金、市促进就业专项资金等；而在社区居家养老服务机构运营支出方面，有市促进就业专项资金、街道财政、外来从业人员技能培训资金、服务收费等。对于服务补贴方面，主要涉及市、区（县）财政与市、区（县）福利彩票公益金，如表 6－1 所示。由于涉及部门非常多，资金的来源也非常复杂。

表6－1　上海市社区居家养老服务投入资金财政来源

支出构成	支出种类		资金来源
服务补贴支出	社区居家养老服务券		市福利彩票公益金，区（县）1:1配套市区（县）财政1:1配套
基础设施支出	建设费	助老服务社开办费	市促进就业专项资金
		助餐点开办费	市福利彩票公益金资助区（县）不少于1:1的比例配套
		日间照料中心开办费	市财政根据不同项目的投资额分别补贴15万、30万、40万；区（县）不少于1:1配套
	运营费	日常运作经费	街道财政
		"万人就业"从业人员培训及薪酬	市促进就业专项资金
		非"万人就业"从业人员培训及薪酬	市外来从业人员技能培训资金、街道财政和服务收费

由于社区居家养老服务机构建设资金来源复杂，且资金的管理和使用上会消耗大量的成本，从而降低了政府投入的使用效率，因此必须规范政府对社区居家养老服务机构建设的支出。

首先，在整合财政资金与其他资金对社区居家养老服务投入的基础上，明确各级政府部门的资金投入边界，防止资金的挤占与挪用。政府财政应该优化支出方向，把机构的建设支出与购买服务支出作为主要方向，减少对机构的运用补贴，不断培育机构的自身能力；加大福彩公益金对社区居家养老服务的投入，特别是提高市级福彩公益金比例[1]，进而形成稳定的资金来源。

其次，市、区（县）、街道三级政府对社区居家养老服务支出比例和方式需要进一步制度化，特别需要突出市、区（县）两级政府财权与事权的匹配，正如美国经济学家加尔布雷思（2010）[2] 所言："合理的公共政策，首先应当确保在各级政府部门之间，收入的分配与任务的分配相一致。"在此，日本的经验值得我们学习，在日本的介护保险中，政府承担保费的50%，其中中央政府负担25%，省与市、县政府各承担12.5%（蔡林海，2012)[3]。

三、鼓励社会资本投资社区居家养老服务事业

要继续扩大宣传力度，鼓励社会各界积极关注养老事业，鼓励社会团体、企事业单位和个人向社区居家养老服务机构捐款、捐物或者提供无偿服务。同时通过宣传"用者付费"的理念和消费市场，做大做强"银发产业"，鼓励社会团体、慈善机构、企业、个人等社会力量投资社区居家养老服务事业，在地价、税

---

〔1〕 根据《2013 年度上海市本级福利彩票公益金筹集及使用情况公告》，彩票公益金为 22.6 亿元，除了上缴 11.1 亿元给中央以及下拨 3.7 亿元给区县外，市本级留存 7.8 亿元，而用于扶老类项目资金仅仅为 2 亿元，占 25.6%，且在扶老类项目中除去对机构养老的补贴，真正用于社区居家养老服务的资金更少，这与上海市民政事业发展"十二五"规划中的到 2015 年福彩资金用于购买服务的资金达到 20% 的比例还有差距。

〔2〕 ［美］约翰·肯尼斯·加尔布雷思. 经济学与公共目标［M］. 余海生，译. 北京：华夏出版社，2010：333.

〔3〕 蔡林海. 老年预防、老年健康与居家养老：日本社会养老服务体系的成功经验与启示［M］. 上海：上海科技教育出版社，2012：93.

收、水电等收费上给予政策优惠，同时建立公开、平等、规范的养老服务准入制，积极支持以公建民营、民办公助、政策补贴、购买服务等多种方式兴办社区居家养老服务机构。鼓励社会资金以独资、合资、合作、参股等方式举办社区居家养老服务机构，培育消费市场，不断探索社区居家养老市场化运作的有效途径，以此来吸引私人投资，拓宽资金来源。

四、加强政府对护理保险制度与商业护理保险市场的发展

由于我国传统养儿防老观念以及老年人收入有限等因素制约，在我国，基于国家层面的护理保险制度始终没有建立起来。[1] 在深度老龄化背景下的上海，需要探索建立适合上海的护理保险制度，走预防与康复相结合的道路，在此，可以学习日本的介护保险制度。对于 40 岁以上的人员，缴纳一定比例的护理保险，在退休以后，通过享受护理的方式获得服务。

在发展介护护理保险的同时，大力发展商业护理保险市场，增加养老服务资金渠道。美国在实行商业护理保险制度中，出台了许多优惠政策，来促进商业护理保险市场的发展，而我国商业护理保险的税收优惠几乎空白。因此，需要制定税收优惠政策，刺激我国商业护理保险市场的发展。

---

[1] 张歌. 城市居家养老服务资金发展困境：障碍与对策 [J]. 现代经济探讨, 2014 (7)：73 - 77.

第三节 建立无缝化社区居家养老服务整合体系

上海市社区居家养老服务项目包括生活照料、医疗护理服务、精神慰藉三大类 17 项具体服务，服务项目繁多，服务机构内部整合力度非常不足，因为"行政不是由一个行政官所完成的事情，而是一个交织着不同成员行动的过程。……行政不是在组织的一个层次所做的事情，而是跨越和联结了多个层次的过程。……行政不是一个简单的从上而下流动的过程，而是一个不同层次和不同成分相互作用的过程"[1] 此外，社区居家养老服务还缺少与医疗卫生部门的沟通与协调，无论是服务初始环节中的老年人服务等级评估，还是具体的助医服务项目，以及服务后的评估，都离不开专业的医疗工作。因此，在发展社区居家养老服务的过程中，要摆脱"民政福利"[2] 的误区，加强社区居家养老服务的整合力度。

所谓服务整合，就是将原来独立的服务单元，按照服务对象的需要，将其相关性连接起来成为一个服务体系，以发挥最大的服务效益。罗致光（1992）[3] 认为将服务整合起来的过程，可

---

〔1〕 ［美］詹姆斯·汤普森. 行动中的组织——行政理论的社会科学基础［M］. 敬乂嘉，译. 上海：上海人民出版社，2007：173－174.

〔2〕 夏艳玲. 老年社会福利制度：补缺模式与机制模式的比较——以美国和瑞典为例［J］. 财经科学，2015（1）：119－128.

〔3〕 罗致光. 评论社会服务整合化的意义及展望［J］. 香港社会工作学报，1992（2）.

以从所服务的对象和需要、地域分布及工作手法入手，以达成整合的内涵。服务整合不仅仅需要服务机构和专业管理人员的努力，也需要政府在政策和资源上的配合。

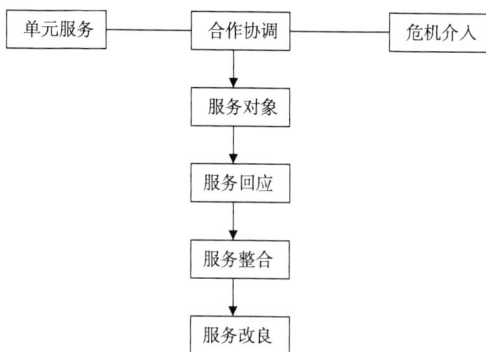

图6-1 社区居家养老服务整合机制

现阶段，老年人综合服务中心是一个吸纳老年人数众多的平台，在"社区为本"与"老年人为本"的前提下，建立一个服务整合的有效机制，使更多老年人得到服务的支出与保护。

整合服务机制必须首先从老年人的需要特性入手，构建一个功能互补的运作体系，其中包括单元服务、合作协调和危机介入三方面，如图6-1。

这个体系既保留了多元化服务特色，更加重要的是从"老年人为本"的角度，以多层次介入的服务体系取代以前的以服务单元为本的运作模式。同时，服务整合机制强调老年人的参与，重视老年人的意见和建议，来达到优质服务和满足老年人的期望的目的。

社区居家养老服务整合机制的性质与特色，如表6-2所示。这里需要强调的是，社区居家养老服务无论是服务机构内部还是服务机构外部，都必须加强协调与配合，达到整合的效果。在服务机构内部，由于老年人的需求涉及日常护理服务、家政、情感需求等，良好的协调机制能够满足不同老年人的需要，而对需要转介服务的高危老年人而言，服务的协调与信息的流通就显得更加重要。在机构服务外部，一方面，机构需要加强与卫生部门的沟通与协调，使服务的项目能够顺利实施；另一方面，需要加强与养老机构的联系，对于确实达到条件入住养老院机构的老年人，社区居家养老服务机构必须无缝对接，送入更加合适养老的养老院。

表6-2 社区居家养老服务整合机制的性质与特色

服务分流	性质	目的	特色
单元服务 （如助餐安排、社区康乐、社区教育等）	常规性质	按照老年人的需要特性提供的单元服务	各服务单位维持独立的常规服务
合作协调 （如家居照顾、医护转介、到户服务等）	针对性质	按照社区及老年人特殊需要设计的服务	各服务单位合作进行的针对性服务计划

续表

服务分流	性质	目的	特色
危机介入 （如老年人自杀心理辅导、为家庭变故者提供支持等）	紧急性质	预设突发情景下的服务	各服务单位预设一套互相支持的机制，当遇到突发事件时，能为有需要的老年人迅速提供服务
服务对象数据库	数据整合与分析	通过计算机技术，整理老年人数据，提供服务策略和评估的基础	各单位利用相关数据，就服务对象的需要，在上述三个范畴上作出响应和前瞻

第四节　优化社区居家养老服务体系建设

　　社区居家养老服务是一个服务项目多样化、涉及部门多元化的综合体系。我国学者王莉莉（2013）[1] 把社区居家养老服务体系概括为"居家养老服务链"，涵盖了社区居家养老服务的供给、输送与利用三个阶段，其目的就是最大化的满足老年人的服

---

　　[1]　王莉莉. 基于"服务链"理论的居家养老服务需求、供给与利用研究[J]. 人口学刊，2013（2）：49－59.

务需求。

一、坚持"以需求为导向"理念，完善社区居家养老服务供给机制

社区居家养老服务供给涉及政府、服务提供机构与老年人。这一阶段社区居家养老服务项目的开发、设计、信息披露等，都决定了服务项目能否满足老年人需求，以及被老年人所利用。社区居家养老服务的消费者是老年人，由于其家庭状况、经济收入、身体条件等不同，老年人的需求也就具有很大的差异性；即使是相同的服务项目，老年人在服务时间、服务方式、服务频率等方面的需求还会存在差别，因此如何准确识别老年人的真实需求就显得特别重要，这也是判断政府能力的重要标准（何艳玲、郑文强，2014)[1]。因此，许多国家（地区）的养老服务都会采取个案管理的方式来满足老年人的养老服务需求。由于社会社区居家养老服务的发展是在政府的强力推进下发展起来的，服务项目的确定、服务人群的选择以及服务网络的构建都以政府为主导，带有很强的计划性，这样的结果就是"政府按照上级政府的意愿以及本级政府的财政能力提供服务而不是按照老人（服务对象）的需求提供服务，在层层考核的压力下，基层镇街以及社区的自主能力很少"。[2]

在新的养老形势与背景下，完善社区居家养老服务的供给机

---

〔1〕 何艳玲，郑文强. "回应市民需求"：城市政府能力评估的核心 ［J］. 同济大学学报（社会科学版），2014（6）：56-65.

〔2〕 张晖. 居家养老服务输送机制研究——基于杭州的经验 ［M］. 杭州：浙江大学出版社，2014：26.

制，必须首先建立社区居家养老服务需求调查机制[1]，这一调查机制必须以老年人的真实需求为基础，并定期调整。政府及其服务机构必须以老年人的真实需求为本，坚持"以需求为导向"的理念，在满足老年人基本养老需求的情况下，不断开发新资源，满足老年人的特殊服务需求，只有这样才能最大限度地满足老年人的各项养老服务需求（林卡、朱浩）[2]。因此，政府和社区居家养老服务机构必须坚持"以需求为导向"的服务供给理念，来提供相应的服务，只有这样才能满足老年人的养老服务需求。

二、形成灵活、多样的服务输送机制

在科层制体制下，现阶段很多社区居家养老服务提供机构，在服务输送过程中大多采用比较固定的模式，服务人员上门服务的时间、频率固定，很少根据老年人的特殊情况进行改变，这在很大程度上影响了老年人对社区居家养老服务的评价。社区居家养老服务的服务输送框架设计，必须符合"5A"的原则：可用性（Availability）、充足性（Adequacy）、适当性（Appropriate）、可接受性（Acceptability）和可近性（Accessibility）[3]，因此，一个良好的服务输送机制应该是灵活、多样的，需要根据老年人的服务需求随时做出调整和变化，如服务时间、服务频率、服务

---

〔1〕　李军. 公共政策视阈下政府购买居家养老服务研究［J］. 江苏大学学报（社会科学版），2014（5）：16－23.

〔2〕　林卡，朱浩. 应对老龄化社会的挑战：中国养老服务政策目标定位的演化［J］. 山东社会科学，2014（2）：66－70.

〔3〕　陈燕祯. 老人服务与社区照顾：多元服务的观点［M］. 台北：威仕曼文化事业有限公司，2009：182.

方式等。

因此，在服务输送过程中，我们要尽快形成灵活、多样的服务输送机制。首先，建立老年人个人信息库，实现资源互通和共享。国外与我国香港、台湾等地区早已建立基于老年人"身体—心理—家庭状况"的数据库及其需求评估体系，因此，在与公安部门的协同配合下，在上海建立一个市级统筹的老年人个人信息库，对于服务提供机构服务输送和老年人的服务需求确认具有十分重要的意义，信息化的建立对于服务机构效率的提升也非常明显。[1] 这个老年人个人信息库不仅仅服务提供机构可以登录，社区工作者、志愿者等都可以进入，只有这样才能实现数据的共享，只有机构了解老年人的各方面信息，才能对老年人各项服务进行"私人订制"，才能制定更加精细化、人性化的输送方式。其次，建立服务提供机构与老年人的对话交流机制。服务提供机构还需要定期与老年人沟通，及时了解老年人的需求及其变化情况，促进两者的互信与合作，为个案管理的推行奠定基础。

第五节　加强社区居家养老服务队伍建设

社区居家养老服务的主体是人，服务对象也是人，因此，社区居家养老服务绩效在很大程度上与社区居家养老服务队伍有关。塑造一支素质较高、技术过硬、数量稳定的专业人员队伍，

---

〔1〕 刘晓静. 论中国养老服务的政策取向——基于养老服务政策变迁的视角[J]. 河北学刊，2014（5）：106 – 109.

是社区居家养老服务绩效得以保证的有效条件。

一、提升社区居家养老管理队伍的素质

老年人自身的生理、心理特点，决定了老年护理服务是专业性的服务。专业的服务首先需要有专业的知识、经验和理念来经营，现代护理的知识与技术如何在日常护理中体现，管理者的素质至关重要。现阶段上海社区居家养老服务机构在管理过程中，必须以建立健全社区居家养老服务管理队伍的培养、评价使用、激励机制为重点，统筹规划，造就一支规模适度、结构合理、素质优良的管理人员。一方面，鼓励和支持相关高校增设养老服务专业与课程，培养老年医学、营养学、心理学等方面的专业管理人才，教育部门对上述高校在招生、收费、基础设施等方面给予一定的政策优惠；另一方面，对于现有的管理队伍，行业主管部门及其服务机构应该有意识地对管理人员进行培训和提高，通过与上海各大高校的合作或者赴香港、台湾等地区的相关机构进行学习进修，每年进行交流、学习与考核，引进竞争机制，有针对性地培养一批专业知识过硬、年轻有为的管理队伍。

二、提高一线服务人员待遇，打造"新兴职业群"

一线的服务人员是社区居家养老服务的最基本的专业力量，制约社区居家养老服务发展的一个重要瓶颈，就是服务人员待遇低、离职率高、人手不足、职业体系不健全等问题。稳定社区居家养老服务的服务人员队伍最重要的手段就是建立完整的专业人才制度，从而改变行业"脏、乱、差"、社会地位低的状况，让员工对自己所从事的养老服务工作有职业自豪感，让整个社会都尊敬社区居家养老服务的员工，打造一个"新兴职业群"。

1. 不断提升服务人员工资待遇

为了稳定服务人员队伍，最基本的办法就是不断提高服务人员的工资待遇，保障服务人员的权益，使他们的劳动付出与收入回报相对称。政府需要根据养老行业同类人员的工资待遇，制定服务人员工资标准，并且每年都按照一定比例予以提高；根据服务人员的护理专业技能等级，进行奖励补助；给服务人员应有的养老、医疗、工伤等保险；对于非沪籍的服务人员，在政策允许的范围内，在廉租房入住、小孩入学、医疗保障、入户等方面给予适当倾斜。

2. 逐步规范服务人员准入和分级管理制度

养老护理是一个专门的职业，在上海"40""50"人员基本退休的情况下，社区居家养老服务的服务人员的招录，需要加强与各职业学校的联系，开展学校"养老护理"定向人才的培养，提升服务人员的进入门槛。2010年上海发布的《社区居家养老服务规范》，对服务人员的工作从生活护理、康乐服务等方面的工作内容，以及相关知识和技能要求均提出了具体标准。因此，对于服务人员的持证上岗和分级管理必须尽快制定相关制度，并且逐步推进和不断完善。

3. 逐步建立服务人员的职称评审制度

让社区居家养老服务的服务人员看到职业发展的愿景，是专业人员稳定的基础。上海早在2004年就出台了养老护理员标准，只有获得岗位培训合格证书的人员才能从事服务工作。然而养老护理员初级、中级、高级的考核主要由人保部门管理，主要是对其知识与技能进行考核，合格后发放相应证书。但是社区居家养老服务的对象是老年人，掌握了一定的知识和技能未必就能把老年人护理好，其工作态度、责任心、沟通协调能力不能在证书当中体现，因此需要建立职称评审制度。职称评审制度不仅仅需要参考服务人员的职业等级证书，也需要考虑服务人员的态度、沟通等方面的能力，因此，让老年人参与其中的评审非常重要。

4. 加强对服务人员的职业培训

目前上海市社区居家养老服务的服务人员大多数来自经济相对落后的地区，受教育程度比较低，年龄偏大。他们对于老年人的生活照料仅仅凭借其在家庭中料理家务的经验进行，而对于如何与老年人沟通，或者提供更加专业化的服务，无论是知识结构还是沟通协调能力都显得不足。因此，必须对服务人员进行定期的培训，培训体系既包括专业知识层面，如营养学、烹饪知识、初级老年医学、护理知识等，还必须包括非专业知识层面，特别是情绪劳动方面的培训，如老年人心理学、沟通技巧、危机处置等。

三、加强对服务人员情绪劳动的管理

由于传统的工作描述仅仅描述了正式的工作要求，并没有描述工作中认知性任务需求（也就是情绪劳动），因此在薪酬设计中，情绪劳动的价值没有被承认。"预见他人的需要和与他人有感情的沟通是公共服务职业的支柱。具有讽刺意味的是，公共服务——本应该是一种专业、技能和职业的集合，旨在提供更优质

的服务——在服务交换的过程中却追随了工业的足迹"。[1]

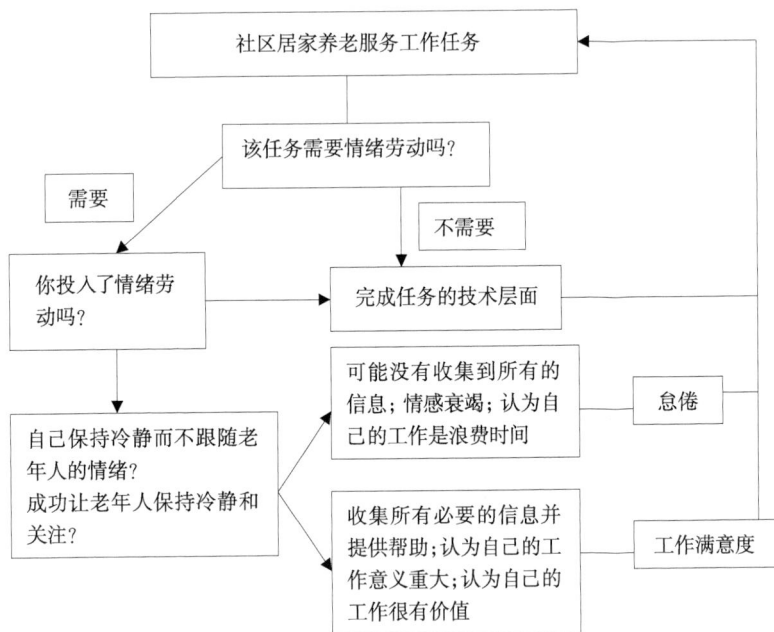

图6-2 社区居家养老服务情绪劳动和有效结果之间的关系

如图6-2所示，社区居家养老服务不仅仅是一种标准化的工作，在服务提供过程中，也需要情绪劳动，"公共服务工作的目的是对社区负责——也就是对'其他人'负责。洞察力、参

---

〔1〕 〔美〕玛丽·E. 盖伊，梅雷迪思·A. 纽曼，莎伦·H. 马斯特雷希. 公共服务中的情绪劳动 ［M］. 周文霞，孙霄雪，陈文静，译. 北京：中国人民大学出版社，2014：59.

与度和与人交流的意图是最先需求的技能，在交流过程中和交流之后还需要活力、注意力和感受力——换句话说，也就是情绪劳动"[1]。因此，情绪劳动对于有效的社区居家养老服务必不可少，这需要服务人员根据不同的感觉采取不同的工作方式，"对公共服务的真正用户来说最重要的可能有两个，一个是与过程有关的定义，尤其是对待用户的礼貌和周到；另一个是与结果有关的定义，尤其是健康的改善和能力的获得"[2]。

服务机构必须不断提高老年人对社区居家养老服务满意度，但是必须以组织提升服务人员工作满意度为前提，因此，服务机构领导者需要把员工的情绪劳动作为工作内容之一，加强对他们的情绪管理：

1. 建立情绪劳动的资源平衡体系

社区居家养老服务人员情绪劳动的提供主要是出于经济性薪酬的获取，情绪劳动和体力、脑力劳动一样，具有经济价值。但是现阶段上海社区居家养老服务人员待遇普遍偏低、职业地位没有得到社会的高度认可，因此，服务机构在不断提高服务人员待遇的情况下，也可以实施更加灵活的工作计划，让员工更多地参与组织决策，提高员工的归属感。只有这样，才能使服务人员在服务过程中平衡付出与收获。

---

〔1〕［美］玛丽·E. 盖伊，梅雷迪思·A. 纽曼，莎伦·H. 马斯特雷希. 公共服务中的情绪劳动［M］. 周文霞，孙霄雪，陈文静，译. 北京：中国人民大学出版社，2014：134.

〔2〕［英］朱利安·勒·格兰德. 另一只无形的手：通过选择与竞争提升公共服务［M］. 韩波，译. 北京：新华出版社，2010：3.

2. 建立情绪劳动的员工援助体系[1]

服务机构一个很重要的职能就是帮助一线服务人员不断克服工作过程中所发生的众多负面事件。由于服务对象是老年群体，特别是独居或者残疾的老年人，这个特殊性使老年人服务挑剔程度更加明显，再加上服务过程中如果发生突发性事件（老人晕倒、打骂服务人员等），势必会给服务人员带来巨大的心理负担，如焦虑、恐慌等。社区居家养老服务人员在服务提供过程中面临更多的情感与心理问题，因此，必须构建服务机构内部员工援助体系，帮助员工及时解决其心理或者情绪方面的问题，如建立畅通的"领导—员工""员工—员工"沟通渠道，提供专业的心理咨询等。

第六节　建立完善的社区居家养老服务绩效评估机制

社区居家养老服务的绩效评估，是社区居家养老服务品质的基本保障。完善的社区居家养老服务的绩效评估体系不仅仅是政府的事情，也与社会组织、老年人密切相关，在此，我们需要在评估主体、评估指标、评估方法、评估结果的运用四个方面加以完善。

第一，在评估主体方面，社区居家养老服务的评估主体有服务机构提供的自我评估，有政府机构的评估，有老年人的评估。

---

〔1〕 张冉，［美］玛瑞迪斯·纽曼. 情绪劳动管理：非营利组织人力资源管理的新视角［J］. 浙江大学学报（人文社会科学版），2012，42（2）：5-21.

由于单一性的评估主体知识构成、独立性等方面的局限性，都难以比较全面、客观的对社区居家养老服务绩效进行评估。而"第三方评估"在老年服务中的需求评估、过程评估以及结果评估等方面具有的天然优势（李春、王千，2015）[1]，逐渐为政府与学界所接受。因此对于社区居家养老服务的绩效评估主体的选择，可以优先考虑与利益主体没有利害关系的第三方进行评估，以保证评估的客观性与科学性。

第二，在评估指标方面，应该包括服务投入、服务过程、服务产出以及老年人满意度四个方面。在服务投入方面，不仅要考虑政府的投入，也要考虑社会以及老年人的投入，而政府的投入，不仅仅包括财力的投入，也包括人力与物力的投入；在服务过程方面，一方面要考察机构的服务能力，另一方面也要考察服务机构人员的服务态度等；在服务产出方面，不仅仅要看服务的数量指标，而应该以服务结果体系为主（郭林，2014）[2]；在老年人满意度方面，要把其满意度作为判断服务绩效的重要标准（邢鹏峰，2013）[3]，因此，要包括老年人的类型，如是否享受补贴、身体状况等，以及各个服务项目的差异。

第三，在评估方法方面，社区居家养老服务绩效评估需要结合定性方法与定量方法，如在服务投入、满意度测评等方面，定

〔1〕　李春，王千. 政府购买养老服务过程中的第三方评估制度探讨［J］. 中国行政管理，2014（12）：38 – 42.

〔2〕　郭林. 西方典型国家私营资本参与养老服务体系建设［J］. 国外社会科学，2014（6）：47 – 54.

〔3〕　邢鹏峰. 政府购买公共服务的评估困境破解——基于内地评估实践的研究［J］. 学习与实践，2013（8）：108 – 114.

量方法具有一定的优势，而在服务过程方面，定性方法又具有其独特的优势。

第四，在评估结果的运用方面，对于评估结果不达标的机构，一定要正视问题，绝不护短，需要责令其在规定的时间内进行整改，并进行第二次评估，而对于评估结果优秀的机构，应该给予奖励，在经费资助、人员培训等方面优先考虑。

第七章
研究结论与展望

第一节 研究结论

随着老年人口的不断增加，2016 年上海老龄人口达到 457.79 万人，老龄化程度达到 31.6%，上海已经进入了深度老龄化社会。面对"银发浪潮"的到来，如何让老年人安享晚年，实现"老有所养、老有所学、老有所乐、老有所教、老有所为"的目标，已成为政府与社会普遍关心的问题。

根据 2010 年《上海老年人居家养老现状调查报告》显示，83.3% 的老年人更倾向于居家养老，因此，在上海，越来越多的老年人把社区居家养老作为其首选的养老方式。社区居家养老服务作为一种典型的社会服务，承担着满足老年人养老需求的重任，其绩效的高低直接影响到老年人的生活质量，因此，不断提高社区居家养老服务绩效，满足老年人多元化的服务需求，是上海社区居家养老发展的必然要求。

社区居家养老服务绩效评估是一项复杂的系统工程，本研究在借鉴香港社会服务绩效评估经验的基础上，从上海社区居家养老服务发展的实际情况出发，根据社区居家养老服务的特点、供给方式，以及利益主体的分析，基于绩效评估的整合模式，发展出了"基于程序逻辑模式的社区居家养老服务绩效系统整合评估"框架。这一框架不仅包含了社区居家养老服务的利益相关者，也包含了社区居家养老服务的主要服务项目，通过整合的方式，把社区居家养老服务评估的目标、过程与结果有效的结合在一起。在这一框架下，遵循社区居家养老服务的服务流程，构建了一套社区居家养老服务绩效评估的指标体系，并且对上海四个区的社区居家养老服务状况进行了实证研究。本书主要包括以下几个结论：

第一，将程序逻辑模式方法引入到社区居家养老服务绩效评估研究中，并进一步优化这一模式，将"服务成效"转变为"满意度"维度，在此基础上，发展出了适合社区居家养老服务绩效评估的"基于程序逻辑模式的社区居家养老服务绩效系统整合评估"框架模型。

第二，依据所建立的理论模型，从"投入—过程—产出—满意度"四个维度设计了社区居家养老服务绩效评估指标，并邀请领域内14位专家，通过"修正型德尔菲法"对初始指标的适当程度进行了判断与修改，最终确定了36个指标。

第三，结合层次分析法（AHP）与专家问卷调查法，确定了4个准则层、8个因素层与36个指标层指标的权重。

第四，通过TOPSOIS方法，采用上海四个区的调研数据，对社区居家养老服务绩效进行了实证分析。研究发现：从总体上看，YP 区社区居家养老服务绩效最高，C_i 分值为 0.5526；HK 区排名第二，C_i 分值为 0.5029；PD 新区排名第三，C_i 分值为 0.4518，排第四位的是 XH 区，C_i 分值为 0.2993；从准则层来看，PD 新区和 YP 区在服务投入层表现较好，在服务过程方面，YP 区和 HK 区比较高，在服务产出方面，YP 区和 HK 区继续领先，在服务满意度方面，YP 区和 PD 新区得分比较高。

第五，引入障碍度概念，对社区居家养老服务绩效的 36 个单项指标的指标层、8 个因素层以及 4 个准则层的障碍度进行了研究。在单项指标层方面，既有共同性的一面，也有差异性的一面，I1、I5、I7、I8、I26、I27、I28、I29、I33、I34 等指标都是共同影响绩效的障碍，而在排名前 8 位的障碍度方面，部分指标如 I9 在 PD 新区比较高，而在其他地区都未进入前 8；在因素层指标来看，F2（财力投入）、F6（机构提供服务）、F7（享受人群）是影响 4 个区域的重要因素，F3（物力投入）、F4（机构支撑能力）影响程度较小；从准则层来看，服务投入与服务产出是影响绩效的最重要因素，服务过程与服务满意度的重要性相对较小。

第六，针对上述分析，本书提出了优化社区居家养老服务绩效的六点政策建议：其一，加强社区居家养老服务的顶层设计；其二，不断加大社区居家养老服务投入力度；其三，加强服务整合，建立无缝化社区居家养老服务体系；其四，进一步加强社区居家养老服务体系建设；其五，加强社区居家养老服务队伍建设；其六，建立完善的社区居家养老服务绩效评估机制。

第二节 研究展望

本书以上海市 4 个区为例，对社区居家养老服务绩效评估进行了有益的探索性研究，得出了一些有借鉴意义的结论，但是还存在问题，有待于下一步进行深入的研究，主要表现在以下几个方面：

（1）本研究选取的研究对象，是社区居家养老服务发展比较成熟的上海市，但是我国社区居家养老服务的发展存在着明显的地区与城乡之间的差距，而且社区居家养老服务本身也在不断完善之中。将本研究的社区居家养老服务绩效评估指标体系移植到其他地区，可能会出现"通用性"与"特殊性"的矛盾，陷入"水土不服"的状况。因此，在绩效评估的过程中，需要进一步修改与完善，这也是我们今后进一步研究的课题。

（2）在绩效指标的选取和筛选方面，由于时间、精力、能力等多方面的限制，我们采用的是"修正型德尔菲法"对指标进行选取和修正，这其中可能存在一定的瑕疵，在下一步的研究中，需要考虑多种方法的结合，如对回归分析、主成分分析等方法的应用，最大限度的排除人的主观性影响。

（3）在老年人满意度调查方面，我们采用了简化的 SE-RVQUAL 量表。由于服务项目包括了助餐、助洁、助医和康乐服务 4 类，每一类选取了 6 道题目，问卷题目一共达到 24 题，问卷设计相对较长过长，可能会因为老年人精力等原因而影响到数据采集的质量。此外我们获得的数据是通过电话回访的形式，而不是面对面的交流、访谈，在一定程度上也可能影响满意度的可信度。因此，下一步需要进一步优化问卷，增加面谈等多种获取数据的方法，保障高质量的访谈结果。

（4）上海市享受社区居家养老服务的老年人达到 30 多万，由于人力、财力、时间所限，问卷调查仅仅调研了 4 个区的 800 多人，如果能进一步增加调查区域和样本数量，所得到的统计数量会更加精确和全面。

附　录

附录一　上海市社区居家养老服务绩效评估指标体系第一次德尔菲法问卷

尊敬的专家：

您好！我是上海交通大学国际与公共事务学院的博士生李文军，正在进行社区居家养老服务绩效评估研究的博士论文，非常感谢您能在百忙之中参与本次调查。

科学、有效的绩效评估指标体系是社区居家养老服务发展的关键要素之一，对于社区居家养老服务的可持续发展具有重要意义。本问卷基于程序逻辑模式的社区居家养老服务绩效系统整合评估框架，整合了政府、服务提供机构、服务人员、老年人等多个社区居家养老服务的利益相关者，从"投入—过程—产出—满意度"四个维度进行设计，包括40项指标。限于人力、物力、时间等因素，本研究以"修正型德尔菲法"进行两次问卷调查，您的宝贵意见将作为指标修正的重要参考。此项调查所有资料仅限学术研究之用，并对个人意见保密。非常感谢您的帮助！

说明：请您通过5分制（1分表示非常不适当，2分表示不适当，3分表示一般，4分表示适当，5分表示非常适当），根据自己认为的各项指标适当程度的不同，在相应的空格处打"√"，进行打分，在每一小类上，您可以提出其他意见和建议。若资料不全或者有其他相关问题，请您与我联系，电话：18817559675。问卷完毕后，请您发送至以下邮箱：0400510217@163.com.

社区居家养老服务绩效评估指标适当程度判断

准则层（A）	因素层（B）	指标层（C）	指标适当程度分值				
			1	2	3	4	5
服务投入（A1）	人力投入（B1）	C1 社区居家养老管理人员数与接受服务老年人数之比					
		C2 社区居家养老社工人数与接受服务老年人数之比					
		C3 社区居家养老服务社服务人员数与接受服务老年人数之比					
		C4 助餐点服务人员数与接受服务老年人数之比					
		C5 日托中心服务人员数与接受服务老年人数之比					

续表

准则层（A）	因素层（B）	指标层（C）	指标适当程度分值				
			1	2	3	4	5
服务投入（A1）	人力投入（B1）	C6 志愿者总人数与接受服务老年人数之比					
		C7 合作伙伴（与服务社、日托中心、助餐点有关）数量与接受服务老年人数之比					
	填写您认为重要的其他人力投入指标						
	财力投入（B2）	C8 社区居家养老服务政府总投入与区域社会保障支出之比					
		C9 老年人获得政府补贴总额与获得补助老年人数之比					
		C10 社会捐助总额与接受服务老年人数之比					
		C11 服务收费总额与接受服务老年人数之比					
		C12 日托中心、助餐点、社区居家养老服务中心（含服务社）运营的政府补助总额与接受服务老年人数之比					
		C13 社区居家养老服务人员业务培训投入与服务人员数之比					
	填写您认为重要的其他财力投入指标						

续表

准则层 （A）	因素层 （B）	指标层 （C）	指标适当程度分值				
			1	2	3	4	5
服务 投入 （A1）	物力 投入 （B3）	C14 助餐点、日托中心、社区居家养老服务中心（含服务社）服务用房面积总和与接受服务老年人数之比					
		C15 社区标准化老年活动室价值与接受服务老年人数之比					
	填写您认为重要的其他物力投入指标						
服务 过程 （A2）	机构 支撑 能力 （B4）	C16 流程规范：建立完善的服务流程制度					
		C17 信息系统：建立完善的数据信息系统					
		C18 财务管理：订立明确的服务收费方式、标准及开列收费收据					
		C19 设备管理：拥有提供服务的相关器材设备					
		C20 设备管理：器材设备定期维修保养，并适时地更新					
	填写您认为重要的其他支撑能力指标						
	服务 交互 质量 （B5）	C21 可感知性：服务人员服务周到细致					
		C22 可靠性：拥有相应专业上岗证，并保证质量地完成服务项目					
		C23 保证性：服务人员工作准时，不拖拉					

准则层 （A）	因素层 （B）	指标层 （C）	指标适当程度分值				
			1	2	3	4	5
服务 过程 （A2）	服务交 互质量 （B5）	C24 响应性：服务人员服务态度诚恳、有礼貌					
		C25 移情性：服务人员设身处地的关心老年人，给予人性化的服务					
	填写您认为重要的其他交互质量指标						
服务 产出 （A3）	机构提 供服务 （B6）	C26 服务社每月平均上门服务老年人次与区域老年人数之比					
		C27 日托中心每月平均接受服务老年人数与区域老年人数之比					
		C28 助餐点每月平均服务客数与区域老年人数之比					
		C29 志愿者每月平均服务小时数与区域老年人数之比					
	填写您认为重要的其他机构提供服务指标						
	享受 人群 （B7）	C30 通过社区居家养老服务评估的老年人数与区域老年人数之比					
		C31 接受社区居家养老服务的老年人数与区域老年人数之比					
		C32 获得政府补贴老年人数与区域老年人数之比					
		C33 接受社区居家养老服务的老年人中低保、低收入家庭老年人所占比例					
		C34 接受社区居家养老服务的老年人中独居、高龄老年人所占比例					
		C35 获得政府补贴老年人中中度、重度失能老年人数所占比例					

续表

服务产出(A3)	填写您认为重要的其他享受人群指标						
服务满意度(A4)	服务投诉(B8)	C36 老年人服务投诉数量					
	填写您认为重要的其他服务投诉指标						
	老年人满意度(B9)	C37 助餐服务满意度					
		C38 助洁服务满意度					
		C39 助医服务满意度					
		C40 康乐服务满意度					
	填写您认为重要的其他老年人满意度指标						

附录二　上海市社区居家养老服务绩效评估
指标体系第二次德尔菲法问卷

尊敬的专家/学者：

　　您好！非常感谢您能协助填写社区居家养老服务绩效评估指标的第二次问卷调查，也谢谢您给予的宝贵意见。

　　其中 I1、I6、I7、I10、I15、I20、I29、I30、I36 等 9 个指标，因为在第一次德尔菲法问卷中指标适当程度的平均值小于4，将依照专家意见修改并列入删除的考虑。为能有效地达成共识，附上第一次问卷统计的集中数（众数、平均数）以供参考，再次请您填写指标适当程度。如果您的适当程度与多数专家意见不同，请您说明理由，谢谢！

说明：请您通过 5 分制（1 分表示非常不适当，2 分表示不适当，3 分表示一般，4 分表示适当，5 分表示非常适当），根据自己认为的各项指标适当程度的不同，在相应的空格处打"√"，进行打分，在每一小类上，您可以提出其他意见和建议。若资料不全或者有其他相关问题，请您与我联系，电话：18817559675。问卷完毕后，请您发送至以下邮箱：0400510217@163.com

社区居家养老服务绩效评估指标适当程度判断

指 标	第一次判断集中数		第二次适当程度
	众数	均值	
A1 服务投入			
B1 人力投入			
C1 社区居家养老管理人员数与接受服务老年人数之比（拟删除）	4	3.86	
C2 社区居家养老社工人数与接受服务老年人数之比	5	4.35	
C3 社区居家养老服务社服务人员数与接受服务老年人数之比	5	4.57	
C4 助餐点服务人员数与接受服务老年人数之比	4	4	
C5 日托中心服务人员数与接受服务老年人数之比	5	4.36	

指　标	第一次判断集中数		第二次适当程度
	众数	均值	
C6 年度提供社区居家养老服务的志愿者服务总人次与接受服务老年人数之比（拟删除）	4	3.5	
C7 合作伙伴（与服务社、日托中心、助餐点有关）数量与接受服务老年人数之比（拟删除）	2，3	2.85	
其他意见			
B2 财力投入			
C8 社区居家养老服务政府总投入与区域财政支出之比	5	4.29	
C9 老年人服务补贴总额与获得补贴老年人数之比	5	4.35	
C10 社会各界对社区居家养老服务的捐助总额与区域老年人数之比（拟删除）	4	3.64	
C11 服务收费总额与区域老年人数之比	4	4	
C12 市、区、街道三级财政对日托中心、助餐点、社区居家养老服务中心（含服务社）的建设投入和运营补贴总额与区域老年人数之比	4，5	4.07	

续表

指　标	第一次判断 集中数		第二次适 当程度
	众数	均值	
C13 社区居家养老服务人员业务培训投入 与服务人员数之比	4，5	4	
其他意见			
B3 物力投入			
C14 助餐点、日托中心、社区居家养老服 务中心（含服务社）服务用房面积总和与 接受服务老年人数之比	4	4.14	
C15 社区标准化老年活动室面积与接受服 务老年人数之比（拟删除）	4	3.71	
其他意见			
A2 服务过程			
B4 机构支撑能力			
C16 流程规范：建立完善的服务流程制度	5	4.28	
C17 信息系统：建立完善的数据信息系统	4，5	4	
C18 财务管理：社区居家养老服务的收费 与结算规范、公开与透明	4，5	4.28	
C19 设备管理：拥有提供服务的相关器材 设备	4	4.28	
C20 设备管理：器材设备定期维修保养， 并适时地更新（拟删除）	3.64		
其他意见			

续表

指　标	第一次判断集中数		第二次适当程度
	众数	均值	
B5 服务交互质量			
C21 可感知性：服务人员服务周到细致	5	4.64	
C22 可靠性：拥有相应专业上岗证，并保证质量地完成服务项目	5	4.57	
C23 保证性：服务人员工作准时与服务到位	5	4.64	
C24 响应性：服务人员服务态度诚恳，礼仪得当，有求必应	5	4.57	
C25 移情性：服务人员设身处地的关心老年人，给予人性化的服务	5	4.5	
其他意见			
A3 服务产出			
B6 机构提供服务			
C26 服务社每月平均上门服务老年人次与区域老年人数之比	5	4.28	
C27 日托中心每月服务老年人数与区域老年人数之比	5	4.36	
C28 助餐点每月平均服务客数与区域老年人数之比	5	4.07	
C29 志愿者每月平均服务小时数与区域老年人数之比（拟删除）	3	3.79	

指　标	第一次判断集中数		第二次适当程度
	众数	均值	
其他意见			
B7 享受人群			
C30 通过社区居家养老服务评估的老年人数与区域老年人数之比（拟删除）	3，5	3.57	
C31 接受社区居家养老服务的老年人数与区域老年人数之比	5	4.64	
C32 获得政府补贴老年人数与区域老年人数之比	3，5	4	
C33 接受社区居家养老服务的老年人中低保与低收入家庭老年人所占比例	5	4.71	
C34 接受社区居家养老服务的老年人中独居与高龄老年人所占比例	5	4.71	
C35 获得政府补贴老年人中中度、重度失能与失智老年人数所占比例	5	4.57	
其他意见			
A4 服务满意度			
B8 服务投诉			
C36 老年人及其家属每月服务投诉数量（拟删除）	5	3.64	
B9 老年人满意度			
C37 老年人助餐服务满意度	5	4.57	

续表

指　标	第一次判断集中数		第二次适当程度
	众数	均值	
C38 老年人助洁服务满意度	5	4.43	
C39 老年人助医服务满意度	5	4.71	
C40 老年人康乐服务满意度	5	4.5	
其他意见			

附录三　社区居家养老服务绩效评估体系指标权重确定调查问卷

尊敬的专家/学者：

你好！此问卷用于确定评价体系中的各项指标的权重，感谢您在百忙之中填写问卷，协助我们完成调研工作。本次调查仅做科学研究之用。

说明：下面是我们设计的指标评估体系，其中包括准则层、因素层与指标层。打分表在该文件中的 excel 工作表"指标权重确定调查表"。该表中我们采用 1－9 标度法，i 表示行，j 表示列。具体分数含义如下表所示。

相对重要性等级表

标度 Aij	含义
1	表示两个元素相比，具有同样的重要性
3	表示两个元素相比，前者比后者略微重要
5	表示两个元素相比，前者比后者明显重要
7	表示两个元素相比，前者比后者强烈重要
9	表示两个元素相比，前者比后者极端重要
2，4，6，8	表示上述相邻判断的中间值
倒数	若元素 i 与 j 的重要性之比为 A_{ij}，则 j 与 i 重要性之比为 $A_{ji} = 1/I_{ij}$

在 excel 表中，您只需要在打分表的下三角区域，即灰色区域对指标进行两两比较打分即可。与之对应的白色区域会根据你打分的分值自动生成。

准则层打分表

	投入	过程	产出	满意度
投入	1			
过程		1		
产出			1	
满意度				1

比如说我们比较过程和投入的重要性，就看过程相对于投入

的重要性，如果认为过程比投入重要，则根据重要程度从 1、3、5、7、9 中选择相应的数字表示，如果认为投入比过程重要，则取 1、3、5、7、9 的倒数。

如果有任何疑问，请与本人联系，邮箱：0400510217@163.com

在此感谢您对我们工作的支持！

附录四　上海市社区居家养老服务满意度调查问卷

问卷编号_____　_____区　_____街道_____

第一部分：老年人基本情况

A1 姓名		A2 性别	
A3 年龄	□60—69 岁　□70—79 岁　□80—89 岁　□90 岁及以上		
A4 文化程度	□文盲　□小学　□初中　□高中　□大专　□本科以上		
A5 婚姻状况	□未婚　　□已婚　　□丧偶　　□离婚		
A6 经济来源	□养老金　□子女补贴　□亲友资助　　□其他补贴		
A7 居住状况	□与子女生活　□与配偶生活　□与亲戚朋友同住　□独自生活		
A8 帮助照料	您年老体弱需要照料时，谁会提供照料（可多选）：□子女　□配偶　□亲友　□邻居　□社区养老服务人员　□其他		
A9 生活自理能力	□完全自理　　□轻度依赖　　□中度依赖　　□重度依赖		
A10 认知能力	□正常　　　□轻度缺失　□中度缺失　　□重度缺失		

A11 社会生活环境	A12 老人家庭支持情况 □亲属提供足够的物质和感情支持　□亲属提供些许物质和感情支持　□亲属只提供感情上的支持　□亲属少有物质和感情支持 A13 老人参与社区活动的情况 □经常参加社区活动　□较少在社区参加活动　□偶尔到社区参加活动　□从不参加社区活动
A12 是否患有重大疾病或慢性病	□否　□是（请填写1—3病种： 　）
A13 评估照料等级	□正常　　　　□轻度　　　　□中度　　　　□重度
A14 已接受居家养老服务内容（可多选）	□助餐服务　□居室清洁　□个人卫生（如：洗衣、理发、助浴等）　□陪诊　□家庭病床　□社区医院　□建立健康档案　□陪同聊天　□康复指导与康复锻炼　□代理代办服务　□护理服务（如：喂食、如厕、翻身、帮助服药等）
A15 接受居家养老服务频次	每月项目服务：□10次以下　□11—20次　□21—30次　□必要时 上门服务：每周上门　　　次，每每周共　　　小时
A16 已经接受居家养老服务时间	□一至三个月　□三至六个月　□六个月至一年　□一年至两年　□两年以上
A17 申请原因	□年老体弱　□身患重病　□智障　□肢残
A18 最需要的居家养老服务（可多选）	□助餐服务　□居室清洁　□个人卫生（如：洗衣、理发、助浴等）　□陪诊　□家庭病床　□社区医院　□建立健康档案　□陪同聊天　□康复指导与康复锻炼　□代理代办服务　□护理服务（如：喂食、如厕、翻身、帮助服药等）

续表

A19 是否获得政府的居家养老服务补贴	□否	□是	元/月

第二部分：服务满意度调查

助餐服务
您最常使用的助餐形式是 1 社区主餐点集中用餐□　　　2 送餐上门□　　　3 上门做餐□
B1　助餐点的饭菜能保证每天及时供应 1 非常不同意□　　2 不同意□　　3 一般□　　4 同意□　　5 非常同意□
B2　助餐点提供的饭菜质量良好，符合您的要求 1 非常不同意□　　2 不同意□　　3 一般□　　4 同意□　　5 非常同意□
B3　助餐服务员服装整洁，态度礼貌，有耐心 1 非常不同意□　　2 不同意□　　3 一般□　　4 同意□　　5 非常同意□
B4　所提供的饭菜营养卫生，色香味感觉好 1 非常不同意□　　2 不同意□　　3 一般□　　4 同意□　　5 非常同意□
B5　能根据老年人的特点烹调定价 1 非常不同意□　　2 不同意□　　3 一般□　　4 同意□　　5 非常同意□
B6　您对助餐服务的总体评价是 1 非常不满意□　　2 不满意□　　3 一般□　　4 满意□　　5 非常满意□
助洁服务
您最常使用的助洁内容是 1 居室清洁 □　　　2 个人卫生（包括理发、洗衣等）□

B7 　您对服务员提供的清洁服务放心，对服务员信任 1 非常不同意□　　2 不同意□　　3 一般□　　4 同意□　　5 非常同意□
B8 　服务员提供清洁工作有效率，工作勤快 1 非常不同意□　　2 不同意□　　3 一般□　　4 同意□　　5 非常同意□
B9 　服务人员无论多忙，态度和蔼有耐心 1 非常不同意□　　2 不同意□　　3 一般□　　4 同意□　　5 非常同意□
B10 　服务员提供的服务质量好（衣物清洗干净/理发舒适/打扫干净） 1 非常不同意□　　2 不同意□　　3 一般□　　4 同意□　　5 非常同意□
B11 　服务内容是根据您的实际情况确定的 1 非常不同意□　　2 不同意□　　3 一般□　　4 同意□　　5 非常同意□
B12 　您对助洁服务的总体评价是 1 非常不同意□　　2 不同意□　　3 一般□　　4 同意□　　5 非常同意□
助医服务
您最常接受的助医内容是 1 家庭病床 □　　　2 社区医院 □　　　3 健康档案 □
B13 　接受社区卫生服务看病配药就近方便 1 非常不同意□　　2 不同意□　　3 一般□　　4 同意□　　5 非常同意□
B14 　助医服务的时间安排合理，在您有需要时能及时接受到服务 1 非常不同意□　　2 不同意□　　3 一般□　　4 同意□　　5 非常同意□
B15 　提供助医的服务人员态度和蔼，耐心 1 非常不同意□　　2 不同意□　　3 一般□　　4 同意□　　5 非常同意□
B16 　助医服务人员具有专业水准，能够及时帮助您解决问题 1 非常不同意□　　2 不同意□　　3 一般□　　4 同意□　　5 非常同意□
B17 医疗服务是根据老年人的实际情况提供的 1 非常不同意□　　2 不同意□　　3 一般□　　4 同意□　　5 非常同意□

B18 您对助医服务的总体评价是
1 非常不同意□　　2　不同意□　　3　一般□　　4　同意□　　5　非常同意□

康乐服务（精神慰藉）

您最常接受的康乐服务是
1 陪同聊天□　　2 康复指导□　　3 康复锻炼□

B19 您信任服务员，您能安心地接受康乐服务
1 非常不同意□　　2　不同意□　　3　一般□　　4　同意□　　5　非常同意□

B20 当您需要康乐服务时，服务员能及时提供服务
1 非常不同意□　　2　不同意□　　3　一般□　　4　同意□　　5　非常同意□

B21 服务员在为您提供服务时，态度和蔼并且有耐心，能够考虑到您的感受
1 非常不同意□　　2　不同意□　　3　一般□　　4　同意□　　5　非常同意□

B22 服务员是经过培训的，提供的康乐服务起到一定积极效果
1 非常不同意□　　2　不同意□　　3　一般□　　4　同意□　　5　非常同意□

B23 康乐服务（精神慰藉）是根据您实际情况安排的，能够满足您的需求
1 非常不同意□　　2　不同意□　　3　一般□　　4　同意□　　5　非常同意□

B24 您对康乐服务（精神慰藉）的总体评价是
1 非常不同意□　　2　不同意□　　3　一般□　　4　同意□　　5　非常同意□

附录五　各区社区居家养老服务指标原始数据

指标	PD 新区	YP 区	XH 区	HK 区
C1	13.02	20.15	13.32	8.62
C2	1.02	1.21	1.66	1.56

续表

指标	PD 新区	YP 区	XH 区	HK 区
C3	717.62	564.35	859.97	549.06
C4	68.55	42.32	56.61	34.09
C5	65.13	146.33	14.15	8.62
C6	0.05	0.26	0.16	1.8
C7	0.17	0.14	0.09	0.25
C8	0.59	0.51	0.51	0.36
C9	0.51	1.71	2.15	1.41
C10	14.70	14.69	27.77	28.97
C11	98.84	61.75	51.6	42.19
C12	108.93	96.36	93.91	106.77
C13	1.38	0.53	0.66	0.49
C14	1.37	2.0	2.51	1.67
C15	4	4.5	3.5	4.5
C16	3.5	4.5	4	4.5
C17	3	4	4	3.5
C18	4.5	5	4	4.5
C19	3.49	3.88	3.72	3.21
C20	3.57	4.09	3.80	3.55
C21	3.58	4.18	3.75	3.48
C22	3.84	4.06	3.75	3.50
C23	3.18	3.84	3.29	3.32
C24	2.56	0.62	0.11	0.33
C25	0.27	2.49	0.62	2.34

指标	PD 新区	YP 区	XH 区	HK 区
C26	0.02	0.02	0.02	0.01
C27	0.41	0.02	0.9	0.18
C28	7.49	7.73	8.91	10.28
C29	3.03	1.05	0.97	2.23
C30	25.21	7.25	4.51	6.55
C31	32.45	16.55	11.65	70.68
C32	21.94	8.80	4.57	6.19
C33	3.30	3.68	3.52	3.32
C34	3.80	4.22	3.70	3.44
C35	3.42	3.70	3.31	3.21
C36	3.60	3.66	3.42	3.32

参考文献

一、英文文献

1. A. L. Webb and G. Wistow. 1987. Social Work, Social Care and Social Planning: The Personal Social Services Since Seebohm [M]. London: Longman.

2. Walker. 1989. Community Care in the new politics of welfare: an agenda for 1990s [M]. London: Macmillan.

3. Ambron, S. R., Dornbusch, S. M., Hess, R. D., Hornik, R. C., Phillips, D. C., Walker, D. F., & Weiner, S. S. 1980. Toward reform of program evaluation [M]. San Francisco: Jossey – Bass Publishers.

4. Armstrong and Baronl. 1998. Performance Management [M]. London: The Cromwell Press.

5. B Sibbald, J Shen, A McBride. 2004. Changing the skill – mix of the health care workforce [J]. Journal of health services research, 1 (9): 28 – 38.

6. Barnes, D., Carpenter, J., & Dickinson, C. 2000. Inter – professional education for community mental health: attitudes to community care and

professional stereotypes [J]. Social Work Education, 19 (6):
565 – 583.

7. Borowsky, S. J., Nelson, D. B., Fortney, J. C., Hedeen, A. N.,
Bradley, J. L., & Chapko, M. K. 2002. VA community – based out-
patient clinics: performance measures based on patient perceptions of
care [J]. Medical Care, 40 (7): 578 – 586.

8. Brady, M. K., & Cronin Jr, J. J. 2001. Some new thoughts on con-
ceptualizing perceived service quality: a hierarchical approach [J].
Journal of Marketing, 65 (3): 34 – 49.

9. C. Hood (1991). A public management for all seasons [J]. Public
Administration, 69: 3 – 19.

10. Cardozo, R. N. 1965. An experimental study of customer effort, ex-
pectation, and satisfaction [J]. Journal of Marketing Research
(JMR), 2 (3): 244 – 249.

11. Manton, K. G., GU, X., & Lamb, V. L. (2006). Change in
chronic disability from 1982 to 2004/2005 as measured by long – term
changes in function and health in the U. S. elderly popula-
tion. Proceedings of the National Academy of Sciences, 103 (48):
18374 – 18379.

12. Creed, M. M. F. 2000. Assertive community treatment – is it the fu-
ture of community care in the UK? [J]. International Review of Psy-
chiatry, 12 (3): 191 – 196.

13. D. Clifford. 1990. The Social Costs and Rewards of Caring [M].
England: Gower Publishing Co.

14. Darius Lakdawalla. 2003. Forecasting the nursing home population

[J]. Medical Care, 41: 8 − 20.

15. Davey Barbara, Enid Levin, Steve Iliffe, Kalpa Kharicha. 2005. In − tegrating Health and Social Care: Implications for Joint Working and Community Care Outcomes for Older People [J]. Journal of Inter − professional Care, 1: 22 − 34.

16. Davies, B., Fernandez, J., & Nomer, B. 2000. Equity and efficiency policy in community care: Needs, service productivities, efficiencies, and their implications [M]. England: Ashgate.

17. Department of Health and Social Security 1977. "The Way Forward". London: HMSO.

18. Do, Y. K., Norton, E. C., Stearns, S. C., & Van Houtven, C. H. 2013. Informal Care and Caregiver´s Health. Health Economics [J]. Health Economic, DOI: 10. 1002/hec. 3012.

19. Dutka, A. 1994. AMA handbook for customer satisfaction [M]. Linchlnwood, Illinois: NTC Business Book.

20. E. Chelimsky (1997). The Coming Transformations in Evaluation [C] // Chelimsky, E., & Shadish, W. R. (Eds.). (1997). Evalu- ation for the 21st century: A handbook. Sage Publications, 1 − 26.

21. Edwards, J. 1987. Positive Discrimination, Social Justice and Social Policy: Moral Scrutiny of A Policy Practice [M]. London: Tavis- tock.

22. Fetterman D., Kaftarian S. J., Wandersman, A. 1996. Empower- ment Evaluation [M]. Thousand Oaks, CA: Sage.

23. Fitzpatrick, J. L., Sanders, J. R., & Worthen, B. R. 2004. Pro- gram evaluation: Alternative approaches and practical guidelines

[J]. Allyn and Bacan. 52 (3): 296 – 297.

24. Gray, J. (1983). Classical liberalism, positional goals and the politicization of poverty [M] . in A. Ellis and K. Kumar, eds, Dilemmas of Liberal Democracy, London, Tavistock, 182.

25. Grönroos, C. 1984. A service quality model and its marketing implications [J]. European Journal of Marketing, 18 (4): 36 – 44.

26. Gupta, U. G. , Clarke, R. E. 1996. Theory and applications of the Delphi Technique: A bibliography (1975 – 1994). Technological Forecasting & Social Change, 53 (2): 185 – 211.

27. HMSO (1989). Caring for People: Community Care in the Next Decade and Beyond. Cmnd849. London: HMSO.

28. House E. R. , Howe K. R. 1977. Values in education [M]. Thousand Oask. CA: Sage. Hughes, O. E. (1998). Public management and administration. Palgrave Macmillan.

29. Jan Tøssebro. 2006. The Development of Community Services for People with Learning Disabilities in Norway and Sweden [M]. Palgrave Macmillan.

30. John Welshman, Jan Walmsley. 2006. Community Care in Perspective: Control and Citizenship Care [M]. Palgrave Macmillan.

31. Johnson, N. 1987. The welfare state in transition: The theory and practice of welfare pluralism [M]. University of Massachusetts Press.

32. Julian, D. A. 1995. Open Systems Evaluation and the Logic Model: Program Planning and Evaluation Tools [J]. Evaluation and Program Planning, 18 (4): 333 – 341.

33. Julie Polisena, Audrey Laporte, Peter C. Coyte, Ruth Croxford. 2010.

Performance Evaluation in Home and Community Care [J]. Journal of Medical Systems , 34: 291 – 297.

34. K Hurst. 2006. Primary and community care workforce planning and development [J] . Journal of Advanced Nursing, 55 (6): 757 – 769.

35. K. Liu, K. G. Manton, C. Aragon. 2000. Change in home care use by disabled elderly persons: 1982 – 1994 [J]. J Gerontol: Social Science, 55: 245 – 253.

36. Katie Coleman, Kristin L. Reiter, Daniel Fulwiler. 2007. The Impact of Pay for Performance on Diabetes Care in a Large Network of Communication Health Centers [J]. Journal of Health Care for the Poor and Underserved, 18: 966 – 983.

37. Kirwin, P. M. 1991. Intergenerational Continuity and Reciprocity through the Use of Community – based Services: Theory and Practice [J]. Home Health Care Service Quarterly, 12 (2): 17 – 33.

38. Knaus, W. A. , Draper, E. A. , Wagner, D. P. , & Zimmerman, J. E. 1986. An evaluation of outcome from intensive care in major medical centers [J]. Annals of Internal Medicine, 104 (3): 410 – 418.

39. Lai, W. T. , & Chen, C. F. 2011. Behavioral intentions of public transit passengers—The roles of service quality, perceived value, satisfaction and involvement [J]. Transport Policy, 18 (2): 318 – 325.

40. Lessinger, L. M. 1969. Accountability for Results [M]. American Education. Washington DC: U. S. Office of Education.

41. Litwak, E & Meyer, H. J. 1966. A Balance Theory of Coordination between Bureacractic Organizations and Community Primary Groups

［J］. Administrative Science Quarterly, 11 （June）: 31 – 58.

42. Litwak, E. 1985. Helping the Elderly: Complementary Roles of Informal Network and Formal Systems ［M］. New York: The Guilford Press.

43. Low, L. F., Yap, M., & Brodaty, H. 2011. A systematic review of different models of home and community care services for older persons ［J］. BMC Health Services Research, 11 （1）: 93.

44. Mangalore, R., Davies, B., Judge, K., Chesterman, J., & Bauld, L. 2000. Caring for older people: an assessment of community care in the 1990s ［M］. Ashgate Publishing Ltd.

45. Meehan, T. P., Chua – Reyes, J. M., Tate, J., Prestwood, K. M., Scinto, J. D., Petrillo, M. K., & Metersky, M. L. 2000. Process of care performance, patient characteristics, and outcomes in elderly patients hospitalized with community – acquired or nursing home – acquired pneumonia ［J］. CHEST Journal, 117 （5）: 1378 – 1385.

46. Meehan, T. P., Fine, M. J., Krumholz, H. M., Scinto, J. D., Galusha, D. H., Mockalis, J. T., ···& Fine, J. M. 1997. Quality of care, process, and outcomes in elderly patients with pneumonia ［J］. Jama, 278 （23）: 2080 – 2084.

47. Meyer, M. W. Gupta, V. 1994 The performance paradox ［J］. Research in Organizational Behavior, 16: 309 – 369.

48. Mueser, K. T., Bond, G. R., Drake, R. E., & Resnick, S. G. 1998. Models of community care for severe mental illness ［J］. Schizophrenia bulletin, 24 （1）: 37 – 74.

49. Myrtle, R. C., & Wilber, K. H. 1994. Designing service delivery systems: Lessons from the development of community – based systems of care for the elderly [J]. Public Administration Review, (54): 245 – 252.

50. Nelson, G. M. 1982. Support for the Aged: Public and Private Responsibility [J]. Social Work, (27): 137 – 143.

51. Owen, J. M., & Rogers, P. (1999). Program evaluation: Forms and approaches. Sage.

52. P. Abrams. 1977. Community Care: Some Research Problems and Priorities [J]. Policy and Politics. Vol. 6, No. 2.

53. Parasuraman, A., Zeithaml, V. A., & Berry, L. L. 1985. A conceptual model of service quality and its implications for future research [J]. Journal of marketing, 49 (4): 41 – 50.

54. Parasuraman, A., Zeithaml, V. A., & Malhotra. 2005. A. E – S – QUAL – A multiple – item scale for assessing electronic service quality [J]. Journal of Service Research, (3): 213 – 233.

55. Patton, M. Q. 1997. Utilization – focused evaluation: The new century text (3rd ed.) [M]. Newbury Park, CA: Sage.

56. Pifer, A., & Bronte, D. L. 1986. Introduction: Squaring the pyramid [J]. Daedalus, 115 (1): 1 – 11.

57. R. M. Moroney. 1980. Families, social service and social policy. Washington Department of Health and Human Service.

58. Richards, E. 1996. Paying for long – term care [M]. Institute for Public Policy Research, 6.

59. S Hussein, J Manthorpe. 2005. An International Review of the Long –

Term Care Workforce [J]. Journal of Aging & Social Policy, 17: 75 – 94.

60. S. Tester. 1994. Implications of subsidiarity for the care of older people in Germany [J]. Social Policy and Administeation, 28 (3): 251 – 262.

61. Sainsbury, E. E. 1977. The personal social services [M]. London: Pitman.

62. Schalock, R. L. 2001. Outcome – based evaluation [M]. New York: Kluwer Academic/Plenum Publishers.

63. Sharkey, P. 2000. Community work and community care: links in practice and in education [J]. Social Work Education, 19 (1): 7 – 17.

64. Stake, R. E. (1967). The countenance of educational evaluation [J]. Classic Writhings on instructional technology, 1, 143.

65. Steiner, B. D., Denham, A. C., Ashkin, E., Newton, W. P., Wroth, T., & Dobson, L. A. 2008. Community care of North Carolina: improving care through community health networks [J]. The Annals of Family Medicine, 6 (4): 361 – 367.

66. Stuck, A. E., Walthert, J. M., Nikolaus, T., Büla, C. J., Hohmann, C., & Beck, J. C. 1999. Risk factors for functional status decline in community – living elderly people: a systematic literature review. Social Science & Medicine, 48 (4): 445 – 469.

67. Stufflebeam, D. L. (1971). The Relevance of the CIPP Evaluation Model for Educational Accountability.

68. Susman, M. (1977). Famili, Bureaucracy, and the Elderly Indi-

vidual: An Organizational Linkage Perspective [J]. in: Shanas, E, Sussman. MB eds Family, bureaucracy, and the elderly, 2 – 20.

69. Taylor – Powell, E. Ellen Henert. 2009. Developing a Logic Model: Teaching and Training Guide [EB/OL]. http://uwex/edu/ccs/ pdandc.

70. Thomas Bodenheimer, Ellen Chen and Heather D. Bennett2009. Confronting The Growing Burden Of Chronic Disease: Can The U. S. Health Care Workforce Do The Job? [J]. Health Affairs, 28: 64 – 74.

71. Tilton, Tim 1990. The Political Theory of Swedish Social Democracy: Through the Welfare State to Socialism [M]. Oxford: Clarendon.

72. Walker, Alan, Jens Alber, and A. M. Guillemard. 1993. Older people in Europe: Social and economic policies [J]. Annual review of Sociology.

73. Webb, A. L., & Wistow, G. 1982. Whither state welfare?: Policy and implementation in the personal social services, 1979 – 80 [J]. Royal Institute of Public Administration. 8: 57.

74. Weekers, S., & Pijl, M. A. (1998). Home care and care allowances in the European Union [M]. NIZW.

75. Weiss, C. H. 1998. Methods for studying programs and policies [M]. Upper Saddle River: Prentice Hall.

76. Wimo, A., & J. nsson, L. 2001. Can the costs of future needs of health and social services for the elderly be calculated? [J]. Lakartidningen, 98 (38): 4042 – 4048.

77. Worthen, B. R., & Sanders, J. R. 1973. Educational evaluation:

Theory and practice ［M］. Wadsworth Pub Co.

78. Yasar A. Ozcan, mesh K. Shukla, Laura H. Tyler 1997. Organizational Performance in the Community Mental Health Care System: The Need Fulfillment Perspective ［J］. Organization Science , 8: 176 – 191.

79. Brady, M. K. , & Cronin, J. J. 2001. Some new thoughts on conceptualizing perceived service quality: a hierarchical approach ［J］. Journal of Marketing, 65 (3): 34 – 49.

80. Johnston, R. 1995. The determinants of service quality: satisfiers and dissatisfiers ［J］. International Journal of Service Industry Management, 6 (5): 53 – 71.

二、中文文献

1. 埃贡·G. 古贝, 伊冯那·S. 林肯. 第四代评估 ［M］. 秦霖, 蒋燕玲, 译. 北京: 中国人民大学出版社, 2008.

2. 彼得·罗希, 马克·李普希, 霍华德·弗里曼. 评估: 方法与技术（第七版）［M］. 邱泽奇, 译. 重庆: 重庆大学出版社, 2007.

3. 布赖恩·琼斯. 再思民主政治中的决策制定: 注意力、选择和公共政策〔M〕. 李丹阳, 译. 北京: 北京大学出版社, 2010.

4. 蔡林海. 老年预防、老年健康与居家养老: 日本社会养老服务体系的成功经验与启示 ［M］. 上海: 上海科技教育出版社, 2012.

5. 查尔斯·韦兰. 公共政策导论 ［M］. 魏陆, 译. 上海: 上海人民出版社，2013.

6. 查尔斯·沃尔夫. 市场，还是政府——不完善的可选事物间的抉择［M］. 陆俊，谢旭，译. 重庆：重庆出版社，2007.

7. 陈昌盛，蔡跃洲. 中国政府公共服务：体制变迁与地区综合评估［M］. 北京：中国社会科学出版社，2007.

8. 陈锦堂. 社会服务成效评估：程序逻辑模式之应用［M］. 香港：香港基督教女青年会，2006.

9. 陈锦堂. 香港社会服务评估与审核［M］. 北京：北京大学出版社，2008.

10. 陈庆云. 公共政策分析［M］. 北京：中国经济出版社，1996.

11. 陈雪萍. 以社区为基础的老年人长期照护体系构建——基于杭州市的实证分析［M］. 杭州：浙江大学出版社，2011.

12. 陈燕祯. 老人服务与社区照顾：多元服务的观点［M］. 台北：威仕曼文化事业股份有限公司，2009.

13. 陈永杰，卢施羽. 中国养老服务的调整与选择［M］. 广州：中山大学出版社，2013.

14. 陈振明. 政策科学——公共政策分析导论［M］. 北京：中国人民大学出版社，2003.

15. 程龙生. 服务质量评价理论与方法［M］. 北京：中国标准出版社，2011.

16. 戴维·奥斯本，彼得·普拉斯特里克. 摒弃官僚制：政府再造的五项战略［M］. 谭功荣，刘霞，译. 北京：中国人民大学出版社，2002.

17. 戴维·奥斯本，特德·盖布勒．改革政府：企业家精神如何改革着公共部门［M］．周敦仁，译．上海：上海译文出版社，2006.

18. 邓国胜，肖明超．群众评议政府绩效：理论、方法与实践［M］．北京：北京大学出版社，2006.

19. 邓国胜．公益项目评估——以幸福工程为案例［M］．北京：社会科学文献出版社，2003.

20. 邓国胜．事业单位治理结构与绩效评估［M］．北京：北京大学出版社，2008.

21. 范柏乃，阮连法．干部教育培训绩效的评估指标、影响因素及优化路径研究［M］．杭州：浙江大学出版社，2012.

22. 菲利普·J.库珀．二十一世纪的公共行政：挑战与改革［M］．王巧玲，李文钊，译．北京：中国人民大学出版社，2006.

23. 菲利普·海恩斯．公共服务管理的复杂性［M］．孙健，译．北京：清华大学出版社，2008.

24. 菲利普·库珀．合同制治理——公共管理者面临的挑战与机遇［M］．竺乾威，卢毅，陈卓霞，译．上海：复旦大学出版社，2007.

25. 盖伊·彼得斯．政府未来的治理模式［M］．吴爱明，译．北京：中国人民大学出版社，2001.

26. 贡森，葛延风．福利体制和社会政策的国际比较［M］．北京：中国发展出版社，2012.

27. 郭俊华．知识产权政策评估：理论分析与实践应用［M］．上海：上海人民出版社，2010.

28. 郭庆旺，赵志耘．公共经济学［M］．北京：高等教育出版社，2006.

29. 哈特利·迪安．社会政策学十讲［M］．岳经纶，温卓毅，庄文嘉，译．上海：上海人民出版社，2009.

30. 赫尔穆特·沃尔曼，艾克哈特·施罗德．比较英德公共部门改革——主要传统与现代化的趋势［M］．王峰，林震，方琳，译．北京：北京大学出版社，2004.

31. 胡宁生．现代公共政策学——公共政策的整体透视［M］．北京：中央编译出版社，2007.

32. 华莱士·E. 奥茨．财政联邦主义［M］．陆符嘉，译．南京：译林出版社，2012.

33. 简·莱恩．新公共管理［M］．赵成根，译．北京：中国青年出版社，2004.

34. 江易华．当代中国县级政府基本公共服务绩效评估指标体系的理论构建与实证研究——基于社会公正的视角［M］．北京：中国社会科学出版社，2010.

35. 金敏力，周晓世．事业单位绩效评估［M］．北京：经济管理出版社，2012.

36. 金斯伯格．社会工作评估——原理与方法［M］．黄晨熹，译．上海：华东理工大学出版社，2005.

37. 靳永翥．公共服务提供机制：以欠发达地区为研究对象［M］．北京：社会科学文献出版社，2009.

38. 克里斯托·格鲁斯．服务管理与服务营销：基于顾客关系的管理策略（第 2 版）［M］. 韩经纶，译. 北京：电子工业出版社，2006.

39. 克里斯托夫·鲍利特. 重要的公共管理者［M］. 孙迎春，译. 北京：北京大学出版社，2011.

40. 克里斯托弗·胡德. 国家的艺术——文化、修辞与公共管理［M］. 彭勃，译. 上海：上海人民出版社，2009.

41. 拉塞尔·M. 林登. 无缝隙政府：公共部门再造指南［M］. 汪大海，吴群芳，等译. 北京：中国人民大学出版社，2014.

42. 莱昂·狄骥. 公法的变迁［M］. 郑戈，冷静，译. 沈阳：辽海出版社，1999.

43. 莱恩·多亚尔，伊恩·高夫. 人的需要理论［M］. 汪淳波，译. 北京：商务印书馆，2008.

44. 莱斯特·M. 萨拉蒙. 公共服务中的伙伴——现代福利国家中政府与非营利组织的关系［M］. 田凯，译. 北京：商务印书馆，2008.

45. 赖因哈德·施托克曼，沃尔夫冈·梅耶. 评估学［M］. 唐以志，景艳燕，译. 北京：人民出版社，2012.

46. 赖因哈德·施托克曼. 非营利机构的评估与质量改进：效果导向质量管理之基础［M］. 唐以志，景艳燕，译. 北京：中国社会科学出版社，2008.

47. 李兵. 社会服务理论和实践研究［M］. 北京：知识产权出版社，2014.

48. 李晟伟. 中国城市老年人社区照顾综合服务模式的探讨［M］. 北京：社会科学文献出版社，2011.

49. 李军鹏. 公共服务学［M］. 北京：国家行政学院出版社，2007.

50. 李卫军，刘正，马剑. 城市轨道交通服务质量与满意度评价［M］. 北京：中国铁道出版社，2011.

51. 李正龙，汪泓. 上海加快发展为老服务体系研究［M］. 上海：上海交通大学出版社，2012.

52. 理查德·威廉姆斯. 组织绩效管理［M］. 蓝天星翻译公司，译. 北京：清华大学出版社，2002.

53. 林水波，张世贤. 公共政策［M］. 台北：五南图书出版社，1987.

54. 刘尚希. 公共风险视角下的公共财政［M］. 北京：经济科学出版社，2010.

55. 娄峥嵘. 我国公共服务财政支出效率研究［M］. 北京：中国社会科学出版社，2011.

56. 芦刚. 地方政府绩效评估中的公民参与：制度、方法战略［M］. 北京：中国社会科学出版社，2014.

57. 罗伯特·B. 登哈特. 公共组织理论（第 3 版）［M］. 扶松茂，丁力，译. 北京：中国人民大学出版社，2003.

58. 罗纳德·J. 澳克森. 治理地方公共经济［M］. 万鹏飞，译. 北京：北京大学出版社，2005.

59. 吕维霞. 政府行政服务评价［M］. 北京：清华大学出版社，2010.

60. 马国贤，任晓辉. 公共政策分析与评估［M］. 上海：复旦大学出版社，2012.

61. 马桑. 中国基本养老保障一体化建设研究 ［M］. 北京：人民出版社，2014.

62. 马斯洛. 动机与人格 ［M］. 许金声，程朝翔，译. 北京：华夏出版社，1987.

63. 玛丽・E. 盖伊，梅雷迪思・A. 纽曼，莎伦・H. 马斯特雷希. 公共服务中的情绪劳动 ［M］. 周文霞，孙霄雪，陈文静，译. 北京：中国人民大学出版社，2014.

64. 玛丽安娜・伍德赛德，特里西亚・麦克拉姆. 社会工作个案管理：社会服务传输方法（第4版）［M］. 隋玉杰，译. 北京：中国人民大学出版社，2014.

65. 梅继霞. 公务员绩效评估体系研究 ［M］. 北京：中国社会科学出版社，2012.

66. 米切尔・黑尧. 现代国家的政策过程 ［M］. 赵成根，译. 北京：中国青年出版社，2004.

67. 民政部，全国老龄办养老服务体系建设领导小组办公室. 国外及港澳台地区养老服务情况汇编 ［M］. 北京：中国社会出版社，2010.

68. 尼古拉斯・亨利. 公共行政与公共事务（第8版）［M］. 张昕，译. 北京：中国人民大学出版社，2002.

69. 倪星. 中国地方政府绩效评估创新研究 ［M］. 北京：人民出版社，2013.

70. 裴晓梅，房莉杰. 老年长期照护导论 ［M］. 北京：社会科学文献出版社，2010.

71. 祁峰. 中国城市居家养老研究 ［M］. 大连：大连海事大学出

版社，2011.

72. 祁峰. 中国养老方式研究［M］. 大连：大连海事大学出版社，2014.

73. 让－马克·夸克. 合法性与政治［M］. 佟心平，王远飞，译. 北京：中央编译出版社，2002.

74. 萨瓦斯. 民营化与公私部门的伙伴关系［M］. 周志忍，译. 北京：中国人民大学出版社，2002.

75. 史蒂文斯. 社区照顾——概念和理论［A］. 夏学銮编. 社区照顾的理论、政策与实践［M］. 北京：北京大学出版社，1996.

76. 斯蒂芬·贝利. 地方政府经济学：理论与实践［M］. 左昌盛，周雪莲，常志霄，译. 北京：北京大学出版社，2006.

77. 斯塔弗尔比姆等. 评估模型［M］. 苏锦丽，邓国胜，译. 北京：北京大学出版社，2007.

78. 苏珊·特斯特. 老年人社区照顾的跨国比较［M］. 周向红，张小明，译. 北京：中国社会出版社，2001.

79. 孙振球，徐勇勇. 医学统计学（第3版）［M］. 北京：人民卫生出版社，2010.

80. 汤艳文. 养老服务的社会组织与管理：上海经验［M］. 桂林：广西师范大学出版社，2014.

81. 唐纳德·凯特尔. 权力共享：公共治理与私人市场［M］. 孙迎春，译. 北京：北京大学出版社，2009.

82. 田北海. 香港与内地老年社会福利模式比较［M］. 北京：北京大学出版社，2008.

83. 托马斯·戴伊. 理解公共政策（第 10 版）[M]. 彭勃, 译. 北京：华夏出版社, 2004.

84. 王名, 刘培峰. 民间组织通论 [M]. 北京：时事出版社, 2004.

85. 威廉·N. 邓恩. 公共政策分析导论（第 4 版）[M]. 谢明, 伏燕, 朱雪宁, 译. 北京：中国人民大学出版社, 2011.

86. 威廉·N. 邓恩. 公共政策分析导论（第 2 版）[M]. 谢明, 译. 北京：中国人民大学出版社, 2002.

87. 韦恩·蒙迪, 罗伯特·M. 诺埃. 人力资源管理（第 6 版）[M]. 葛新权, 译. 北京：经济科学出版社, 1998.

88. 魏彦彦. 中国特色养老模式研究 [M]. 北京：中国社会出版社, 2010.

89. 乌尔里希·贝克. 风险社会 [M]. 何博闻, 译. 南京：译林出版社, 2003：113 – 114.

90. 邬沧萍, 姚远. "4M"：对中国老年人需要的新认识——照顾老年人是人类文明的一项永恒价值观 [C]. 施德荣. 建立面向 21 世纪的老年照顾体系 [M]. 上海：上海译文出版社, 2000.

91. 吴冬曼. 基于用户需求的图书馆服务质量评价研究 [M]. 上海：上海交通大学出版社, 2012.

92. 吴玉韶, 党俊武. 老龄蓝皮书：中国老龄产业发展报告（2014）[M]. 北京：社会科学文献出版社, 2014.

93. 武川正吾. 福利国家的社会学：全球化、个体化与社会政策 [M]. 李莲花, 等译. 北京：商务印书馆, 2011.

94. 杨立雄. 老年福利制度研究［M］. 北京：人民出版社，2013.

95. 于保荣，高静，于龙凤. 农村老年人日常生活照顾服务需求与供给研究［M］. 济南：山东大学出版社，2012.

96. 于小千. 公共服务绩效考核理论探索与实践经验［M］. 北京：北京理工大学出版社，2008.

97. 贠杰，杨诚虎. 公共政策评估：理论与方法［M］. 北京：中国社会科学出版社，2006.

98. 约翰·肯尼斯·加尔布雷思. 经济学与公共目标［M］. 余海生，译. 北京：华夏出版社，2010.

99. 岳经纶. 社会政策与"社会中国"［M］. 北京：社会科学文献出版社，2014.

100. 詹姆斯·E. 安德森. 公共政策制定（第5版）［M］. 谢明，等译. 北京：中国人民大学出版社，2009.

101. 詹姆斯·米奇利. 社会发展：社会福利视角下的发展观［M］. 苗正民，译. 上海：上海人民出版社，2009.

102. 詹姆斯·汤普森. 行动中的组织——行政理论的社会科学基础［M］. 敬乂嘉，译. 上海：上海人民出版社，2007.

103. 张炳江. 层次分析法及其应用案例［M］. 北京：电子工业出版社，2014.

104. 张晖. 居家养老服务输送机制研究——基于杭州的经验［M］. 杭州：浙江大学出版社，2014.

105. 张良礼. 应对人口老龄化：社会化养老服务体系构建及规划［M］. 北京：社会科学文献出版社，2006.

106. 张明，朱爱华，徐成华．城市老年人社会服务体系研究［M］．北京：科学出版社，2012.

107. 张琪．北京市"9064"养老格局的适应性研究［M］．北京：中国劳动社会保障出版社，2014.

108. 章晓懿．城市居家养老评估指标体系的探索［M］．上海：上海文艺出版社，2007.

109. 赵曼，吕国营．城乡养老保障制度模式比较研究［M］．北京：中国劳动社会保障出版社，2010.

110. 郑怡世．成效导向的方案规划与评估［M］．台北：巨流出版社，2010.

111. 郅玉玲．和谐社会语境下的老龄问题研究［M］．杭州：浙江大学出版社，2011.

112. ［英］盖伊，纽曼，马斯特雷希．公共服务中的情绪劳动．周文霞，孙宵雪，陈文静，译．北京：中国人民大学出版社，2014.

113. 周志忍．行政效率［C］// 张国庆．行政管理学概论（第2版）［M］．北京：北京大学出版社，2006.

114. 朱俊峰，窦菲菲，王健．中国地方政府绩效评估研究——基于广义模糊综合评价模型的分析［M］．上海：复旦大学出版社，2012.

115. 朱利安·勒·格兰德．另一只无形的手：通过选择与竞争提升公共服务［M］．韩波，译．北京：新华出版社，2010.

116. 郭竞成．居家养老研究：来自浙江的调查与思考［M］．北京：中国社会科学出版社，2016.

117. 曾莉. 公共服务绩效主客观评价的吻合度研究［M］. 北京：人民出版社，2016.

118. 关博. 建立更加公平的养老保险制度：理论分析与中国实践［M］. 北京：经济管理出版社，2016.

119. 张云翔. 居家养老服务中的共同生产研究——以上海花木社区乐巢项目为例［J］. 浙江学刊，2016（1）.

120. 包国宪，刘红芹. 政府购买居家养老服务的绩效评价研究［J］. 广东社会科学，2012（2）.

121. 蔡中华，安婷，候翔宇. 城市老年人社区养老服务需求特征与对策——基于吉林市的调查［J］. 社会保障研究，2013（4）.

122. 陈竞，文旋. 社会组织在居家养老中的实践［J］. 广西民族大学学报（哲学社会科学版），2014（1）.

123. 陈军. 居家养老：城市养老模式的选择［J］. 社会，2001（9）.

124. 陈明亮，邱婷婷，谢莹. 微博主影响力评价指标体系的科学构建［J］. 浙江大学学报（人文社会科学版），2014（2）.

125. 陈伟. 英国社区照顾之于我国"居家养老服务"本土化进程及服务模式的构建［J］. 南京工业大学学报（社会科学版），2012（1）.

126. 陈志科，马少珍. 老年人居家养老服务需求的影响因素研究——基于湖南省的社会调查［J］. 中南大学学报（社会科学版），2012（3）.

127. 邓君，马晓君，张巨峰. 档案馆服务质量评价研究述评

［J］. 档案学研究，2014（3）.

128. 丁建定，李薇. 论中国居家养老服务体系建设中的核心问题［J］. 探索，2014（5）.

129. 丁建定. 居家养老服务：认识误区、理性原则及完善对策［J］. 中国人民大学学报，2013（2）.

130. 杜鹏，杨慧. 中国老年残疾人口状况与康复需求［J］. 首都医科大学学报，2008（3）.

131. 杜云素，钟涨宝. 集中居住背景下农村空巢老人居家养老模式探析［J］. 理论导刊，2013（5）.

132. 范斌，张海. 社会服务评估发展的历史性观察［J］. 理论月刊，2014（3）.

133. 范明林. 老人家庭照料需求和社区服务网络［J］. 上海大学学报（社会科学版），1998（1）.

134. 冯杰，陈琳. 城市社区养老服务新模式的探索——社区居家养老［J］. 大连理工大学学报（社会科学版），2014（1）.

135. 扶松茂，竺乾威. 公共服务型政府建设若干问题的思考［J］. 苏州大学学报（哲学社会科学版），2011（5）.

136. 高利平，孔丹. 山东省老年人口居家养老调查研究［J］. 山东社会科学，2009（2）.

137. 郭竞成. 居家养老模式的国际比较与借鉴［J］. 社会保障研究，2010（1）.

138. 郭竞成. 农村居家养老服务的需求强度与需求弹性［J］. 社会保障研究，2012（1）.

139. 郭竞成. 中国居家养老模式的选择［J］. 宁波大学学报

（人文科学版），2010（1）．

140. 郭林．西方典型国家私营资本参与养老服务体系建设［J］．国外社会科学，2014（6）．

141. 郭小聪，聂勇浩．服务购买中的政府、非营利组织关系：分析视角及研究方向［J］．中山大学学报（社会科学版），2013（4）．

142. 何艳玲，郑文强．"回应市民需求"：城市政府能力评估的核心［J］．同济大学学报（社会科学版），2014（6）．

143. 胡光景．政府购买社区居家养老服务质量评估体系研究［J］．山东工商学院学报，2012（5）．

144. 胡宏伟，李玉娇，张亚蓉．健康状况、群体差异与居家养老服务保障需求［J］．广西经济管理干部学院学报，2011（2）．

145. 胡宏伟，时媛媛，肖伊雪．公共服务均等化视角下中国养老保障方式与路径选择——居家养老服务保障的优势与发展路径［J］．华东经济管理，2012（1）．

146. 黄匡时，陆杰华．中国老年人平均预期照料时间研究——基于生命表的考察［J］．中国人口科学，2014（4）．

147. 黄丽丽，卢冠超．人口老龄化背景下中国农村居家养老模式的价值与保障对策［J］．经济研究导刊，2012（24）．

148. 黄少宽．国外城市社区居家养老服务的特点［J］．城市问题，2013（8）．

149. 吉鹏，李放．政府购买居家养老服务的绩效评价：实践探索与指标体系建构［J］．理论与改革，2013（3）．

150. 矫海霞. 上海社区居家养老服务的现状、问题与对策［J］. 社会工作, 2012 (1).

151. 李春, 王千. 政府购买养老服务过程中的第三方评估制度探讨［J］. 中国行政管理, 2014 (12).

152. 李放, 樊禹彤, 赵光. 农村老人居家养老服务需求影响因素的实证分析［J］. 河北大学学报 (哲学社会科学版), 2013 (5).

153. 李加林, 龚虹波. 沿海发达地区农村老龄人口的居家养老特征——以浙江慈溪为例［J］. 地理研究, 2009 (2).

154. 李军. 公共政策视阈下政府购买居家养老服务研究［J］. 江苏大学学报 (社会科学版), 2014 (5).

155. 廖楚晖, 甘炜, 陈娟. 中国一线城市社区居家养老服务质量评价［J］. 中南财经政法大学学报, 2014 (2).

156. 林卡, 朱浩. 应对老龄化社会的挑战: 中国养老服务政策目标定位的演化［J］. 山东社会科学, 2014 (2).

157. 林闽钢. 中国社会福利发展战略: 从消极走向积极［J］. 国家行政学院学报, 2015 (2).

158. 陆杰华, 汤澄. 公平视域下的中国老龄政策体系探究［J］. 中国特色社会主义研究, 2015 (1).

159. 刘迟, 韩俊江. 社区居家养老服务的多元体系构建［J］. 税务与经济, 2013 (2).

160. 刘建民. 广西民族地区农村居家养老模式探析［J］. 桂海论丛, 2013 (1).

161. 刘素华, 王龙. 建立基于劳动互换的居家养老服务体系的

可行性探究［J］．河北师范大学学报（哲学社会科学版），
2007（5）．

162. 刘晓静．论中国养老服务的政策取向——基于养老服务政
策变迁的视角［J］．河北学刊，2014（5）．

163. 刘益梅．社区居家养老服务模式的实现路径探讨［J］．新
疆师范大学学报（哲学社会科学版），2014（2）．

164. 罗致光．评论社会服务整合化的意义及展望［J］．香港社
会工作学报，1992（2）．

165. 麻宝斌，董晓倩．我国城市社区公共服务绩效评价问题研
究［J］．云南行政学院学报，2010（5）．

166. 马贵侠．论"时间银行"模式在居家养老中的应用［J］．
南京理工大学学报（社会科学版），2010（6）．

167. 穆光宗，姚远．探索中国特色的综合解决老龄问题的未来
之路［J］．人口与经济，1999（2）．

168. 倪星，余琴．地方政府绩效指标体系构建研究——基于
BSC、KPI与绩效棱柱模型的综合运用［J］．武汉大学学报
（哲学社会科学版），2009（5）．

169. 祁峰．我国城市居家养老研究与展望［J］．经济问题探索，
2010（11）．

170. 祁峰．英国的社区照顾及启示［J］．西北人口，2010（6）．

171. 赛明明．网络化治理视角下的居家养老模式之构建［J］．
西北人口，2013（3）．

172. 尚潇滢．我国城市独生子女家庭养老模式选择意愿及影响
因素分析［J］．宁夏社会科学，2014（3）．

173. 施巍巍. 发达国家医疗照护与长期照护资源分割的原因分析及其启示［J］. 北京科技大学学报（社会科学版），2012（1）.

174. 石金群. 中国当前家庭养老的困境与出路［J］. 中央民族大学学报（哲学社会科学版），2013（4）.

175. 孙才志，董璐，郑德凤. 中国农村水贫困风险评价、障碍因子及阻力类型分析［J］. 资源科学，2014（5）.

176. 孙发锋. 第三方评估：我国慈善组织公信力建设的必然要求［J］. 行政论坛，2014（4）.

177. 孙宏伟，孙睿. 我国社会养老服务体系建设的政策选择［J］. 东北大学学报（社会科学版），2013（4）.

178. 孙迎春. 我国社区居家养老调查及对策研究——基于南京市栖霞区居家养老调查［J］. 特区经济，2012（11）.

179. 孙泽宇. 关于我国城市社区居家养老服务问题与对策的思考［J］. 中国劳动关系学院学报，2007（1）.

180. 田玲，张思峰. 居家养老服务发展的思路框架与制度安排［J］. 理论与改革，2014（6）.

181. 王东京. 顶层设计的动力、主体与政府改革［J］. 改革，2014（5）.

182. 王海霞. 农村高龄老人社区照顾养老模式研究——以江苏省为例［J］. 安徽农业科学，2012（6）.

183. 王建民. 转型社会中的个体化与社会团结——中国语境下的个体化议题［J］. 思想战线，2013（3）.

184. 王静. 北京社会化居家养老问题与对策研究［J］. 人口与

经济，2012（3）．

185. 王莉莉．基于"服务链"理论的居家养老服务需求、供给与利用研究［J］．人口学刊，2013（2）．

186. 王思斌．社会服务的结构与社会工作的责任［J］．东岳论丛，2014（1）．

187. 王思斌．社区照顾对中国社会的借鉴意义［J］．社会工作研究，1994（3）．

188. 王晓亚，孙世芳，许月明．农村居家养老服务的 SWOT 分析及其发展战略选择［J］．河北学刊，2014（2）．

189. 王晓亚．农村留守老人的生活照料问题探讨［J］．郑州大学学报（哲学社会科学版），2014（3）．

190. 翁列恩，王振，楼佳宁．集成化、信息化与标准化的居家服务创新研究——以杭州市上城区为例［J］．公共管理学报，2013（3）．

191. 吴勇．公共政策评估标准初探［J］．科技福利研究，2007（3）．

192. 夏艳玲．老年社会福利制度：补缺模式与机制模式的比较——以美国和瑞典为例［J］．财经科学，2015（1）．

193. 肖娟，陈国营．个人责任视角下居家养老服务体系的调整方略［J］．浙江工业大学学报（社会科学版），2014（1）．

194. 许琳，唐丽娜．残障老年人居家养老服务需求影响因素的实证分析——基于西部六省区的调查分析［J］．甘肃社会科学，2013（1）．

195. 许琳．老年残疾人居家养老的困境——基于西安市老年残疾人个案访谈［J］. 西北大学学报（哲学社会科学版），2014（3）.

196. 许晓晖，曲玉萍，杨奇. 农村居家养老服务体系建设的调查——以吉林省为例［J］. 安徽农业科学，2011（30）.

197. 杨成虎. 我国政策评估研究中的若干问题初探［J］. 北京科技大学学报（社会科学版），2010（1）.

198. 杨春. 对推进居家养老服务可持续发展的思考——以南京市为例［J］. 学海，2010（6）.

199. 杨胜利，李正龙，吕栋鑫. 上海市人口老龄化对养老负担的影响［J］. 西北人口，2010（5）.

200. 杨望，胡玫. 城市社区居民居家养老服务需求情况及其影响因素［J］. 昆明医科大学学报，2014（4）.

201. 杨宗传. 居家养老与中国养老模式［J］. 经济评论，2000（3）.

202. 姚铁蓝. 社区居家养老服务评估的系统化与政策保障［J］. 绍兴文理学院学报，2014（3）.

203. 叶军. 农村养老社区照顾模式探析［J］. 中国农业大学学报（社会科学版），2005（1）.

204. 俞贺楠，王敏，李振. 我国社区居家养老模式的出路研究［J］. 河南社会科学，2011（1）.

205. 郁建兴，瞿志远. 公私合作伙伴中的主体间关系——基于两个居家养老服务案例的研究［J］. 经济社会体制比较，2011（4）.

206. 张歌. 城市居家养老服务资金发展困境：障碍与对策［J］.

现代经济探讨，2014（7）.

207. 张歌. 政府公共支出视角下的居家养老服务资金发展研究——以上海市为例［J］. 兰州学刊，2014（12）.

208. 张国平. 农村老年人居家养老服务的需求及其影响因素分析——基于江苏省的社会调查［J］. 人口与发展，2014（2）.

209. 张晖，王萍. "居家养老服务"是服务输送还是补贴发放——杭州的检验审视［J］. 浙江学刊，2013（5）.

210. 张晖. "居家养老服务"中国本土化的经验审视［J］. 西北大学学报（哲学社会科学版），2013（5）.

211. 张敏杰. 人口老龄化与居家养老服务——以杭州市为例［J］. 中共杭州市委党校学报，2008（6）.

212. 张乃仁. 农村居家养老中的双向耦合机制［J］. 郑州大学学报（哲学社会科学版），2013（3）.

213. 张冉，玛瑞迪斯·纽曼. 情绪劳动管理：非营利组织人力资源管理的新视角［J］. 浙江大学学报（人文社会科学版），2012（2）.

214. 张孝廷，张旭升. 居家养老服务的结构困境及破解之道［J］. 浙江社会科学，2012（8）.

215. 张旭升，牟来娣. "居家养老"理论与实践［J］. 西北人口，2010（6）.

216. 张再云. 社会服务品质评估的范式转换研究——从组织理性到制度公正［J］. 江汉学术，2013（3）.

217. 张润泽. 形式、事实和价值：公共政策评估标准的三个维度〔J〕. 湖南社会科学, 2010 (3).

218. 仇嫒. 人口老龄化背景下中国城镇社区居家养老模式探析〔J〕. 河北学刊, 2015 (1).

219. 章晓懿, 刘邦成. 社区居家养老服务质量模型研究——以上海市为例〔J〕. 中国人口科学, 2011 (3).

220. 章晓懿, 梅强. 社区居家养老服务绩效评估指标体系研究〔J〕. 统计与决策, 2012 (24).

221. 赵丽宏. 城市居家养老生活照料体系研究〔J〕. 学术交流, 2007 (10).

222. 郑建娟. 我国社区养老的现状和发展思路〔J〕. 商业研究, 2005 (12).

223. 郑永年, 黄彦杰. 风险时代的中国社会〔J〕. 文化纵横, 2012 (10).

224. 中国行政管理学会课题组. 政府公共政策绩效评估研究〔J〕. 中国行政管理, 2013 (5).

225. 朱沆, 汪纯孝. 服务质量属性的实证研究〔J〕. 商业研究, 1999 (6).

226. 诸大建, 王欢明. 公共服务绩效评价的价值取向、评价方法和评价指标〔J〕. 上海市经济管理干部学院学报, 2013 (2).

227. 包国宪, 王学军. 以公共价值为基础的政府绩效治理〔J〕. 公共管理学报, 2012 (2).

228. 赵维良, 肖奥. 英国政府绩效评估价值标准对我国的启示〔J〕. 党政干部学刊, 2014 (1).

229. 邢鹏峰．政府购买公共服务的评估困境破解——基于内地评估实践的研究［J］．学习与实践，2013（8）．

230. 许淑萍．论我国基本公共服务绩效评估的价值取向［J］．理论探讨，2013（6）．

231. 吕力．公共服务绩效满意度评估中的双因素与容忍区域分析［J］．经济研究导刊，2011（30）．

232. 吴乐珍．基于因子分析法的各省基本公共服务绩效评价［J］．统计与决策，2012（11）．

233. 倪星，李佳源．政府绩效的公众主观评价模式：有效，抑或无效？——关于公众主观评价效度争议的述评［J］．中国人民大学学报，2010（4）．

234. 曾莉．公共服务绩效主客观评价的一致性论争：来自不同的声音［J］．东南学术，2013（1）．

235. 刘祺，程旭宇．公共服务绩效评估模型构建——双元综合评估模型的创建及应用［J］．科学发展，2009（11）．

236. 陈天祥．社会建设与政府绩效评估研究［M］．上海：东方出版社，2010．

237. 刘亮．新公共管理视角下体育公共服务绩效评估研究［J］．武汉体育学院学报，2011（6）．

238. 王新军，郑超．老年人健康与长期护理的实证分析［J］．山东大学学报（哲学社会科学版），2014（3）．

239. 余央央，封进．老年照料的相对报酬：对"护工荒"的一个解释［J］．财经研究，2014（8）．

240. 曾毅，陈华帅，王正联．21 世纪上半叶老年家庭照料需求成本变动趋势分析［J］．经济研究，2012（10）．

241. 田北海，王彩云．城乡老年人社会养老服务需求特征及其影响因素——基于对家庭养老替代机制的分析［J］．中国农村观察，2014（4）．

242. 许海燕，王新军．上海市区域养老设施需求预测［J］．城市问题，2014（10）．

243. 林莞娟，王辉，邹振鹏．中国老年护理的选择：非正式护理抑或正式护理——基于 CLHLS 和 CHARLS 数据的实证分析［J］．上海财经大学学报，2014（3）．

244. 刘渝琳，余尊宝．经济与社会福利非均衡增长的考量——我国 ISEW 核算及实证研究［J］．软科学，2014（10）．

245. 纪晓岚，刘晓梅．网络治理视阈下的社会化养老服务研究——基于上海市 WF 街道的实证分析［J］．华东理工大学学报（社会科学版），2016（4）．

246. 张晨寒，李玲玉．时间银行：居家养老服务模式的新探索［J］．河南师范大学学报（哲学社会科学版），2016（5）．

247. 张歌．居家养老服务资金的政策效果分析——以上海为例［J］．河南大学学报（社会科学版），2015（2）．

248. 王振振，雍岚，王乐．居家养老社区服务可及性评价研究——基于苏州市的调研［J］．人口与发展，2016（3）．

249. 宋雪飞，周军，李放．非营利组织居家养老服务供给：模式、效用及策略——基于南京市的案例分析［J］．南京大学学报（社会科学版），2017（2）．

致　谢

　　本书是在我博士学位论文基础上经过进一步修改而成。

　　2010年10月，随着我的研究生论文写作的完成，我开始了为期半年的考博复习。在我的硕士生导师（现为南京农业大学的博士生导师）张新文教授的鼓励与支持下，我选择报考百年名校上海交通大学。考博的过程是艰苦的，整个下半年都与同宿舍的两个同学去复习（他们考公务员，现在均在政府上班），每天在英语、专业课之间不停地转换，年还没有过完，2011年大年初六就回到学校继续复习。付出终于获得了回报，我很荣幸被上海交通大学国际与公共事务学院录取，继续攻读博士学位。2011年9月初，怀揣着2000元钱来到交大报到，开始了博士阶段的学习。

　　这些年一路走来，需要感谢的人太多。首先要感谢的是我的博士生导师章晓懿教授，章老师在生活上为人谦和，在治学上态度严谨，知识渊博，衷心感谢章老师对我在学术上的引领与导航。由于博士学位论文是养老与绩效评估相结合的题目，以前一直都未接触这两方面的知识，因此，我的博士论文无论是论文选题、论文框架的修正还是论文的写作过程，都得到了章老师的大力支持与帮助，论文的完成离不开章老师全程的悉心指导和全心付出，在这里再次衷心的感谢章老师。其次，要感谢我的硕士生导师张新文教授，没有他的鼓励与支持，我是没有勇气报考上海交大这样的百年名校，也是他把我慢慢带入学术研究当中。张老师为人和蔼、态度谦逊、乐于助人，因此和我们学生能够打成一片，工作调动到南京以后，还经常抽空从南京来上海看我和师兄；在学术上，张老师态度认真、治学严谨，是值得我尊敬的好老师。再次，非常感谢西南财经大学公共管理学院唐兴霖教授，唐老师经常关心我的学习和生活，在我工作后还对我的学术进行指导，邀请我参加各种学术会议，在生活方面也对我很照顾。

在求学的日子里，非常感谢国际与公共事务学院的钟杨教授、胡伟教授、彭勃教授、顾建光教授、徐家良教授、樊博教授、刘帮成教授、黄琪轩老师、陈慧荣老师、李振老师等任教老师，是你们使我在学术的道路上能够获得灵感和信心；感谢李彬彬老师、张尤佳老师的不厌其烦，各种琐碎事情都是你们通知我。感谢同班同学王奎明、赵挺、杨志军、黄帅、吴维旭、管传林、朱稳根，我不仅可以和他们进行学术交流，在生活上也增加了几点乐趣。

2012 年儿子出生后，顿时加大了我的经济压力和生活负担，最终在老师与同学们的帮助之下，度过难关。在此，非常感谢交大成教学院陈俊老师、甘峰师兄，以及齐海丽师姐、周幼平师兄、朱稳根同学的大力帮助，感谢我的硕士师兄潘思柳，以及硕士同门唐青青对我的一路照顾与帮助。感谢我的两个漂亮师妹姚远和李争妍，以及安泰经济与管理学院的李超博士，对我的论文在 Word 技术上的帮助；感谢上海市民政局以及 4 个区社区居家养老服务中心领导与员工对我们调研的大力支持与帮助。

非常感谢我的家人对我的支持，父母虽然是农民，但是一如既往地支持我的学业，从小学到读博，无怨无悔，为的就是我能够吃上"国家粮"，依然能够记得母亲对我的学业的各种鼓励，感谢我的爷爷奶奶、弟弟对我的支持与各种帮助。特别感谢我的爱人李燕花女士，求学路上，我也很少回家，2012 年 3 月 14 日我们的儿子出生以后，基本上是她一个人含辛茹苦地带他，其中的艰辛不言说，正是因为爱人的体贴照顾，儿子才能健康成长，我才有更多的时间与精力放在求学上。

非常感谢广西师范大学的黄海波老师、肖富群老师、石大建老师、何乃柱老师等同事对我的关心和无私帮助，谢谢！

本书的出版非常感谢中国政法大学出版社，以及陈邓娇女士的辛勤付出！由于本人的研究水平与能力有限，书中有些观点、说法或者论证还不够成熟，有许多方面还有待进一步研究。敬请广大专家、学者、同行批评指正！

李文军

2017 年 8 月 29 日于桂林华都小区